"AVENTURE" EN COLLECTION BABEL

Léonie d'Aunet, *Voyage d'une femme au Spitzberg*, n° 149.

Alvar Nuñez Cabeza de Vaca, *Relation de voyage*, n° 124.

Ramón Chao, *Un train de glace et de feu (la Mano Negra en Colombie)*, n° 173.

Roland Dorgelès, *Route des tropiques*, n° 253.

Jean-Marc Durou, *L'Exploration du Sahara*, n° 236.

Isabelle Eberhardt et Victor Barrucand, *Dans l'ombre chaude de l'Islam*, n° 226.

Thorkild Hansen, *La Mort en Arabie*, n° 100.

Sir John Hunt, *Victoire sur l'Everest*, n° 220.

Marc de Gouvenain, *Retour en Ethiopie*, n° 466.

Lieve Joris, *Mon oncle du Congo*, n° 144 ; *Les Portes de Damas*, n° 486.

Jean-Yves Loude, *Cap-Vert. Notes atlantiques*, n° 537.

Ma Jian, *La Mendiante de Shigatze*, n° 77.

Théodore Monod, *Méharées*, n° 102 ; *L'Emeraude des Garamantes*, n° 391 ; *Maxence au désert*, n° 478.

Vassili Peskov, *Ermites dans la Taïga*, n° 158.

Joshua Slocum, *Navigateur en solitaire*, n° 140.

Henry M. Stanley, *Comment j'ai retrouvé Livingstone*, n° 118.

John Steinbeck, *Voyage avec Charley*, n° 273.

Robert Louis Stevenson, *En canoë sur les rivières du Nord*, n° 128.

Nicolas Vanier, *Transsibérie, le mythe sauvage*, n° 185 ; *Solitudes blanches*, n° 467.

L'ÉTRANGÈRE AUX YEUX BLEUS

DU MÊME AUTEUR

Un rêve au début du brouillard, Pygmalion, 1978.
Unna, Actes Sud, 2000.

Titre original :
Anna Odinzowa

Editeur original :
Unionsverlag, Zurich

ISBN 978-7427-3820-5

YOURI RYTKHÈOU

L'ÉTRANGÈRE AUX YEUX BLEUS

roman traduit du russe
par Yves Gauthier

BABEL

Pour plus de précisions, le lecteur peut se reporter à la carte du nord-est de la Sibérie des pages 276-277 du présent volume.

1

Le 21 juin 1947, la banquise côtière s'accrochait encore avec force au banc de galets d'Ouelen. Emaillée çà et là de flaques de neige fondue, la glace était trouée par endroits jusqu'à l'eau de mer. Même les chasseurs les plus aguerris ne s'y aventuraient pas sans chausser leurs raquettes.

Le soleil permanent du jour polaire éclairait d'une lumière généreuse les yaranga* éparses sur les galets, les quelques baraques en bois de la station météo et l'éolienne aux hélices inertes en l'absence de vent.

Tanat arpentait la grève, les yeux rivés vers l'horizon où, derrière une bande bleue d'eau libre de glace, s'étirait l'océan Glacial Arctique. Il sentait monter en lui l'angoisse de l'inconnu. Le premier vent du sud allait détacher la banquise et l'effriter. Un grand bateau allait arriver, qui emporterait Tanat loin vers le sud, dans la capitale du Territoire national des Ttchouktches, Anadyr.

Avec deux autres de ses camarades, Enmynkaou de Yanranaï et Tènmav, natif d'Ouelen, il venait d'être sélectionné par une commission du bureau régional de l'Instruction publique pour continuer ses études à l'institut pédagogique. "La mission historique vous échoit de devenir le germe de la nouvelle intelligentsia tchouktche, soviétique", avait dit le directeur de

* Habitation tchouktche recouverte de peaux de phoque ou de renne. *(En l'absence de mention spéciale, les notes sont de l'auteur.)*

l'école, Lev Vassilievitch Belikov, en souhaitant bonne chance à ses petits protégés.

Tanat était né dans la toundra, où il avait grandi. Après quatre années d'études à l'école nomade, son maître Belikov – déjà lui – avait remarqué les capacités du garçon et convaincu son père, le chef éleveur Rinto, d'accepter l'affectation de son fils à l'internat d'Ouelen. Là, en plus de son prénom tchouktche, le gamin avait reçu celui, russe, de Roman.

Ainsi avait-il vécu trois années dans la maison basse qui s'étirait en travers du banc de galets.

Chaque été, à la fin du mois de mai, lorsque des milliers d'oiseaux striaient le ciel lumineux, le garçon retournait chez ses parents dans la toundra où il restait jusqu'à la rentrée scolaire. Cela coïncidait avec les fêtes traditionnelles du Premier Veau et de la Saignée d'Automne des Jeunes Rennes.

A travers l'insaisissable brouillard du futur se dessinait une autre vie qu'il ne connaissait que par les livres et les rares films – muets – qu'il avait vus. Cela faisait longtemps que le pouvoir soviétique avait promis aux Tchouktches le bonheur de tous, mais l'édification de la société nouvelle avait été empêchée pendant quatre ans par la guerre contre les fascistes allemands. Maintenant, tout le monde – les communistes en poste sur place, les enseignants russes, les gens du pays revenus des grandes villes – s'accordait à dire que la rénovation annoncée par Staline serait mise en œuvre quoi qu'il arrive. Un habitant d'Ouelen nommé Otke venait d'être élu député au Soviet suprême de l'URSS et président du comité exécutif du Territoire national des Tchouktches. Son frère Vykvov, parti pour Leningrad avant la guerre, avait été admis à l'Institut des peuples du Grand Nord. Deux autres jeunes ressortissants du village allaient même devenir aviateurs : Timofeï Elkov et Dmitri Tymnet… Seul Dmitri était rentré vivant du front, à ce qu'on disait.

Aux premières volées de canards dans le ciel d'Ouelen (les examens de fin d'études venaient à peine de commencer), le père de Tanat était venu.

Ses yeux trahissaient un reproche implicite : l'homme espérait que son fils reprendrait le troupeau de rennes familial. Mais Tanat avait trop envie de voir d'autres cieux, d'autres pays, et de découvrir le monde... La terre des tanguitan* le fascinait par ses horizons énigmatiques et vertigineux. Les pensées du garçon ne s'arrêtaient pas à Anadyr, elles s'évadaient plus loin, vers les champs verdoyants, les forêts impénétrables, les grandes villes plantées de bâtisses à plusieurs étages, hautes comme des falaises, vers les palais aux multiples fenêtres où les tsars, les aristocrates et leur suite avaient vécu avant la révolution. Il y avait encore autre chose qui exaltait le jeune Tanat : c'était que d'après la doctrine des bolcheviks, tout cela désormais lui appartenait à lui aussi, enfant de la toundra, fils d'un éleveur de rennes. A lui comme à Enmynkaou ou à Tènmav.

Son père avait promis de revenir avant le départ du garçon pour Anadyr.

Tanat scrutait au loin la marge bleue de la banquise dans l'espoir de voir enfin pointer à l'horizon le grand bateau de fer avec sa haute cheminée qui crachait une fumée grasse.

Or, à la jointure du ciel et de l'eau, ce fut une goélette qu'il aperçut d'abord, à peine perceptible au milieu des glaces. Il reconnut tout de suite la *Vega*, qui arrivait toujours la première à Ouelen pour inspecter la signalisation maritime qui jalonnait la côte entre la baie de la Providence et le cap Ryrkaïpi**.

Le temps que Tanat contourne les flaques de neige fondue, les hummocks et les arêtes de glace léchés par les rayons du soleil, le navire avait déjà laissé sur la banquise un seul et unique passager. Maintenant, il reprenait le large.

* Tanguitan, en tchouktche, signifie littéralement "étranger, hostile" ; s'applique communément à tous les Européens.
** Nom tchouktche du cap Schmidt (cap Nord).

Avec sa valise en contreplaqué défraîchie et son gros balluchon de toile posés sur la glace, le voyageur portait une étrange tenue : un pantalon de coton molletonné, un blouson de tissu rembourré, de hautes bottes de caoutchouc et, sur la tête, un drôle de bonnet de laine à rabats pour les oreilles… On voyait bien, pourtant, que c'était une jeune fille. Sa peau mate lui durcissait le visage. Mais il y avait en elle quelque chose d'envoûtant : ses yeux d'un bleu clair profond comme on n'en rencontrait que chez les chiens de traîneau les plus racés ; dans la yaranga de Tanat, une vieille chienne finissant ses jours avait des yeux aussi étonnants que ceux-là.

— Bonjour ! fit Tanat d'un ton prudent.

D'irrésistibles yeux bleus le dévisagèrent, aussitôt accompagnés d'un sourire.

— In, tyetyk. Tu es un Louoravètlan* ?

Tanat était loin de penser qu'on allait lui répondre en langue tchouktche.

— Et toi, tu es russe ?

— Ii**.

— Pourquoi parles-tu notre langue ?

— Je l'ai apprise aux Etudes orientales de l'université de Leningrad, mais aussi avec les étudiants de chez vous à l'Institut des peuples du Grand Nord…

Tanat prit ses bagages et les trouva bien lourds.

Elle s'appelait Anna Odintsova et venait à Ouelen pour une mission scientifique ordonnée par l'Institut d'ethnographie de l'Académie des sciences, où elle préparait une thèse de doctorat. Elle avait l'intention d'étudier les coutumes anciennes des éleveurs de rennes, leur langue, leur folklore. Tanat lui expliqua qu'il était natif de la toundra et qu'il s'apprêtait à partir pour l'institut pédagogique d'Anadyr, maintenant qu'il avait fini l'école à sept classes.

* Louoravètlan : ainsi les Tchouktches se désignent-ils eux-mêmes. Littéralement : "homme véritable".

** Ii : oui, en langue tchouktche.

D'emblée Anna Odintsova éprouva de la sympathie pour ce premier habitant d'Ouelen rencontré sur la banquise. Il y avait en lui un étrange mélange de naïveté, de maturité et de tendresse cachée. Elle sentait sa poitrine s'emplir de joie en ce jour où elle atteignait le but de sa vie, de son projet. Et sa première rencontre s'annonçait si sympathique… C'était bon signe !

— Y a-t-il un hôtel à Ouelen ?

— Non, répondit Tanat, mais il y a une chambre de libre à l'internat. Il faut simplement demander la permission à Lev Vassilievitch, notre directeur.

Tanat accompagna Odintsova jusqu'aux marches de l'école. Avant d'entrer, la jeune fille ôta son drôle de bonnet à rabats, laissant tomber sur ses épaules un flot doré de cheveux drus et magnifiques, lourds et brillants comme un métal précieux.

— Vèlynkykoun*.

Enmynkaou n'en revenait pas de voir son camarade d'internat aider une étrangère à porter ses bagages.

Dès qu'il put, il demanda :

— C'est qui ?

— Une savante de Leningrad.

— Elle a l'air bien jeune, fit l'autre dubitatif.

Tanat se sentit gagné par un sentiment inattendu et nouveau. Quelque chose de doux le serrait à la gorge.

D'un pas lent, il se dirigea vers la grève pour goûter à ses émotions dans la solitude. Jamais il n'avait vu une fille pareille. Elle paraissait sortir d'un rêve, d'un trouble pressentiment, d'un songe de brume. Son image ne s'effaçait pas de sa mémoire et continuait d'irradier de la chaleur, des rayons invisibles, une lumière secrète. Il y avait certes des filles de tanguitan à Ouelen, mais cela n'avait rien à voir ! Et puis Anna venait de la ville féerique de Leningrad,

* Merci.

la cité des palais royaux aux fontaines étincelantes, le berceau de la Grande Révolution… Quel long voyage elle avait dû faire pour arriver jusqu'à Ouelen ! Mais aussi quelle drôle d'idée que d'étudier la langue tchouktche et les coutumes anciennes dénoncées par les bolcheviks comme des survivances du passé entravant la marche du progrès ! Qui cela pouvait-il donc intéresser ? Car enfin, ni les Tchouktches ni leurs voisins proches (Esquimaux, Koriaks, Lamoutes…) ne pouvaient être comparés aux Egyptiens, aux Grecs ou aux Romains bâtisseurs de civilisations. Les gens d'ici n'avaient connu aucune dynastie. Ils n'avaient jamais construit de cités fortifiées, ni érigé de pyramides, ni mené de conquêtes… Même leurs morts, qui gisaient à ciel ouvert dans la toundra, ne laissaient d'eux qu'une poignée d'os blancs au bout de quelques années. Se pouvait-il qu'on s'intéresse à ces yaranga où tremblotait la lueur d'une mèche à huile, à leur aménagement, à la construction des traîneaux et à l'attelage des rennes ? Ou encore au dépeçage des morses ? Aux chants de Rinto ? Certes, ils touchaient le cœur de Tanat et des siens, mais comment pouvaient-ils émouvoir un être né ailleurs et parlant une autre langue ? Et cela quand on venait de cette terre lointaine et chaude qui, d'après les livres, les images et les rares films parvenus jusqu'ici, lui semblait si différent de la toundra déserte et du littoral glacé…

Et quel joli prénom que celui d'Anna ! On y entendait comme un appel tendre et mystérieux. Même son nom de famille faisait penser à un roman de Tourgueniev*…

Le soir, à l'heure du thé, Anna Odintsova évoqua les détails de son projet en présence du directeur. Tanat, assis juste en face d'elle, se sentait transpercé par son regard clair, ses sourires, ses paroles qui imprimaient dans son cœur des marques profondes.

* *Père et fils* (1862), où Odintsova, femme à la fois cérébrale et sensuelle, éblouit Bazarov, héros nihiliste. *(N.d.T.)*

Anna le cherchait des yeux. Leurs regards se croisaient. Elle s'étonnait de se sentir conquise par ce garçon en qui l'homme se devinait déjà sous des traits juvéniles.

Lev Vassilievitch Belikov répéta plusieurs fois en hochant la tête :

— Vous allez en baver, ça oui, vous allez en baver...

Quand, le lendemain matin, Anna Odintsova entra dans la salle d'eau avec les cheveux défaits, sans son drôle de bonnet de laine à rabats, Tanat ne détourna pas tout de suite son regard de ce visage mat où brûlaient des yeux bleus si lumineux, irrésistibles, que le ciel polaire d'été, limpide et permanent, semblait y resplendir. L'émoi était plus fort encore qu'à la première rencontre, il s'emparait du jeune homme comme un soleil en fusion qui lui embrasait la poitrine et lui comprimait la gorge. "Une chienne, songeat-il encore. Une vraie chienne de race..." Dans la bouche d'un Tchouktche, le mot n'avait rien de dévalorisant. Bien au contraire ! Les Russes auraient pu charger de la même affection les mots "hirondelle", "colombe", "petit poisson", "petite chèvre"... Il était d'ailleurs fréquent que le mot tendre de "nèouttyn" – la chienne – soit employé comme un nom de femme des plus affectueux.

— Je voudrais que tu sois mon guide dans Ouelen.

Sa voix sonnait comme de la musique.

— Mais je ne suis pas natif d'Ouelen, tenta-t-il de protester.

— Je sais, sourit Anna, tu es un Tchaoutchou*.

Ils marchèrent un moment en silence, côte à côte. Au moindre effleurement, la flamme se ravivait dans le cœur de Tanat. Ayant remarqué le trouble et l'émoi du garçon, Anna fut soudain la proie d'un audacieux désir : "Et si je l'embrassais très fort ? Il est si doux, si tendre..." Une pensée aussitôt refoulée, la fille s'efforçant de se concentrer sur le mobile universitaire de son voyage.

* Tchouktche nomade.

Après un long silence, Tanat articula d'un air gêné :

— Je ne sais quoi dire…

— Eh bien, explique-moi, par exemple, pourquoi cette yaranga n'est pas comme les autres…

Anna Odintsova désignait une habitation qui, en effet, se distinguait de l'ensemble. C'était celle de Toukkaï, le président du comité exécutif du district de la péninsule tchouktche. Ardent partisan des idées d'avant-garde des bolcheviks quant à l'organisation de la société et du cadre de vie, l'homme réaménageait sa vieille demeure depuis plusieurs années en fonction de la nouvelle image qu'il se faisait de la civilisation. Il s'était d'abord efforcé de lui donner une forme rectangulaire. Une petite fenêtre vitrée perçait le mur. Une cheminée de tôle se dressait sur le toit, sertie d'un fond de tonneau métallique pour protéger la peau de phoque des étincelles. A l'intérieur, le polog* traditionnel était remplacé par des cloisons de bois, avec un sommier métallique à ressorts. Toukkaï avait été le premier habitant d'Ouelen à vivre autrement qu'à l'accoutumée : il n'allait plus à la chasse et se contentait de diriger les autres, leur apprenant la vie nouvelle, prononçant des discours dans les réunions… Il accommodait la viande de morse de moutarde apportée de Leningrad. Quant à la vodka, il la buvait en telles quantités qu'une fois il en avait même perdu ses torbaz** et son caleçon de peau : des chiens les lui avaient arrachés alors qu'il s'était endormi ivre mort au bord de la mer.

Mais Tanat se contenta de dire que c'était le logis de Toukkaï dont le frère Vykvov avait fait ses études à Leningrad, à l'Institut des peuples du Grand Nord, avant de trouver la mort au début de la guerre, à ce qu'on disait.

— J'ai connu Vykvov autrefois. Il m'apprenait le tchouktche. Malheureusement, il est mort au tout

* Partie intérieure de la yaranga cloisonnée par des peaux de renne. Une "pièce" où l'on dort. *(N.d.T.)*

** Bottes en peau de renne ou de phoque selon la saison. *(N.d.T.)*

début de la guerre, en effet. J'ai encore quelques lettres de lui, dit la jeune fille ; puis d'ajouter, après un silence : Tu ne trouves pas que Toukkaï a défiguré sa yaranga ?

A vrai dire, Tanat n'y avait jamais pensé. Comment pouvait-on "défigurer" une yaranga, construction par définition fruste et dénuée du moindre attrait ? Surtout les yaranga des Tchouktches de la côte, qui étaient recouvertes de peaux de morse aussi noires que charbon... Il lui semblait au contraire que Toukkaï avait donné à sa masure une apparence plus neuve et plus moderne à force de la modifier. D'accord, ce n'était pas encore une vraie maison de tanguitan avec de larges fenêtres et un poêle de brique, mais ce n'était déjà plus une yaranga.

Roman Tanat conduisit la jeune fille sur le haut promontoire qui surplombait Ouelen, où se dressait le phare avec sa tourelle lumineuse. De là, on voyait le site comme dans le creux de la main.

— On peut dire que les gens d'Ouelen se scindent en deux catégories : ceux qui vivent au pied du promontoire s'appellent les ènmyralyt, et les autres, plus loin sur le banc de galets, sont les tapkaralyt... Enmyn signifie "roche", et tapkan, "pointe de terre couverte de galets".

La jeune fille prenait des notes dans un épais cahier.

— C'est très intéressant, tout ça, répéta-t-elle d'un air absorbé.

Tanat faisait de son mieux.

— Vois-tu là-bas, face au large, ce grand rocher noir qui ressemble au dos d'une baleine ? C'est la Pierre sacrée. Les vieux racontent qu'elle est tombée des hauteurs célestes avec un fracas formidable et qu'elle s'est plantée dans les galets de la rive. Le choc a été si fort que toutes les yaranga se sont écroulées. Certaines ont même brûlé car la secousse a dispersé les braises dans les âtres...

— Et maintenant, c'est un lieu de sacrifices ? devina Anna.

Tanat ne répondit pas tout de suite. La Pierre sacrée se trouvait près de l'internat qui avait hébergé avant la guerre les autorités du district, transférées depuis dans la baie de la Providence. Pour cette raison, si des rites avaient bien lieu, c'était en secret et dans le dos des bolcheviks.

— Des cérémonies peuvent y être célébrées, avec des danses et des chants, dit-il, évasif.

Anna Odintsova s'efforçait de se concentrer sur l'intérêt ethnographique de son dialogue avec le jeune homme, lequel continuait d'attiser en elle un trouble étrange en réveillant au fond de son âme des sensations de liberté et de tendresse refoulées par ses aspirations scientifiques.

Quand ils eurent atteint la pierre, Odintsova l'examina attentivement et dit :

— On dirait une météorite ferrugineuse... Tu vois ?!

Elle y porta son canif qui resta accroché au flanc vertical du rocher, comme collé.

Tanat connaissait bien cette propriété de la Pierre sacrée, mais n'avait jamais songé qu'elle la tenait de ses origines célestes.

Rentré à l'aube dans le dortoir désert de l'internat, il fut long à s'endormir. Dès qu'il fermait les paupières, il voyait s'illuminer les yeux extraordinaires d'Odintsova sur un visage à la peau mate où flambaient des cheveux d'or. Bien sûr, il lui était déjà arrivé de tomber amoureux, mais autrement. C'étaient des maîtresses d'école, ou les jeunes employées de la base météorologique polaire... Il ne fallait pas oublier non plus que, dans la toundra, Katia Tonto l'attendait toujours, la fille du chef d'un campement voisin qui nomadisait dans la région de la vaste baie Kolioutchinskaïa gouba. Née deux ans après Tanat, elle lui avait été destinée comme épouse, conformément à un rite ancien. Ils avaient passé trois hivers ensemble à l'école itinérante de Lev Vassilievitch Belikov. La dernière fois qu'il l'avait vue, c'était l'été dernier. Elle avait grandi, embelli, et se comportait maintenant comme une vraie maîtresse de yaranga. De passage au camp de Rinto, elle avait dormi dans le polog de son futur époux plusieurs nuits durant. Mais Tanat avait réprimé son désir, sachant que l'heure de la première fusion charnelle n'était pas encore venue.

Le soleil de minuit, toujours plus haut, inondait le dortoir de ses rayons ardents. La lumière gênait Tanat maintenant, lui qui avait pourtant l'habitude de dormir sans rideau. Il arracha la couverture du lit voisin et masqua la fenêtre.

L'éphémère souvenir de Katia s'éclipsa de nouveau face à l'image d'Anna Odintsova, avec ses yeux rayonnants. Il aurait bien aimé les voir dans l'obscurité d'un polog. Sans doute scintilleraient-ils comme des étoiles à travers les trous d'un rètèm* usagé.

Le 24 juin 1947. Ouelen.

Avec quel plaisir j'écris ce nom – Ouelen ! Je suis enfin près du but ; non pas du but géographique, mais du but que je m'assigne au plus profond de moi. Margaret Mead éprouvait sans doute la même joie en atteignant, presque à mon âge, l'île lointaine de Samoa.

Mais il se produit dans ma vie quelque chose que je n'attendais pas et que l'on appelle, je crois, un "coup de foudre". Ce jeune homme, le premier habitant d'Ouelen qui m'a accueillie sur la banquise bordière, n'arrête pas de m'émouvoir et de remuer en moi des envies de tendresse. Et si... ? Mais non, je n'ose même pas l'écrire... Suffit !

Ouelen se présente comme un village de taille significative. Il compte près de trois cents habitants. La plupart des habitations sont des yaranga anciennes, mais certaines ont été modernisées, comme, par exemple, celle de Toukkaï. Il y a quelques "vraies" maisons. La plus grande bâtisse est celle de l'école, puis c'est l'internat. J'ai compté trois maisonnettes rondes en bois, semblables à des yaranga, de type Svinine

* Couvre-toit en peaux de renne ou de phoque. *(N.d.T.)*

– du nom de l'architecte. La base météorologique polaire forme une cité à part. Une éolienne est dressée à la "frontière". Le Territoire national des Tchouktches couvre près de huit cent mille kilomètres carrés. La population de souche compte entre treize et quinze mille habitants, selon les différents recensements. La majorité sont des Tchouktches qui se désignent eux-mêmes sous le nom de Louoravètlan, ce qui signifie "homme véritable". Viennent ensuite les Esquimaux – près de deux mille personnes –, et de petits groupes d'Evens et de Koriaks aux confins sud du district. Un territoire immense, où logeraient plusieurs pays européens. Les premiers contacts avec les cosaques de Russie se sont produits dès le XVIIe siècle ; mais les Tchouktches, selon le registre des peuples de l'Empire russe publié en 1910 à l'occasion du tricentenaire de la maison Romanov, restèrent les seuls à être classés jusqu'à la révolution comme "en partie insoumis". J'ai du mal à écrire tant je suis émue – je touche au but de ma vie. Non, je ne veux pas renouveler l'exploit scientifique de Margaret Mead. Je veux la dépasser et m'assimiler au peuple que j'étudie, chose qu'elle n'a pas réussi à faire. J'irai assurément plus loin qu'elle, je décrirai la vie d'un peuple primitif de l'intérieur et non du dehors. Maintenant commence la partie la plus délicate du dessein qui mûrit en moi… A quoi ressemble donc cette légèreté des mœurs sexuelles évoquée par Mead chez les peuples primitifs ? Allez, vas-y, fonce, Anna Nikolaïevna Odintsova !

Quand Tanat entra dans la salle d'eau, Anna se brossait les dents.

— Tu tombes à pic ! Verse-moi de l'eau s'il te plaît.

En aidant la jeune fille, il lui fit remarquer :

— Dans la toundra, en hiver, il n'y a nulle part où se laver…

— J'ai l'intention de vivre comme les éleveurs de rennes authentiques, répondit Anna.

— Tu auras du mal.

Odintsova le fixa du regard.

— Tu avais du mal, toi ?

Il sourit.

— Moi, je suis habitué… Je suis né dans la toundra, j'ai grandi dans une yaranga. Je ne me suis pas habitué facilement à la vie d'ici. Je ne me suis assis à une vraie table d'écolier qu'à partir de ma cinquième année d'études. Avant, j'écrivais allongé par terre, comme un phoque.

— Je suis un être humain comme toi, articula Odintsova. Donc, je peux vivre comme toi.

— J'aimerais bien t'entendre le jour où tu seras en pleine toundra dans une yaranga… A la lueur d'un lumignon ou d'un feu… Il n'y a même pas de lampe à pétrole, là-bas.

— Quand j'ai un projet en tête, je dois le faire aboutir coûte que coûte, prononça Anna avec des accents de fermeté inattendus dans la voix.

A dater de ce jour, ils ne se quittèrent plus. Il lui montra les plus beaux coins d'Ouelen. Ils marchèrent longtemps sur la côte jusqu'au Pilguyn, le détroit qui rattachait la lagune à la mer. Ils visitèrent le vieux cimetière où gisaient des squelettes blancs dans des carrés de cailloux, avec à leurs côtés des javelots munis de pointes, des harpons, des jattes de pierre, des morceaux de porcelaine, des boutons et des broches en os, des fusils rouillés… et même un accordéon à moitié pourri au soufflet démantibulé. A l'écart se dressaient deux monticules caillouteux sous lesquels reposaient deux tanguitan enterrés dans des boîtes en bois selon la tradition russe. Des débris de planches grises jonchaient les pierres. A terre traînaient des pieux ornés d'étoiles à cinq branches, en fer-blanc, découpées dans des boîtes de conserve. Pendant qu'elle griffonnait des croquis à main levée, Tanat se tenait à distance. L'étrange excitation de la jeune fille, sa curiosité contre nature, ses questions insatiables sur les rites funéraires, tout cela lui hérissait le poil et le mettait de méchante humeur.

Le soir venu, sur le pas de sa porte, Anna lui demanda d'un ton affectueux :

— Qu'est-ce qui te rend si morose ?

— Le cimetière n'est pas un lieu de gaieté.

— Ces choses-là m'intéressent beaucoup. C'est pour mon travail, dit-elle en le poussant dans sa chambre.

Il traînait les pieds.

En hiver, la pièce était occupée par Ekaterina Ivanovna Pokrovskaïa, le professeur de mathématiques. Quand la météo de fin de semaine le permettait, son amoureux, le directeur du village esquimau voisin, Nikolaï Nikolaïevitch Maximov, venait la voir en franchissant à skis le redoutable col Dejnev, puis la vallée désertique où les vents glacés ne faiblissaient jamais. Le grincement du lit à ressorts, les halètements étouffés et les soupirs languissants résonnaient jusque dans le couloir. Les garçons de l'internat prêtaient une oreille intriguée aux sons bizarres de l'amour tanguitan. A la fin de l'année scolaire, Ekaterina Ivanovna l'avait rejoint à Naoukan*, laissant libre sa chambre qui, à l'occasion, servait à héberger les rares visiteurs venus du chef-lieu de district.

Presque tout l'espace de la pièce était occupé par un grand lit avec une couverture d'internat ordinaire, de couleur grise. Comme il n'y avait ni tabouret ni chaise, Tanat et Anna s'assirent dessus ensemble.

Le matelas à ressorts ployait tant sous leur poids qu'il les obligea bientôt à s'appuyer l'un contre l'autre. Il sentit son cœur battre la chamade. "Pourvu qu'elle ne l'entende pas !" songea-t-il, sur le point de s'évanouir.

Les yeux rivés l'un à l'autre, ils ne se parlaient pas.

Anna approcha ses lèvres et embrassa Tanat. Il n'eut même pas le temps de tressaillir. C'était donc ça, le fameux baiser doux des tanguitan ! Il avait l'impression de s'enfoncer dans un nuage de tendresse

* Ancien village esquimau situé à trente kilomètres à l'est d'Ouelen. Il n'existe plus aujourd'hui.

énorme, tiède et mouillé. Il se sentit soudain ramolli comme un pykhpykh* crevé par mégarde avec la pointe d'un harpon.

Ce qui advint ensuite le bouleversa. Une langueur douce et aiguë s'empara de lui. Après s'être rhabillé tant bien que mal, il quitta la chambre et courut vers la mer d'où montait le souffle glacé d'un reste de banquise. Le visage inondé de larmes, il sentait son corps secoué de spasmes imprévisibles.

Il longea la côte jusqu'au bras de mer qui rattachait la lagune à l'océan. Et arrivé là seulement il fit demi-tour.

Mais il revint la voir le lendemain soir, restant avec elle, cette fois, jusqu'au matin. Dans les brefs intervalles qui ponctuaient leurs ardentes caresses, les amoureux causaient à voix basse et se racontaient leurs vies. Anna évoqua en quelques mots succincts la mort de ses proches pendant le blocus de Leningrad. A cette époque, elle vivait au foyer de l'université tout en travaillant à l'hôpital, sur la Cinquième ligne de l'île Vassilievski. En revanche, elle ne tarit pas de questions sur l'enfance de Tanat, les coutumes, les rites. Elle brûlait de tout savoir, même les détails les plus insignifiants de la vie dans les yaranga des nomades.

Tanat cherchait à la dissuader de s'aventurer dans la toundra.

— Je ne t'imagine vraiment pas vivre dans une yaranga...

— Eh bien, fais un effort d'imagination ! Allons-y ensemble, veux-tu ?

— Moi, je dois continuer mes études. (Sourire forcé.) A l'institut pédagogique d'Anadyr. On nous attend déjà là-bas.

— L'institut ! Toujours l'institut ! Réfléchis un peu : tu es un homme de la toundra, libre, fort, indépendant, et tu t'apprêtes à moucher le nez à des petits morveux !

* Poche d'air fabriquée à partir d'une peau de phoque entière.

— Je serai enseignant ! s'indigna Tanat. Peut-être même qu'après l'institut, j'irai à Leningrad, à l'université. Belikov, notre directeur, nous a dit qu'une faculté du Grand Nord venait d'ouvrir.

— Et tu n'as pas envie de revoir la toundra ? Pas même avec moi ?

— Comment ça, avec toi ?

— Et si on se mariait ?…

Anna Odintsova le dévisageait de ses yeux uniques, rayonnant de lumière. La rougeur pourpre qui lui incendiait le visage la rendait plus mate encore. Elle-même, sans doute, ne s'attendait pas à prononcer de telles paroles. La première pensée de Tanat fut pour Katia Tonto, sa promise. Qu'allait-elle devenir ? Mais cette pensée fut aussitôt emportée par une immense vague de tendresse.

— C'est tellement inattendu, ânonna-t-il après avoir recouvré ses esprits. Je ne savais pas que ces choses-là pouvaient arriver.

— Eh bien, elles arrivent, comme tu peux le constater.

— J'ai l'impression de vivre un rêve… Comme si j'allais me réveiller d'un instant à l'autre.

Anna Odintsova l'embrassa. Ce baiser-là fut long et douloureux, quelque chose de doux sur une plaie enflée.

— Alors, on est réveillé maintenant ? fit-elle avec des accents taquins dans la voix.

— Tout de même… Il faudrait au moins que je demande conseil à Belikov, le directeur d'école, balbutia-t-il.

Anna Odintsova éclata de rire si fort que des flots de larmes noyèrent ses yeux limpides. Elle se tordait, se pliait, se redressait, incapable d'y mettre fin.

Puis, sérieusement :

— Tu as déjà dix-huit ans ! Tu es parfaitement en mesure de répondre de ta personne et de tes décisions.

Elle marqua un silence et demanda d'une voix hésitante :

— Mais peut-être que tu ne veux pas ? Peut-être que tu aimes quelqu'un d'autre ?

— Comme toi ? Personne ! dit fermement Tanat. Tu me plais beaucoup. Simplement, je ne sais comment t'expliquer une chose…

— Parle franchement. Tout doit être clair entre nous.

Gêné, confus, Tanat lui parla de Katia. Anna l'écouta attentivement, puis demanda :

— As-tu eu des rapports avec elle comme avec moi ?

— Non, pas encore…

— Pourquoi ? Tu n'as pas couché avec elle ?

— Si, mais je ne l'ai pas touchée.

— C'est interdit ?

— Non, mais ça ne se fait pas.

Anna Odintsova faillit dire à voix haute que la littérature spécialisée affirmait le contraire, notamment le livre de Margaret Mead, mais elle se ravisa.

— Voilà qui est parfait. Mais es-tu prêt à renoncer à l'institut pédagogique d'Anadyr ?

— Oui ! répondit Tanat.

L'intention annoncée par Roman Tanat d'épouser Anna Odintsova mit tout Ouelen en émoi – du personnel de la base météo à la petite équipe enseignante de l'école. Les habitants de souche, au demeurant, considéraient l'événement d'un œil bien plus tranquille que les résidents russes. Beaucoup clamaient même fièrement qu'un enfant du pays avait harponné la plus belle fille jamais venue à Ouelen ; ce n'était pas toujours aux tanguitan de prendre pour épouses les meilleures femmes du coin. Belikov, le directeur de l'école, parla longuement au jeune couple. Il supplia Anna de ne pas briser l'avenir du garçon, qui promettait beaucoup.

— Attendez au moins que son père rentre de la toundra, conclut-il.

— Nous voulons au contraire y aller nous-mêmes, dit Anna.

— Vous n'avez pas idée de ce qu'est la vie en pleine toundra. Vous pouvez me croire : j'y ai passé cinq ans à nomadiser avec les éleveurs de rennes, dit Belikov.

— Et pourquoi voudriez-vous que j'échoue là où vous avez réussi ? persifla-t-elle.

— Parce que vous êtes une femme.

— Pour autant que je sache, il n'y a pas que des hommes dans la toundra.

— Mais les femmes tchaoutchou y sont accoutumées de naissance !

— Eh bien, je ferai comme elles ! trancha Anna Odintsova. Bien sûr, je suis consciente des difficultés qui me guettent, mais je ne serai pas seule car j'aurai mon bien-aimé à mes côtés…

Là-dessus, elle se tourna vers son jeune mari qui ne pipait pas.

Anna tint bon. Elle fit front à tous ceux qui doutaient ou qui l'accusaient d'embobiner un garçon naïf et inexpérimenté. Prononcés à la cantonade par les femmes des résidents russes, ces reproches froissaient Tanat. Lui-même aspirait désormais à regagner au plus vite le campement de son père, situé sur le partage des eaux entre la baie Kolioutchinskaïa gouba* et les monts Kouroupkinski**.

Vamtche, un cousin de Tanat, mit un canoë à flot, y embarqua un attelage de chiens et conduisit les jeunes mariés à travers la lagune. Au loin verdoyaient des collines.

Ayant remarqué l'inquiétude de son jeune mari, Anna le prit par la main et lui souffla à l'oreille :

— Tiens bon, Tanat !

* Vaste baie incurvée dans la côte nord de la péninsule tchouktche.

** Plateau situé au centre de la péninsule tchouktche.

2

Anna Odintsova glissa la tête hors du polog, posa son cahier sur un traîneau installé à son chevet et se mit à écrire.

Le 3 juillet 1947, campement de Rinto.

Finalement, les choses se sont mieux passées que je ne l'avais imaginé. Je crois même que le voyage à travers la toundra a été plus pénible que les premiers instants de ma rencontre avec les parents et les proches de Roman... Ici, soit dit à propos, personne ne l'appelle par son nom russe qui lui a été attribué par le maître d'école, et je vais devoir moi-même l'appeler Tanat, tout simplement.

Nous sommes partis avec le canoë de Vamtche chargé de nos ballots, d'un traîneau et de son attelage de chiens. Nous avons ramé vers la côte sud à travers une lagune assez vaste. Ce qui m'a fascinée dans ce paysage, c'est son immensité. J'avais l'impression de survoler toutes ces pointes de terre bleutées, ces étendues d'eau, ces collines verdoyantes, une myriade de petits lacs et de ruisseaux argentés. De la terre au ciel, la pureté des couleurs et de la nature environnante est une fête pour les yeux. J'ai lu quelque part que l'atmosphère de l'Arctique manquait d'oxygène, mais je n'ai rien constaté de tel. Au contraire, après les multiples odeurs du continent, la stérilité de l'air m'a piqué les narines. Quelles senteurs pourtant que celles de la toundra ! Les fleurs et les herbes exhalent des arômes subtils. Ce n'est certes pas l'odeur enivrante d'un jardin en fleurs… On a plutôt l'impression de humer un vieux flacon de parfum éventé.

Vamtche, notre guide, est un cousin de Tanat. Je n'ai pas réussi à établir avec précision leur degré de parenté, mais il s'agit à l'évidence d'une famille à branches multiples. Tanat m'a dit qu'il avait des parents dans le village esquimau voisin de Naoukan, mais aussi en Alaska et sur la Grande-Ile Diomède. L'élevage de rennes n'est pas une activité typique des Esquimaux, mais Tanat affirme que toute sa lignée paternelle est composée de Tchaoutchou authentiques. Du côté de Vamtche, en revanche, on est chasseur d'animaux marins de père en fils. C'est un homme d'une quarantaine d'années, malicieux, plein d'humour comme d'ailleurs la majorité des Tchouktches.

Nous avons laissé le canoë sur un talus herbeux, puis avons chargé notre fourbi sur le traîneau. Les chiens sont partis avec beaucoup d'allant, ce qui m'a surprise. Les patins garnis de fer glissaient bien sur la toundra mouillée. On voyait le campement de loin : deux yaranga blanches sur la rive haute d'une petite rivière.

J'étais morte d'inquiétude à l'idée de connaître les parents de Tanat… Jamais je n'avais eu autant le trac, même en période d'examens. Rinto, le père de Tanat, est un homme entre deux âges, de quarante ou cinquante ans, peut-être plus – les Tchouktches de la toundra ne connaissent pas le décompte du temps et encore moins les registres de naissance. La seule solution consiste à faire une estimation à vue de nez, ou par déduction selon l'âge des enfants. Tanat a un frère aîné, Roltyt, marié à Toutynè. Eux-mêmes ont des enfants, de sorte que Rinto et Vèlvounè sont déjà grands-parents… Les jeunes et leurs enfants occupent une yaranga à part. Mais revenons à Rinto. Plutôt haut de taille pour un Tchouktche, il présente un visage aux traits mongoloïdes discrets, comme atténués. Au plan anthropologique, les Tchouktches se rapprochent du type des peuples du Pacifique,

Malais et Philippins. Quand j'aurai appris la langue tchouktche à fond, il faudra que je fasse un peu de linguistique comparative. Quelque chose me dit que leurs ancêtres sont venus non pas de Chine ou de Mongolie, mais d'un Sud lointain... Rinto a une élocution mesurée et parle toujours avec le sourire. Vèlvounè, apparemment, a été une jolie femme. Mais son visage est criblé de tatouages : trois lignes sur chaque joue et autant sur le menton. Elle est avenante bien qu'elle ne cache pas sa méfiance.

Le plus dur a été d'annoncer que Tanat et moi étions mariés. Je m'attendais au pire et me tenais prête, en mon for intérieur, à repousser toutes les attaques et remontrances. Or, à ma plus grande surprise, ni les parents de Tanat, ni sa belle-sœur, ni son frère, personne dans le campement n'a manifesté la moindre réprobation quant à notre mariage pour le moins inhabituel. Le soir, Rinto a dit que je ne devais pas me coucher dans le polog de mon mari avant que ne soit accompli le rite exigé. Un renne a donc été saigné près de la yaranga. Tanat et moi avons eu les visages oints en abondance de son sang frais. Nous devions garder sur nous ces marques intactes jusqu'au lendemain matin. Et c'est tout. Pas de félicitations, rien. C'en était presque vexant ! Je me console à l'idée qu'il ne s'agit pas là d'une manifestation d'indifférence, mais plutôt d'un état d'esprit propre aux gens de la toundra arctique qui sont toujours prêts à faire face aux mauvais coups du destin. Ils prennent l'adversité avec une résignation stoïque. Une fois placés devant le fait accompli, ils cherchent soit à se sortir d'une situation qu'ils n'ont pas voulue, soit à s'y adapter. En ce qui me concerne, je pense que les vraies difficultés n'ont pas encore commencé.

Quelques mots maintenant sur Tanat et moi. Notre union n'est pas que charnelle. J'éprouve bel et bien pour lui les sentiments les plus affectueux. Peut-être n'est-ce pas encore de l'amour véritable, mais le fait est que je ne peux me plaindre d'un manque de tendresse de sa part. La vérité, c'est que j'avais mûri dès le départ le plan de prendre un jeune Tchouktche pour mari afin de pénétrer avec lui en pleine toundra dans les profondeurs d'une communauté authentique. J'ai toujours sous les yeux l'exemple édifiant de Margaret Mead avec, au fond de moi, le secret espoir de la dépasser. Cela dit, sa thèse fondamentale sur la liberté des mœurs sexuelles chez les peuples primitifs ne semble pas se vérifier.

Je reviens à la yaranga. J'avais, bien sûr, ma propre idée de l'agencement de l'habitat traditionnel des éleveurs de rennes tchouktches. Mais une chose est de l'imaginer, autre chose est de le voir de ses propres yeux et d'y pénétrer. De l'extérieur, la yaranga se présente comme un cône irrégulier dressé avec des perches en bois. Celles-ci, à l'évidence, sont récupérées loin d'ici, soit à partir de bois flottés drossés sur la côte par la mer, soit dans les coins où les arbres poussent. Même dans la toundra arctique, ces endroits existent en effet : à l'abri des blizzards, au fond des vallées où coulent des rivières aux eaux abondantes. Les perches convergent au sommet du cône, formant ainsi une sorte de faisceau à la base élargie. Toute la charpente, désignée par le terme de "chapiteau" dans les écrits de Bogoraz-Tan, est recouverte d'un rètèm cousu de peaux de renne au poil tondu ras. C'est cela qui donne sa blancheur à la yaranga. A l'intérieur du chapiteau pend un dais en fourrure, le polog, qui fait office de chambre à coucher. Il est éclairé et chauffé avec de la graisse contenue dans une jatte en pierre ollaire spéciale et tendre. Le polog est tendu vers la paroi du fond, laissant libre un carré assez spacieux nommé tchottaguine. Tchotchot en tchouktche signifie "oreiller", "chevet". Il s'agit ici d'un rondin long et patiné par le temps, à force de servir. Tchottaguine en traduction littérale signifie "espace libre jusqu'au chevet". Parfois, comme c'est le cas chez mon beau-père, il est assez vaste pour*

* Bogoraz-Tan (1865-1939), linguiste, ethnographe, écrivain, spécialiste des Tchouktches.

qu'on puisse y tendre un deuxième polog, il est vrai très exigu. C'est dans ce polog que j'écris ces lignes, la tête sortie dans le tchottaguine, le cahier posé sur un traîneau léger. La lumière qui parvient à l'intérieur par le sommet du chapiteau me suffit amplement, en cette saison de nuits blanches assez lumineuses pour qu'on puisse y écrire et même y lire.

Les "poches" restées libres de part et d'autre des polog servent de débarras. Il y a, dans notre tchottaguine, plusieurs tonneaux de bois qui, apparemment, viennent d'ailleurs. Différents accessoires sont accrochés à des perches horizontales, à des tchaat – sacoches de cuir, quartiers de viande séchée.*

Les odeurs, il faut s'y habituer ou ne pas y prêter attention. J'ignore si j'y parviendrai, mais au début, ces arômes suffocants me sont montés au cerveau. L'essentiel, malgré tout cela, est que les choses soient plus simples et plus faciles que prévu. En ce qui concerne la nourriture, je prends avec plaisir tout ce qui se mange depuis que j'ai enduré la famine du blocus de Leningrad. On m'a servi les plats les plus raffinés de la toundra – de la viande de renne fraîche bouillie, une sorte de soupe épaisse et légèrement relevée, avec en dessert des pattes de renne à ronger d'abord, puis à fendre pour en extraire une moelle rosâtre qui fond sous la langue. Le tout arrosé d'un thé bien sucré. Chacun se cale un morceau de sucre dans la bouche, sous la joue, et, après plusieurs tasses bues, le retire pour la prochaine fois ! Mon morceau fond tout de suite à la première gorgée ou presque !

Naturellement, je ne m'attendais à aucune prouesse amoureuse de la part de mon mari : il est encore si jeune, si ingénu. Confusément, je me doutais bien qu'en la matière, les comportements étaient les mêmes dans l'humanité entière. Mais Tanat se montre très câlin. Il affectionne particulièrement ce qu'il appelle les "baisers de tanguitan".

* Lasso, en langue tchouktche.

Rinto et sa femme eurent du mal à s'endormir cette nuit-là. D'abord le chef fuma, à demi sorti dans le tchottaguine, observant sa nouvelle belle-fille qui ne cessait d'écrire avec un crayon bien taillé dans son épais cahier. Que pouvait-elle donc y inscrire ? Où trouvait-elle autant de mots pour remplir ne serait-ce qu'une page entière ?

Le comportement de Tanat avait stupéfié ses parents qui n'en revenaient toujours pas, même s'ils n'en laissaient rien paraître. Ils avaient d'abord échangé des regards perplexes. La seule chose qui rassurait Rinto était qu'Anna s'appliquait à ne pas montrer la gêne causée par les incommodités de la yaranga et qu'elle faisait de son mieux pour s'exprimer en langue tchouktche. Par contre, elle écrivait en russe. L'écriture tchouktche commençait à peine d'être enseignée. Dans les mains de Belikov, l'instituteur de l'école nomade, Rinto avait vu un livre fabriqué dans la ville lointaine de Leningrad, où figuraient sur du papier blanc des mots et des dessins de yaranga, de rennes, de morses, de phoques et même des silhouettes humaines qui lui rappelaient des personnes de sa connaissance. Mais les événements relatés dans ce premier abécédaire de la Tchoukotka l'avaient frappé par leur platitude. Même les contes les plus banals qui circulaient de bouche à oreille dans la toundra contenaient autrement plus de matière à réflexion que ce malheureux texte imprimé.

— Tu ne dors pas ? demanda Rinto à sa femme en se retirant dans le polog comme un bernard-l'ermite dans sa coquille.

— Je n'arrive pas à m'endormir, soupira Vèlvounè. Je ne peux pas comprendre pourquoi Tanat a fait ça.

— Je crois que ce n'est pas lui, mais elle.

— Dans quel but alors ? gémit Vèlvounè.

— Nous finirons bien par le découvrir un jour. D'habitude, les tanguitan se marient avec nos femmes le temps qu'ils travaillent sur notre terre. Puis ils s'en vont et disparaissent dans les espaces infinis, laissant seuls enfants et femmes qui se lamentent.

Mais qu'un Louoravètlan épouse une femme de chez eux...

— On n'a jamais vu ça dans la toundra, commenta Vèlvounè.

— Sur la côte non plus pour autant que je sache... Peut-être est-ce une coutume de la vie nouvelle ?

— Tout le monde dit que la vie nouvelle est entrée en terre tchouktche, soupira Vèlvounè. Peut-être que les tanguitan forceront nos garçons à se marier avec des femmes bolcheviques, crois-tu que c'est possible ?

C'était d'une oreille à la fois curieuse et méfiante que Rinto écoutait les grands discours sur le pouvoir des pauvres, l'égalité des peuples, des hommes et des femmes. En même temps, il se gardait toujours de prendre part à ces conversations, surtout s'il était question de kolkhozes.

Avec le début de la Grande Guerre nationale, les propagandistes des kolkhozes avaient presque cessé leurs visites. Une seule fois Toukkaï était venu en exigeant trente rennes pour soutenir le fonds de lutte contre les fascistes. La viande, bien sûr, n'avait pu être envoyée au front. Elle se serait putréfiée au cours d'un si long voyage. Aussi avait-elle été mangée par les dirigeants du district, à l'exception de quelques carcasses laissées à l'internat. Mais après la victoire sur les fascistes, qui s'étaient révélés des tanguitan comme les Russes quoique hostiles aux bolcheviks, on était revenu à la charge avec les kolkhozes et Rinto avait senti planer le danger. Des troupeaux de rennes étaient confisqués à leurs maîtres et confiés à des pauvres. Les éleveurs rétifs se voyaient enfermés dans des maisons obscures, d'autres décidaient eux-mêmes d'en finir avec la vie. Ceux qui le pouvaient faisaient mine de se ranger à la loi des kolkhozes, mais les gens n'oubliaient pas à qui, en vérité, appartenaient les rennes. Il y en avait même qui cherchaient le salut dans des pâturages de montagnes arides, mais inaccessibles aux tanguitan. Ils n'y étaient pas à l'abri pour autant. Des camps avaient été aménagés autour de la baie de Tchaoun pour des criminels qu'on faisait travailler dans des mines. Les prisonniers s'évadaient, égorgeaient des tribus entières, volaient des rennes, mais tôt ou tard retombaient dans les mains de leurs impitoyables poursuivants. Ils étaient mitraillés comme des loups à partir d'avions volant en rase-mottes, et leurs cadavres restaient dans la toundra, abandonnés en pâture aux bêtes sauvages.

Les jours paisibles de la terre tchouktche étaient révolus pour les Tchaoutchou. Rinto l'avait bien compris. Il ne lui restait plus qu'à décider de quelle manière sauver sa vie et conserver ses rennes, unique moyen de subsistance pour sa famille et les siens. Il aurait bien levé le camp depuis longtemps pour s'éloigner de la côte, mais son fils cadet se trouvait toujours à Ouelen. Rinto ne s'était pas opposé à son désir d'aller poursuivre ses études à Anadyr... Pourtant, il aurait de loin préféré son retour au métier des ancêtres. Si encore il était revenu seul, mais là, avec une femme tanguitan... C'était un signe. On n'avait encore jamais vu qu'une créature aussi délicate, et surtout aussi jeune, jolie, instruite, choisisse de son plein gré de vivre en pleine toundra dans une yaranga nomade. Le plus simple était sans doute de lui poser directement la question puisqu'elle comprenait la langue tchouktche. Il la lui poserait demain. Ceci décidé, Rinto se permit un bref sommeil de fin de nuit.

Les rayons du soleil tombaient dans le tchottaguine par l'interstice supérieur du chapiteau en perçant la première fumée du matin au-dessus de l'âtre. Rinto mit le nez hors du polog et n'en crut pas ses yeux : Anna Odintsova était accroupie devant le feu, vêtue d'un vieux kèrkèr* d'été râpé à la fourrure retournée, et jetait des brindilles dans les braises sous

* Combinaison de fourrure. *(N.d.T.)*

une bouilloire de cuivre carbonisée. Le visage grimaçant dans une âcre fumée, elle toussait et essuyait ses larmes avec le bord de sa manche de peau. En apparence, rien ne la distinguait d'une authentique Tchaoutchouvanaou*, sinon ses cheveux d'or où dansaient les reflets lumineux des flammes et des rayons perçants du soleil.

— Kakomèï** ! s'étonna-t-il à voix basse en bourrant sa pipe du matin.

Vèlvounè entra dans le tchottaguine et jeta à terre une brassée de bois mort. Le feu ragaillardi crépita gaiement, la bouilloire se mit à siffler et à chanter.

Le lent rituel du thé du matin s'accomplissait dans un silence cérémonieux entrecoupé de brèves paroles sur l'état du ciel et les affaires du campement. Néanmoins, l'étonnante transfiguration de la femme tanguitan devenue une Tchaoutchouvanaou demeurait en secret le principal sujet de préoccupation de Rinto qui se demandait par quel bout entamer la grave discussion qu'il avait envisagée la veille.

Anna Odintsova commença d'elle-même.

— J'ai très bien dormi dans le polog ! Je me plais chez vous comme si j'y étais née.

En l'écoutant, Rinto se demandait si la femme tanguitan avait vraiment choisi d'elle-même un sort aussi rude et différent, qui ne lui promettait rien des joies habituelles de l'existence. Soudain, une idée l'illumina. Du coup, il se désintéressa du thé. Sortant de sa bouche ce qui restait de son morceau de sucre, il le posa avec précaution sur une soucoupe et quitta la yaranga.

Le soleil levant promettait de taper fort. Les pâtres avaient poussé leurs rennes au pied du versant nord d'une colline où une vaste couche de neige blanche finissait lentement de fondre en rampant vers la rivière. Certains animaux s'étaient déjà tapis à l'ombre. Seuls quelques veaux insouciants, déjà robustes en

* Femme tchouktche de la toundra.

** Exclamation de surprise en langue tchouktche.

cette saison avancée, folâtraient en soulevant des gerbes de neige avec force ruades.

La brise ne pouvait rien contre les moustiques, et Rinto, habitué à leur présence, se contentait de repousser les plus féroces d'entre eux.

Tanat se dépêcha de le rejoindre. Lui aussi avait enfilé sa tenue de toundra, mis à part le col rouge de sa chemise d'internat qui dépassait de l'échancrure de sa tunique de peau d'été.

Ils descendirent vers le cours gazouillant de la rivière qui ne tarissait jamais ici, alimentée par les réserves de neige des hauts plateaux de la péninsule tchouktche. Quand ils furent bien assis sur des coussins tièdes de mousse qui habillaient les pierres, Rinto lui demanda :

— La connais-tu bien ?

Que pouvait répondre Tanat ? Il était difficile de bien connaître quelqu'un en deux semaines, surtout s'il s'agissait d'un tanguitan. Aussi répondit-il prudemment :

— Elle me plaît beaucoup...

C'était à peu près l'équivalent du mot russe "aimer".

— Si elle ne te plaisait pas, tu n'aurais pas perdu la tête, le rudoya son père avec un sourire mauvais. Qu'a-t-elle l'intention de faire dans la toundra ?

— Elle veut y vivre en étudiant nos coutumes.

— Pour quoi faire ?

— Sans doute pour mieux nous comprendre et pour faire sienne notre vie, suggéra Tanat.

— Jamais un tanguitan n'acceptera de vivre comme nous de son plein gré, coupa sèchement Rinto. Notre mode de vie est pour eux un vrai supplice, si tu veux savoir. Le tsar déportait chez nous ses sujets rebelles. Maintenant, ce sont les bolcheviks qui dressent des camps entourés de fil de fer piquant, où ils placent leurs ennemis sous la garde d'hommes armés. Près de Tchaoun, ils ont déjà installé ce genre de clôtures, derrière lesquelles les tanguitan captifs n'arrêtent pas de crever à cause du froid, de la faim et des travaux pénibles dans des cavernes de pierre.

— C'est ce qu'elle m'a dit et je la crois...

— Tu la crois parce qu'elle te plaît et qu'elle ne ressemble pas aux femmes de chez nous. Ça excite ta virilité.

— Non, père, tenta de riposter Tanat.

— Et maintenant je vais te dire, continua Rinto. Si elle t'a séduit, c'est qu'elle a ses raisons. Elle cherche à pénétrer dans nos âmes et dans nos têtes pour nous rallier aux kolkhozes !

Tanat ne put réprimer un sourire. Anna était loin d'approuver ce que ses compatriotes avaient introduit en Tchoukotka. Elle jugeait stupide, notamment, de considérer l'histoire du peuple tchouktche comme une "survivance néfaste". "S'il est vrai, raisonnait-elle, que vous avez toujours vécu dans l'ignorance et l'obscurantisme, comment expliquer alors que vous ayez réussi à survivre jusqu'au XXe siècle ?... En quoi la balalaïka et l'accordéon conviendraient-ils mieux aux Tchouktches et aux Esquimaux que votre bon vieux tambour ?... Si tu laisses un Russe en pleine toundra, l'hiver, avec son blouson molletonné et ses bottes de feutre, il ne tiendra pas une journée... Sans oublier que l'humanité n'a toujours rien inventé de plus fiable que les traîneaux à chiens pour voyager dans le désert polaire. Si les grands conquérants de l'Arctique ont réussi, les Nansen, les Peary et les Amundsen, c'est d'abord parce qu'ils avaient étudié le mode de vie et l'expérience des habitants de souche dans les contrées polaires... A quoi bon casser d'un coup ce qui a résisté à l'épreuve des siècles ? Les habitants d'Ouelen ont beau appartenir au kolkhoze *L'Aube rouge*, cela ne les empêche pas de chasser à l'ancienne. A la tête de chaque brigade, il y a un ytvèrmètchyn*, qui est le harponneur et le barreur le plus expérimenté, comme il y a plusieurs centaines d'années. Même les bolcheviks n'auraient pas l'idée de placer à ce poste un représentant des plus pauvres. Les chasseurs d'animaux marins ne

* Littéralement : un chef de canot.

l'accepteraient jamais car il y va de leur survie. Par contre, à la tête du soviet local, ils sont prêts à tolérer Eviak, si pauvre et si bête soit-il, car les gens de ton peuple comprennent parfaitement qu'à ce poste jugé important et responsable par les bolcheviks, il ne pourra pas faire de mal, et que peu de choses dépendent vraiment de lui."

— Je lui fais confiance, prononça lentement Tanat. Il y a sûrement entre nous ce que les Russes désignent par le mot "amour"...

— L'amour ? Qu'est-ce que ça veut dire ?

— C'est un appel du cœur très fort envers une femme. De nombreux livres ont été écrits à ce sujet par les meilleurs écrivains.

— Ah ! ça vient des livres... s'étonna Rinto. Aurais-tu décidé de vivre maintenant d'après les lois de l'écriture ? Je doute que ça marche.

— Quand cette passion est réciproque, on n'est plus maître de soi. Il arrive même parfois que les tanguitan s'entretuent à cause de ça, ou bien mettent volontairement fin à leurs jours... J'ai lu beaucoup de choses là-dessus.

— J'ai l'impression que ce qui est écrit dans les livres ne s'applique pas toujours à notre vie, nota prudemment Rinto. Je suis sûr qu'il n'est pas écrit dans les livres que tu étais promis à Katia Tonto.

— C'est plus fort que moi, murmura Tanat.

Rinto regagna la yaranga profondément désappointé.

Une manche de son kèrkèr retroussée, Anna maniait le grattoir à écharner les peaux de renne comme une vraie femme de la toundra. Ses gestes étaient encore gauches mais Vèlvounè guidait sa main. La sueur ruisselait sur son front. Ses cheveux trempés retombaient sur son visage et la gênaient pour travailler.

Rinto appela sa femme sous un prétexte futile et lui déclara, affligé :

— Notre garçon est mal parti...

— Qu'y a-t-il ? demanda Vèlvounè inquiète.

— A ce qu'il m'a dit, ils souffrent tous les deux d'une maladie de l'âme plusieurs fois décrite par les grands écrivains et qui s'appelle l'amour. Les tanguitan frappés de cette maladie s'entretuent souvent, et certains mettent même fin à leurs jours. On dirait qu'Anna l'aveugle et qu'il ne voit plus rien ni personne d'autre qu'elle...

Vèlvounè marqua un long silence avant de répondre.

— Quand je t'ai vu pour la première fois, articula-t-elle enfin, moi aussi j'ai eu l'âme bouleversée... La lumière et la chaleur du soleil n'étaient jamais assez vives quand je ne te savais pas à mes côtés... Maintenant, je te ressens comme une moitié de moi-même.

Il y avait du vrai dans ces paroles. Rinto avait parfois l'impression que sa femme et lui ne faisaient qu'un. Souvent, ils ouvraient ensemble la bouche pour dire la même chose. Et ils ne comptaient plus le nombre de fois où une même idée leur était venue en même temps à l'esprit.

— Mais peut-être que l'essentiel est ailleurs, fit Rinto méfiant. Et si c'était une feinte ? Et si Anna poursuivait un autre but ?...

— Lequel ?

— De nous embrigader dans un kolkhoze et de nous confisquer nos rennes.

— Elle t'a dit ça ?

— Pas pour l'instant. Mais peut-être qu'elle attend son heure. Des rumeurs courent dans la toundra. On raconte qu'une caravane de tanguitan armés bat le pays, avec parmi eux des Louoravètlan acquis aux idées de la vie nouvelle, qui font boire aux Tchaoutchou une mauvaise eau grisante et qui déclarent que les rennes sont la propriété de tous.

— Bah ! ils font leurs déclarations et puis s'en vont, ensuite la vie reprend comme avant, commenta Vèlvounè.

— Non, ils exigent un serment de fidélité au pouvoir des Soviets et mettent en place un chef de campement choisi parmi les plus pauvres... De quoi parlez-vous toutes les deux ?

— Jamais un mot sur les kolkhozes, répondit Vèlvounè. Elle cherche à connaître notre façon de vivre.

Rinto sentit chez sa femme un fond de résistance et de désaccord. Elle ne partageait pas ses soupçons. Il était donc seul contre trois…

Dans la yaranga, Anna continuait de gratter consciencieusement ses peaux de renne. Vèlvounè l'encouragea :

— Voilà qui te fera un kèrkèr bien souple pour l'hiver.

— Ii, acquiesça Anna en ôtant une mèche de son front. Mes cheveux me gênent. Je ne sais quoi en faire. Et si je les coupais ?

Vèlvounè s'approcha, prit une mèche dans sa main et la caressa.

— Ce serait dommage ! De si beaux cheveux…

Après avoir fouillé dans ses affaires, elle en sortit un bandeau en peau de phoque piqué d'une perle bleue en son milieu, et le noua autour des cheveux de sa belle-fille.

Tanat apporta le renne qu'il venait de saigner dans le troupeau et, avisant le bandeau de cuir qui tenait les cheveux de sa femme, sourit.

Les femmes se mirent à dépecer le renne. Les mains maculées de sang frais, Anna maniait prudemment le pekoul, couteau de femme à la lame large et finement affilée. Elle aida Vèlvounè à extraire la première cavité stomacale – un rumen gris foncé rempli de mousse à moitié fermentée. On y versa du sang frais puis, après l'avoir noué fermement, on le suspendit à une perche de la yaranga.

— D'ici quelques jours, le rilkyril* sera à point, dit Vèlvounè.

Dans le silence tranquille du soir, quand le feu se fut éteint au centre du tchottaguine, que les rayons lumineux du crépuscule eurent enveloppé mollement la toundra et que le troupeau de rennes eut

* Soupe épaisse tirée du contenu de la panse d'un renne.

achevé sa ronde autour des derniers carrés de neige, Anna Odintsova sortit son cahier et le posa sur la planche même où avec un grattoir de pierre elle venait d'écharner des peaux pour son kèrkèr d'hiver.

Je suis diablement fatiguée. Ce n'est comparable qu'avec la fatigue de plomb qui me harassait à Leningrad quand nous déblayions les décombres de notre cité universitaire touchée par une bombe fasciste sur la Cinquième ligne de l'île Vassilievski. De toute cette longue journée, je n'ai pas eu un seul instant de répit. A l'aube, j'ai surveillé le feu en le nourrissant de brindilles qui brûlent fort mal – beaucoup de fumée et peu de flammes. Elles sont humides et n'ont pas le temps de sécher au soleil. Chose étonnante, il fait très chaud dans la toundra polaire en été. N'étaient les moustiques, on pourrait se mettre nu et bronzer. Un tel passe-temps, toutefois, est impensable : on me prendrait pour une folle. Les petits lacs autour du campement pullulent de canetons. L'eau paraît tiède, mais le fond est pris dans le permafrost. Ici, personne ne se baigne. Après un petit-déjeuner très léger avalé tôt ce matin, nous n'avons plus rien mangé. J'ai même ressenti un léger vertige à cause de la faim. En dépeçant un renne avec Vèlvounè, je me suis risquée à avaler quelques morceaux de son foie tiède et sanguinolent. A ma grande surprise, j'ai trouvé que c'était tendre et bon. Je n'ai jamais mangé d'huîtres, mais, d'après ce que j'ai lu, je pense qu'il y a une ressemblance.

Le rilkyril, maintenant. C'est une soupe tchouktche, l'un des mets principaux des habitants de la toundra. L'ayant préparée de mes propres mains, je suis parfaitement en mesure d'en écrire la recette détaillée, qui est au demeurant fort simple. On prend une panse de renne – la première cavité – avec son contenu auquel on ajoute du sang de l'animal. Puis ce sac gris foncé, qui pèse environ trois kilos, est suspendu à la charpente de la yaranga, de préférence au-dessus de la fumée de l'âtre. Se produit alors à l'intérieur une sorte de fermentation qui donne un liquide épais. Après cuisson, on obtient quelque chose de parfaitement mangeable, même pour une étrangère comme moi. Le sang rend le mets plutôt salé et la mousse à demi ruminée lui donne un goût d'épinard frais. On a d'ailleurs l'impression que la soupe est poivrée. Mais rien ne saurait être comparé à la viande de renne bouillie, succulente et parfumée. Le bouillon froid m'a paru particulièrement délicieux, recouvert d'une croûte blanche de graisse gélifiée. Pour le dessert, avant le thé, on se délecte de la moelle d'une patte de renne. Ce repas principal a lieu le soir quand s'achève la journée de travail. On a beau manger beaucoup, on ne se sent pas le ventre lourd. On a la sensation que le corps s'emplit de forces fraîches. Pour un peu, on se remettrait au travail ! Voici maintenant, avec mes légendes, le schéma détaillé de la yaranga de Rinto, son aménagement et ses différentes composantes…

Plusieurs pages du cahier d'Odintsova étaient noircies de croquis minutieux de la yaranga. Vue de profil, vue plongeante, dessin schématique et figuratif… Pour donner une idée des proportions, elle avait dessiné à l'entrée du gîte une silhouette humaine qui rappelait vaguement Rinto.

Le plus difficile pour moi sera bien sûr de me renseigner sur la vie intime des Tchouktches. En ce qui concerne les pratiques sexuelles, j'ai du mal à les juger d'après mon mari. Il est encore jeune, inexpérimenté. Pourtant, à s'en référer à la théorie de Margaret Mead, Tanat aurait dû se montrer un peu plus expert, fort d'une expérience sexuelle acquise dès les premiers signes de la puberté. Il est vrai qu'il a passé ces années-là en internat. A chacune de mes tentatives d'engager une conversation précise sur les usages sexuels, mon jeune mari rougit comme une demoiselle et choisit le mutisme. Il se défile à toutes mes questions en parlant de honte. Mais les jeunes Samoans n'avaient pas honte, eux ! Et si Margaret Mead s'était trompée ? J'ai tout fait pour relever dans ses écrits le moindre indice susceptible d'attester que les jeunes indigènes s'étaient vraiment accouplés sous ses yeux. Mais ses affirmations reposent exclusivement sur des témoignages oraux de Samoans jeunes ou adultes. Il s'agit souvent de récits hauts en couleur et inventifs… On ne pourrait pas en dire autant de mes rapports charnels avec mon jeune époux. La plupart du temps, c'est moi qui suis obligée de prendre l'initiative…

Mais essayons de considérer les choses sous un autre angle. Y a-t-il, au-delà des différences raciales purement extérieures, des marques de distinction morales, psychiques ? Les racistes affirment que oui, comme tendent à le montrer les observations d'une disciple de Franz Boas. Autrement dit, les Samoans seraient dénués de toute pudeur, cette propriété humaine fondamentale, corollaire des rapports entre les sexes. Et c'est par l'absence de barrières morales d'ordre sexuel que Margaret Mead explique la légèreté avec laquelle les Samoans surmonteraient – à l'en croire – l'étape difficile de la puberté. Or, l'absence de pudeur sexuelle est une caractéristique animale plutôt qu'humaine. La grande savante a beau se poser en amie indéfectible des Samoans, elle-même les exclut du genre humain normal avec ces assertions… Il y a quelque chose qui ne tourne pas rond. Ce serait formidable qu'après cette expédition tchouktche, je puisse me rendre aux îles Samoa pour y rencontrer les jeunes gens avec lesquels Margaret Mead s'est entretenue à cœur ouvert. Aujourd'hui, ce sont des personnes d'âge mûr, pour ne pas dire plus. Pourraient-elles confirmer ? A moins que les Tchouktches et les Samoans ne soient les représentants de races foncièrement distinctes et que chaque race ne cultive son propre rapport à la pudeur humaine*

* Franz Boas (1858-1942), ethnographe américain, fondateur de l'anthropologie comparative.

et aux principes moraux qui président à la vie des hommes ? Ou bien s'agit-il de tout autre chose ?

Toujours est-il que, dans mon cas, l'expérience paraît faussée : Tanat est tchouktche, mais je suis européenne...

— Tu n'arrêtes pas d'écrire, dit doucement Rinto en tirant sur les dernières bouffées de la pipe du soir. Pourquoi écris-tu ?

Anna savait que tôt ou tard elle aurait à répondre à cette question.

— Le temps passe, finit-elle par répondre après un silence. La mémoire humaine est ainsi faite que beaucoup d'événements sombrent dans l'oubli avec les années. Or, je voudrais qu'ils restent fixés sinon dans ma mémoire, du moins sur le papier.

— Pour qui ?

— Pour les générations futures.

— Es-tu sûre d'avoir un jour des enfants ?

— Je l'espère...

— Et sauront-ils lire ce que tu écris ?

— Oui, s'ils sont instruits. Tanat, par exemple, sait lire et écrire. Son frère aussi.

Un instant de silence régna dans le tchottaguine. Une lumière nacrée filtrait par la voûte du chapiteau, à travers la croisée des perches. Dehors gazouillait la rivière.

— Le propre de l'homme est de regarder d'abord devant lui, dit Rinto. Il n'a guère besoin du passé avec autant de détails. Les choses qui comptent restent gravées quoi qu'il arrive, et le reste se dissout dans le temps qui passe.

Anna Odintsova posa son crayon. Elle écrivait toujours avec des crayons à mine de graphite taillés très pointu, comme le lui avait appris le vieux professeur Innocent Souslov qui enseignait à l'université la géographie physique de la Sibérie et de l'Extrême-Orient : Sur le terrain, vous n'utiliserez que des crayons à mine de graphite, pas de mines synthétiques et surtout pas d'encre ; car alors, avec l'humidité, il ne resterait que des pâtés dans vos carnets, tandis que les notes au crayon se conserveront.

— Dites-moi, demanda-t-elle, votre peuple a-t-il besoin de l'avenir dont vous parlent les bolcheviks ?

— Nous tirons toujours parti de l'expérience des autres peuples, répondit prudemment Rinto. Tu as remarqué, sans doute, que nos chasseurs des mers côtières utilisent des fusils maintenant, et même de petits canons lance-harpons. Beaucoup de femmes possèdent des machines à coudre. Les baleinières et les canots sont équipés de moteurs, c'est bien. Ça facilite l'existence...

— Et les kolkhozes ?

— A dire vrai, je ne vois guère en quoi nous aurions besoin de kolkhozes. Pourquoi placer des bons à rien pauvres et miséreux à la tête des élevages ? Et pourquoi me confisquer mes propres rennes ? Ce sont mes rennes, c'est moi qui les ai élevés pour que mes enfants et petits-enfants grandissent et que la vie continue sur cette terre. A quoi bon briser notre façon de vivre ? Et pourquoi supprimer les chamans sous prétexte qu'ils trompent les ignorants ?

— Et ce n'est pas le cas ? demanda Anna.

— Je suis chaman moi-même, répliqua Rinto en toute simplicité, et je n'ai jamais trompé personne de toute ma vie.

Anna en resta coite. L'image qu'elle avait du chaman était, en gros, celle du moulage exposé au musée d'Ethnographie du Cabinet des curiosités de Pierre le Grand, section Sibérie, quai de l'Université à Leningrad. Accoutré d'une tunique de daim à moitié mangée par la poussière, chamarré de toutes sortes de parures, de torsades ornées de perles, de billes métalliques, de grelots de cuivre et d'argent minuscules, de franges de cuir et de tissu multicolores, les cheveux gras, en bataille, arborant un tambour dans une main et une baguette dans l'autre, il offrait un piètre spectacle plus qu'il n'éveillait le frisson du sacré ou de l'effroi. Mais peut-être n'était-ce là qu'une impression de musée ? Une chose était de voir le mannequin d'un chaman au Cabinet des curiosités, autre chose était de le voir en face de soi et même de partager son toit, sa nourriture… Un sentiment mitigé s'empara d'Anna. Elle n'avait aucune raison de ne pas croire Rinto. D'un autre côté, cela ne collait pas du tout avec l'idée que la science se faisait des chamans et du chamanisme. Chez Bogoraz et les autres ethnographes, ils ne se distinguaient guère en apparence du sorcier de la toundra qui pavoisait derrière son épaisse vitrine empoussiérée dans la pénombre du musée du quai de l'Université. Mais Rinto… Rien en lui ne donnait à penser de près ou de loin qu'il possédait des pouvoirs magiques et qu'il était capable de communiquer avec les forces de l'au-delà, de s'élever au-dessus de la terre, de se réincarner dans des animaux ou de prendre possession de l'âme et du corps d'autrui. C'était un Tchouktche ordinaire, un Tchaoutchou éleveur de rennes, qui présentait même quelques traits de timidité bien que ses yeux ne soient jamais fuyants dans la conversation, contrairement à ceux des autres. Anna Odintsova connaissait la force de son propre regard et la seule personne capable à ce jour de le soutenir était Rinto.

Après une effusion amoureuse brève, mais jouissive et ardente, lorsque Tanat, voluptueusement épuisé, se fut écroulé à ses côtés, Anna lui demanda à voix basse :

— C'est vrai que ton père est chaman ?

— C'est vrai, répondit-il aussitôt comme il s'agissait d'une banalité quelconque.

— Mais… (Anna veillait à choisir ses mots et parlait lentement.) Il n'en a pas l'air.

— As-tu déjà vu des chamans ? Et où ?

— A Leningrad, au musée.

— Et qu'y font-ils ?

— Rien, ils sont exposés dans une vitrine.

— Vivants ?

— Non. Comment t'expliquer…

— Comme Lénine au Mausolée ?

— Non, ce n'est pas tout à fait un chaman, mais plutôt sa représentation.

— Une idole ?

— Pas une idole… Aviez-vous des manuels illustrés à l'école ?

— Oui.

Tanat ne voyait pas où sa femme voulait en venir.

— Le chaman que j'ai vu à Leningrad, c'était un peu comme une illustration dans un manuel.

— Y a-t-il quelqu'un pour étudier le chamanisme là-bas, à Leningrad ?

— Non, personne… Mais je t'en parlerai une autre fois. Donc, ton père est chaman ?

— Je t'ai déjà dit que oui. Si tu ne me crois pas, demande-lui toi-même.

— Il me l'a déjà dit.

— Il t'a dit la vérité.

Tanat caressait tendrement le corps de sa femme du creux de la main. Ils se prélassaient tout nus sur des peaux de renne, dans une chaleur telle que la soyeuse et légère couverture de pyjik* ne leur était d'aucune utilité. Tanat sentait combien la peau d'Anna avait changé. D'abord sèche et douce, elle était maintenant recouverte d'un enduit gras naturel à force de ne pas être lavée. Elle collait presque aux doigts et restait froide même après leurs fougueuses étreintes. Dans les ébats intimes, Anna se montrait insatiable et exigeante, toujours avide de soutirer à son mari des recettes particulières tenues secrètes par les Louoravètlan. Cela troublait tellement Tanat qu'il en perdait parfois sa virilité. Alors, effrayée, sa femme lui demandait pardon, le câlinait et lui prodiguait des douceurs comme une jeune chienne en chaleur.

— S'il ne me l'avait pas dit lui-même, je n'aurais jamais cru que ton père était chaman, dit Anna.

* Fourrure de peau de renne.

— Pourquoi ? Parce qu'il ne ressemble pas à l'épouvantail que tu as vu à Leningrad ?

— S'il est vraiment chaman, il doit se démarquer des hommes ordinaires, non ?

— C'est bien parce que rien ne le distingue en apparence des gens ordinaires qu'il est chaman, répondit Tanat. Qui lui ferait confiance s'il était différent des autres ?

— Admettons. Mais en quoi consistent ses pouvoirs chamaniques ?

— En toutes choses, répondit simplement Tanat, et ces mots simples désarmèrent Anna.

— Mais concrètement ? insista Anna. Pour autant que je me souvienne, le mot "chaman" se dit ènènyliyn en langue tchouktche, ce qui signifie littéralement "qui a le pouvoir de guérir". Est-ce bien cela ?

— Pas tout à fait…

Avant que Tanat parte pour l'internat, son père, par les longues soirées de blizzard, lui avait donné toute sorte de recommandations. Le garçon se rappelait que le mot Enèn désignait moins un "remède" qu'une force supérieure et toute-puissante équivalant à la notion russe de Dieu. Aussi valait-il mieux traduire ènènyliyn par l'expression "inspiré d'en haut", "doué d'une force divine"… Mais comment faire entendre cela à sa femme obstinée ?

— Le temps viendra où tu comprendras de toi-même, dit-il pour toute réponse.

— Et l'habit de chaman ? Ses parures ? Son tambour ?

— Il a tout ce qu'il faut, mais il ne s'en sert presque jamais.

— Il ne chante pas ? ne danse pas ?

— Que si, répondit Tanat en réprimant un éclat de voix railleur. Mais en tant que chanteur et danseur, et non comme chaman. Il est très connu pour cela dans toute la Tchoukotka, et même en Alaska où nous sommes allés ensemble avant la guerre.

— Tu as donc été en Amérique ?!

— Deux nuits sur la Petite-Ile Diomède, deux nuits à Nome et une nuit à Sivoukak* qui figure sur les cartes comme l'île Saint-Laurent. Mais j'étais très petit et je ne m'en souviens guère. Mon père y était très bien reçu !

— Comme c'est intéressant ! s'exclama Anna.

Plus je vis ici, plus je constate combien nous savons peu de choses de la vie des éleveurs de rennes. Bogoraz semblait avoir tout dit, mais il s'avère maintenant que l'illustre ethnographe, si consciencieux fût-il, n'en restait pas moins succinct en dépit de sa bonne connaissance de la langue tchouktche. Surtout en matière de chamanisme. Les études ethnographiques des rites chamaniques ne sortaient pas de la description superficielle du phénomène en mettant l'accent sur la dimension esthétique et spectaculaire, sur l'art d'envoûter le public ou le malade, sur la force surnaturelle de cette pratique. Aux yeux des savants, le chaman se présentait comme un magicien aux secrets impénétrables, alors que le mystère le plus grand et le plus indéchiffrable de son être réside en réalité dans son immense expérience. Tanat m'a raconté que son père avait tenté de lui transmettre son savoir mais que les grammaires russe et tchouktche, tout compte fait, se révélaient bien plus faciles et agréables à apprendre chez Lev Vassilievitch Belikov que l'expérience complexe de l'enènyliyn, "l'inspiré d'en haut". Si j'ai bien compris, l'acquisition de la vérité secrète qui préside à la vie se fait au prix d'insoutenables souffrances physiques par la faim et la solitude. On doit aussi s'enivrer d'une macération d'urine humaine et d'un champignon vénéneux de type amanite. Tous ces renseignements, j'ai dû les soutirer de force à mon mari… Bref, le vrai chaman tchouktche n'a rien à voir avec l'épouvantail empoussiéré exhibé dans la vitrine du Cabinet des curiosités. Sans doute se

* Sivoukak, village de l'île Saint-Laurent. Nom officiel Gambell.

présente-t-il tout à la fois comme une encyclopédie, une bibliothèque, une pharmacie, une station météo, un service vétérinaire, un centre d'archives historiques, et j'en passe...

Tanat éprouvait une certaine gêne à voir le crayon de sa femme courir sur le papier. Il avait l'impression qu'intentionnellement ou pas, on l'observait dans son intimité. Mais il n'osait pas le dire à voix haute et se contentait de faire semblant de dormir ou de se retourner.

L'heure arrivait de la Saignée des Jeunes Rennes dont les peaux servaient aux habits chauds d'hiver. Chaque campement de la péninsule tchouktche assurait le service d'un certain nombre de villages côtiers. Tonto poussait son troupeau vers les rives de la baie Kolioutchinskaïa gouba, cependant que Rinto migrait vers la côte nord de la lagune d'Ouelen où affluaient les gens de Tchetigoun, Intchooun, Naoukan, Kèniskoun et Tounitlièn*.

Par un petit matin d'août qui soufflait déjà le froid en cette saison où l'herbe, de moins en moins verte, se recouvrait d'un givre étincelant mais éphémère, on se mit à préparer la caravane. Les hommes s'en furent rassembler le troupeau pendant que les femmes, Vèlvounè en tête, pliaient polog et yaranga en chargeant les traîneaux. Anna Odintsova était sur le même pied que les autres, étonnant son monde par sa débrouillardise et sa faculté d'adaptation. A plusieurs reprises, elle entendit des cris d'approbation à son endroit, qui la firent redoubler d'énergie. Elle ne parlait plus qu'en tchouktche, désormais, par la force des choses. Même avec son jeune mari, elle préférait s'exprimer dans la langue de celui-ci qui nota le fait d'un air satisfait : "Tu maîtrises la vraie langue des femmes tchouktches, maintenant." Il s'avérait, en effet, que les Tchouktches observaient en parlant une particularité phonétique intéressante : certains

* Noms de villages tchouktches aujourd'hui disparus sur le littoral de l'océan Glacial.

sons passaient pour inconvenants dans la bouche des femmes, surtout le *r* partout remplacé par un *ts* ferme et claquant.

Dans l'attente des rennes d'attelage, Anna Odintsova s'installa sur un traîneau et sortit son cahier.

22 août 1947. Je ne sais plus quel jour de la semaine nous sommes. Il faudrait faire le décompte mais cela n'a guère d'importance dans ma situation. Bizarrement, je suis inquiète à l'idée de revoir prochainement la civilisation. Certes, nous n'allons que dans la petite localité tchouktche d'Ouelen, et non dans une grande ville. Mais il y a là-bas des maisons de bois, un magasin, une école, une base polaire, un émetteur-récepteur radio, un peu d'électricité ici ou là, du matériel de cinéma. Sans parler des Russes… Serai-je tentée par un retour en arrière et aurai-je la force de ne pas y céder ? Car enfin, je pourrais parfaitement vivre à Ouelen tout en faisant de temps à autre des sorties dans la toundra. Cette solution m'avait d'ailleurs été suggérée par le maître Lev Vassilievitch Belikov…

Anna Odintsova n'eut pas le temps de finir sa page : les rennes de trait apparurent à ce moment de derrière un talus.

3

La pipe à la bouche – même éteinte, elle facilitait le cours de ses pensées –, Rinto marchait en tête de la caravane. Il était sûr qu'Anna Odintsova ne résisterait pas à la tentation de rester à Ouelen. Il y avait là-bas des gens de son peuple, des maisons de bois avec de vraies cloisons, des fenêtres vitrées, des poêles, des bains, et même, parfois, des projections de cinéma. C'était dommage pour Tanat, bien sûr. La leçon serait dure, mais bien apprise : il ne fallait pas se jeter sur une femme tanguitan blanche.

Tanat conduisait les rennes de tête, tantôt perché sur un patin du traîneau, tantôt trottant près de l'attelage au gré des mottes de la toundra. Le voyage d'automne à Ouelen marquait le dernier échange de l'année avec les Tchouktches du littoral qui, à la différence des Tchaoutchou, vivaient de la chasse des animaux marins. Cette rencontre des hommes de la toundra et de la mer était l'occasion d'une foire où les peaux de renne et les kamous* s'échangeaient contre les produits des chasseurs côtiers : peaux de morse, de lakhtak**, de nerpa***, ceintures, graisse,

* Fourrure provenant des pattes du renne. On en fait principalement des bottes et des moufles.

** Sous-espèce du phoque dont la peau sert aux semelles.

*** Sous-espèce arctique du phoque répertoriée sous l'appellation savante *Phoca (Pusa) Hispida Botnica*. Poids : soixante-dix kilos. Longueur : cent dix, cent trente-cinq centimètres. Espèce aujourd'hui protégée. *(N.d.T.)*

kopalkhen* et, depuis peu, des articles tanguitans : tissus, fils, aiguilles, tabac, thé, sucre, farine. Le cours du troc ? Nul autre que les acteurs de la foire ne le connaissait. A l'évidence, les opérations se faisaient souvent "à crédit".

Mais l'attrait de l'événement tenait d'abord à l'occasion de se rencontrer entre amis et cousins et, surtout, d'assister aux compétitions de danse et de chant qui se jouaient près de la Pierre sacrée où même les Esquimaux de l'autre rive du détroit de Béring, jusque dans un passé récent, avaient coutume de se rendre à bord d'énormes canoës. Cette année-là comme la précédente, toutefois, on ne les verrait pas : les relations s'étaient détériorées entre l'URSS et les Etats-Unis. Le bruit courait que les Américains avaient l'intention d'envahir la Tchoukotka pour y instituer un régime capitaliste hostile aux pauvres et aux démunis. Des troupes soviétiques étaient arrivées en renfort dans la baie de la Providence et à Anadyr, avec des chars, des canons et des avions de guerre.

Une humeur de fête régnait sur Ouelen, notablement amplifiée par un gros arrivage d'alcool vendu au magasin dans un tonneau métallique perché sur un socle. Un tuyau servait de siphon, qu'il fallait mettre à la bouche pour transvaser l'eau-de-gaieté par aspiration dans un récipient à la mesure du pouvoir d'achat de chacun. Il y avait tant de volontaires pour aider la jeune vendeuse dans cette tâche qu'ils faisaient la queue serrés l'un derrière l'autre. L'intérêt était bien sûr d'avaler au passage une bonne rasade d'eau-de-feu avant de la laisser couler dans le récipient.

A voir l'horizon libre de glace, Tanat ressentit un léger pincement au cœur : c'était donc que Tènmav et Enmynkaou avaient déjà pris le chemin d'Anadyr…

* Viande de morse roulée dans de la graisse et conservée sous terre plusieurs mois durant. Elle constitue la nourriture principale des hommes et des chiens de trait.

Sans doute étaient-ils même admis à l'institut pédagogique. Cela le rendait triste de savoir qu'il ne partirait plus, qu'il ne s'échapperait plus de cette terre, qu'il ne volerait pas même en pensée sur les vastes espaces de ce grand pays.

La veille, une fois les yaranga dressées sur la côte sud de la lagune d'Ouelen, Anna Odintsova avait commencé par déclarer qu'elle n'irait pas au village, où elle n'avait rien à faire. Mais Rinto avait insisté, lui conseillant même de loger dans une maison de bois, de se reposer un peu de la yaranga et des rudesses de la toundra. Tanat aussi rêvait de vivre un moment dans une maison de tanguitan en occupant la chambre libre de l'internat.

— On ira se laver aux bains…

— Ils te manquent tant que ça ? avait ironisé Anna.

— Oui, beaucoup ! avait-il répondu franchement, bien qu'il n'y eût pas songé une seule fois auparavant. Dans la toundra, les bains n'étaient d'aucune utilité : il suffisait le matin de se passer la main sur la figure pour effacer les marques du sommeil et les poils blancs de renne collés pendant la nuit.

La question se posa soudain de savoir comment elle devait s'habiller. Allait-elle enfiler son vieux blouson rembourré, son pantalon molletonné et ses bottes de caoutchouc ou bien se vêtir de son kèrkèr des grands jours que Vèlvounè lui avait taillé pour l'automne ?

— Puisque tu es tanguitan, tu dois t'habiller en conséquence, lui suggéra Tanat.

— Je ne suis plus une femme tanguitan, mais ton épouse, une Tchaoutchouvanaou, rétorqua-t-elle.

Le canoë de peau accosta juste en face de la base polaire. Anna Odintsova mit pied à terre, accueillie par des yeux ébahis. On ne manifesta guère d'entrain à répondre à ses salutations. Seuls les gamins piaillèrent en la montrant du doigt : C'est pas une Lyguinèou* ! C'est une Tanguinaou** habillée d'un kèrkèr !

* Femme tchouktche.

** Femme russe.

Les adultes accompagnaient ce couple singulier d'un regard étonné.

— Jamais je n'aurais pensé que tu te serais si vite entchouktchée ! lança en souriant Lev Vassilievitch Belikov, le directeur d'école. Ne perdons pas de temps, les bains sont encore chauds. Il n'y a pas beaucoup d'amateurs en ce moment, les élèves sont absents.

Tanat gardait un souvenir marquant de son premier passage aux bains. Mort de peur, il s'était glissé dans l'insoutenable fournaise. Les grands disaient que si les Russes avaient la peau si blanche, c'était d'être à moitié bouillis ! Lev Vassilievitch Belikov, à qui l'étuve avait tant manqué pendant ses années d'enseignement dans la toundra, l'avait savonné lui-même en le frottant jusqu'à ce que le garçon l'eût supplié d'arrêter : sa peau lui semblait maintenant si fine que le sang allait gicler. Mais après coup, il avait éprouvé la sensation d'une incroyable légèreté, craignant même que le vent du sud, avec sa force d'ouragan, ne le pousse à la mer. Dans la toundra, naturellement, le problème ne se posait pas. Cela revenait à cimenter un poêle de brique dans un polog de fourrure pour le chauffer au charbon…

Or, voici qu'en se déshabillant dans le sas d'entrée devant la porte grande ouverte sur l'étendue miroitante de la lagune, Tanat savourait d'avance la sensation voluptueuse de légèreté que son corps purifié allait éprouver.

Anna se lava après lui.

Elle ressortit toute rouge et de méchante humeur : des mèches de cheveux mouillés, auxquels l'eau donnait des reflets noirs, lui pendaient sur le visage. Quelque chose la démangeait, comme si des moustiques avaient pénétré dans son kèrkèr.

— Alors ? lui demanda Tanat.

— Non, fit-elle d'un ton courroucé. Je ne suis plus faite pour ça !

Son kèrkèr de fourrure lui collait au corps comme une camisole de force. Elle eut toutes les peines du monde à se mouvoir jusqu'à la yaranga où Vamtche et ses convives faisaient bonne chère.

Plus spacieux que dans la toundra, le tchottaguine d'unc yaranga du littoral se présente comme une salle à part entière en regard de la promiscuité de la pièce froide des Tchaoutchou... Un feu crépitait gaiement dans le coin gauche, à la flamme éclatante nourrie d'un bois flotté bien sec. Une grosse marmite carbonisée pendait à une longue chaîne, d'où s'échappait une vapeur de viande de renne bouillie. Deux grandes bouilloires de cuivre prêtaient le flanc à l'âtre. Le polog avait pour chevet une tablette courte sur pattes où brillaient des bouteilles d'eau grisante et des tasses à thé. Les convives étaient assis, qui sur un rondin, qui sur des vertèbres blanches de baleine. On voyait bien que tout ce monde avait déjà fait ses premières libations. Les joues en feu, excité plus que de raison, Vamtche salua les derniers venus d'une voix exagérément forte :

— Et voilà notre petit couple d'oiseaux de la toundra qui entre dans la yaranga les ailes déployées ! Notre tyrkyliyn* et sa vachette ! Venez donc ici sur le tchotchot. Comme vous êtes jolis, tout proprets !

Constatant que presque toutes les femmes avaient la gorge libre, Anna suivit leur exemple et dénuda son ample poitrine blanche. Le plus surprenant à ses yeux fut que personne n'y prêta la moindre attention.

Tanat et son épouse burent chacun une tasse d'alcool avant de passer à la viande de renne servie sur un long plat de bois par la femme de Vamtche, la mignonne Kymynè aux formes harmonieuses.

On échangeait les grandes nouvelles du pays tchouktche. L'Esquimau Atata, qui représentait dans le district le ministère de la Sûreté, était arrivé à Ouelen trois jours auparavant dans l'intention d'équiper pour l'hiver quelques bons attelages. A la première neige épaisse, il sillonnerait la toundra pour fonder des kolkhozes dans les derniers élevages

* Littéralement, en langue tchouktche, "qui porte des testicules".

libres de la péninsule. Il promettait aux conducteurs une rétribution généreuse en nouvelle monnaie et de l'eau-de-gaieté à volonté pendant tout le voyage. Les hommes avaient même été armés de carabines flambant neuves, des Arisaki, trophées levés sur les Japonais : on ne s'attendait guère à un ralliement massif et consenti au régime kolkhozien.

Rinto tendait l'oreille. Jusqu'alors le voyage d'automne à Ouelen avait toujours été une fête pour lui. L'essentiel n'était pas le commerce, le troc, mais les rencontres avec de vieux amis et rivaux, des grands poètes, des créateurs de danses et de chants. Devant la Pierre sacrée, on n'interprétait que les nouveautés composées à la faveur d'un long hiver de solitude, de méditation et de communion avec le Grand Silence et la Sérénité que la nature offrait à l'homme durant la saison froide en lui laissant tout le loisir de plonger son regard à l'intérieur de lui-même, de se mettre à l'écoute de la mélodie du vent, de suivre des yeux un nuage en vol, un renne en course, une perdrix polaire surprise à ses pieds et s'envolant effarouchée, d'être à l'affût des mouvements. D'habitude, il se mesurait à Atyk, Grand Chanteur réputé sur la côte, un lointain parent du côté paternel. Avec Vamtche, dont il était le convive ce soir-là, il partageait une lignée maternelle développée jusqu'au village esquimau voisin de Naoukan, puis, de là, aux îles Imaklik et Inalik* dans le détroit de Béring, et au cap Kygmin que les tanguitan appelaient le cap du Prince-de-Galles. Rinto ressentait d'une façon viscérale cet ancrage dans les vastes étendues du coin de planète qu'Enèn avait octroyé aux hommes de la toundra et du littoral de glace. De pouvoir s'y déplacer librement le rendait plus confiant et plus fort. Mais voilà qu'avant la guerre les tanguitan soviétiques et américains avaient tracé une frontière, expliquant aux gens d'ici qu'ils étaient étrangers les uns aux autres et que les liens de l'Etat valaient bien

* Respectivement Grande- et Petite-Ile Diomède (inuit).

plus que ceux du sang. Cela dépassait l'entendement des hommes du détroit de Béring qui avaient continué leurs allées et venues au mépris de l'interdiction des autorités. Avec l'arrivée des gardes-frontières armés, il avait fallu trouver un accord pour donner un tour légal à ces voyages. On disait qu'une loi avait été décidée juste avant la lointaine Grande Guerre nationale contre les fascistes, dans laquelle l'Amérique et l'Union soviétique étaient alliées. Or, dernièrement, on venait à nouveau d'interdire tous les échanges à travers le détroit de Béring… Sournoisement, on faisait courir le bruit parmi la population de souche que l'allié d'hier comptait maintenant parmi les ennemis et que les capitalistes, américains surtout, étaient d'une nature perfide, encline à la ruse et à la tromperie.

Vamtche, personnage informé et curieux, l'un des premiers d'Ouelen à avoir suivi tous les cours d'alphabétisation, ne tarissait pas.

— Les bolcheviks ont un mot d'ordre, continua-t-il, la collectivisation totale. C'est Atata qui me l'a dit. Ceux qui résistent sont arrêtés et enfermés dans des maisons noires. Il y en a déjà une à Kytryn, chef-lieu de district, calfeutrée de mousse pour garder la chaleur, mais avec des lucarnes minuscules et barrées de grilles de fer. Une maison pareille sera bientôt construite chez nous à Ouelen…

Rinto avait déjà pris sa décision. Mais dans la longue marche à la liberté, Anna serait forcément une entrave et un fardeau. Elle semblait vouloir rester avec Tanat, quitte à ne plus aller aux bains puisqu'elle avait choisi une autre vie, pour toujours peut-être. La vraie nostalgie pouvait venir plus tard, par des nuits sombres, pénibles, interminables, quand le vent soulèverait un mur de neige qui boucherait tout alentour à la distance d'un bras tendu. Elle n'avait pas encore enduré les vraies rudesses de la toundra…

— Dans la toundra de Kouroupka, les rennes d'Ilmotch ont été confisqués, racontait Vamtche. Lui-même a été enfermé dans une maison obscure durant plusieurs mois. Il a été jeté dans le premier bateau pour Anadyr ; de là, ils l'ont emmené au pays des tanguitan, en captivité...

"On ne le reverra plus, pensa Rinto. Comme c'est étrange : Anna Odintsova a choisi de vivre dans la toundra de son plein gré, à la façon des Tchaoutchou, cependant qu'un Tchaoutchou authentique, le meilleur chef éleveur qui soit, est envoyé de force on ne sait où, vers un autre pays, une autre langue, un autre milieu... Si la vie nouvelle consiste dans la ruine de l'homme, quelle peut être son utilité ? Il faut se faire oublier et se réfugier sur les hauteurs de l'Anadyr où les bras longs des bolcheviks ne pourront le rattraper. Il y a là-bas, perdues dans la somnolence de l'éternité, de vastes vallées encaissées entre des montagnes inexpugnables, avec des pâturages fertiles et suffisants... Il est vrai qu'une loi ancienne attribue ces terres au peuple des Kaaramkyns*, les Lamoutes qui vont à dos de renne. Mais il paraît que ce peuple et ses troupeaux ont tant décliné ces dernières décennies qu'il y a longtemps qu'on n'y a pas vu le sabot d'un renne..."

Tanat entra dans l'école en proie à un sentiment mitigé. Laissant sa femme discuter avec le directeur, il glissa un œil dans la salle de classe où il s'était assis pour la première fois à un vrai pupitre, devant un vrai tableau noir dont Lev Vassilievitch lui avait tant parlé : dans la toundra, on se contentait d'une vieille peau de morse, suffisamment noire il est vrai. Le regard de l'écolier s'évadait alors vers les planes étendues de la lagune, enneigées les trois quarts de l'année. La toundra lui manquait. Tout l'hiver durant, il rêvait du printemps où il retournerait parmi les siens, reverrait sa yaranga familière et douillette, ses rennes, sa mère, son père, son frère, sa belle-sœur, son neveu et sa nièce qui auraient grandi... Petit à petit, son désir de toundra avait été supplanté par l'envie de voyager vers des villes

* Tribu éven de souche mandchoue.

lointaines, jusqu'au printemps dernier où ce rêve s'était presque changé en réalité avec la perspective d'aller faire des études à l'institut pédagogique d'Anadyr. Tout en rêvant de grands voyages, Tanat n'imaginait pas qu'il quitterait pour toujours sa contrée natale… Or, les circonstances tournaient maintenant de telle façon que non seulement il n'était pas près de voir Anadyr et d'autres grandes villes, mais que même Ouelen resterait pour longtemps un souvenir et un songe hors de sa portée.

C'était là, dans cette classe, qu'on l'avait admis dans les rangs de l'organisation des jeunes pionniers et qu'il avait prêté serment de fidélité au parti bolchevique, aux idées de Lénine et de Staline. La dernière année de sa scolarité, il était devenu komsomol. On devait lui remettre sa carte dans la baie de Lavrenti en route pour l'institut d'Anadyr… En somme, il avait passé l'âge des pionniers sans avoir été définitivement admis au Komsomol, cette circonstance le libérant de son serment.

Dans la salle des maîtres, Lev Vassilievitch Belikov avait une conversation difficile avec Anna Odintsova. Il ne renonçait toujours pas à l'idée de la retenir à Ouelen.

— Vous pouvez enseigner ici l'histoire ou d'autres matières, arguait-il, tout en vous occupant d'ethnographie et de linguistique.

— Ce serait une approche de l'extérieur, rétorqua Anna.

— Comme si vous ne regardiez pas les choses de l'extérieur, là-bas, en pleine toundra, ironisa Belikov. Vous aurez beau faire, les Tchouktches vous considéreront toujours comme une tanguitan. A propos, savez-vous ce que signifie ce mot ?

— Oui, acquiesça Anna.

— Le terme est particulièrement péjoratif chez les nomades.

— Mon but est de faire oublier que je suis tanguitan…

— C'est presque impossible.

— Vous ne jugez les choses qu'à travers votre propre expérience.

— Eh bien oui ! reprit Belikov avec des accents de fierté, je suis parvenu à conquérir la confiance et le respect des éleveurs de rennes. Ce n'est pas rien. Nombre de mes collègues ont été chassés des campements dès les premiers mois. Il y a même eu un meurtre d'instituteur dans la toundra de Khatyra…

— Votre tâche était d'imposer une autre culture, une autre philosophie, un autre mode de vie, je n'ai pas du tout l'intention d'en faire autant. Ce que je veux, c'est vivre comme eux sans rien leur imposer.

— Et le progrès ? s'alarma Belikov. Notre mission est de porter les lumières dans les masses, d'éradiquer l'ignorance, les superstitions, les coutumes sauvages ! C'est là tout le sens de l'instauration du pouvoir soviétique en Tchoukotka !

— Regardez bien autour de vous, Lev Vassilievitch, objecta doucement Anna Odintsova. Le peuple tchouktche doit-il beaucoup à ce fameux progrès ? L'alphabétisation, telles ou telles innovations techniques, d'accord, mais en profondeur, la vie morale a été dénaturée.

— En matière de moralité, à votre place, je me garderais de tout commentaire, railla Belikov.

— Croyez-vous qu'il soit juste de lutter contre le chamanisme ? Est-ce cela la lutte contre l'obscurantisme ?! Vous avez longtemps vécu dans la yaranga de Rinto. Serait-il un obscurantiste lui aussi ? Un arriéré ? Un ignare ?

— Rinto, c'est une autre histoire, répliqua l'autre gêné. Une personnalité unique. Si des gens comme lui voulaient bien marcher avec nous, les bolcheviks, ce serait une vraie victoire de l'idéologie léniniste !

— Pourtant Rinto n'est pas seulement un chaman, il est aussi un chef éleveur, un bourgeois, un exploiteur…

— Un exploiteur, lui ? Son campement ne comprend que des membres de sa famille et ses propres enfants… Les autorités sont contrariées par votre comportement pour le moins singulier, murmura Lev Vassilievitch avant d'ajouter : Faites bien attention à ne pas leur parler sur ce ton, surtout avec Atata. (Belikov consulta sa montre.) D'ailleurs, il doit venir exprès pour un entretien avec vous.

— Je n'ai aucunement l'intention de lui parler.

— Atata ne vous demandera pas votre avis : il est de la Sûreté et, que vous le vouliez ou non, vous n'y couperez pas.

Atata se révéla quelqu'un d'assez jeune, séduisant et pour tout dire beau garçon. Haut de taille même pour un Esquimau, les traits doux, les yeux étonnamment grands, noirs et brillants, il était de ceux, à l'évidence, qui plaisaient aux femmes. Il salua Anna en restant sur la réserve, sans lui tendre la main, puis adressa à Belikov un signe du menton. L'autre quitta la pièce.

— Moi aussi j'ai fait mes études à Leningrad, dit-il d'entrée dans un russe correct. Mais une seule année préparatoire à l'Institut des peuples du Grand Nord. Ensuite, à cause d'une maladie des poumons, les médecins m'ont conseillé de retourner à Ounazik, ma terre natale.

A peine eut-il levé les yeux sur Anna Odintsova qu'il ressentit une étrange émotion mêlée de langueur : toute sa vie il avait rêvé d'épouser une femme tanguitan, de vivre selon les nouvelles coutumes et de dormir dans un somptueux lit blanc avec une beauté de ce genre-là…

— Dommage que nous ne nous soyons pas connus à l'époque, dit Anna. J'allais souvent à l'Institut où je fréquentais Vykvov et d'autres étudiants tchouktches… Des garçons remarquables. Beaucoup sont morts à la guerre, hélas…

— Néanmoins, je ne suis pas là pour évoquer des souvenirs de Leningrad, mais pour une conversation sérieuse, coupa Atata. Je représente la Sûreté dans le district et suis vice-président de la commission de collectivisation et de dékoulakisation des éleveurs de rennes dans la péninsule tchouktche. L'invasion de notre pays par l'Allemagne fasciste a suspendu le processus. A présent, conformément aux consignes de notre grand guide le généralissime Joseph Vissarionovitch Staline (Atata leva un œil sur le portrait accroché au mur dans un cadre de verre), il faut en finir.

— Certes, mais je ne m'occupe pas de collectivisation, l'interrompit Anna Odintsova en souriant. Je ne m'intéresse qu'aux coutumes anciennes et à la langue tchouktche.

— Je sais, fit Atata sans répondre à son sourire. Mais, en tant que responsable de la situation dans la toundra, je dois être informé sur quiconque y pénètre de l'extérieur.

— Je ne pense pas être tout à fait étrangère à la toundra, dit Anna sans cacher son irritation. Premièrement, je suis mariée à un habitant de souche : Tanat, fils de Rinto... Deuxièmement, je suis envoyée en mission par l'Institut d'ethnographie de l'Académie des sciences et le département des Etudes orientales de l'université de Leningrad. Voici mes papiers...

Anna Odintsova ouvrit un dossier fripé.

— Vous trouverez ici des lettres de recommandation de Guéorgui Menovchtchikov*, Piotr Skorik** et Innokenti Vdovine***...

— Guéorgui Alexeïevitch Menovchtchikov a enseigné chez nous, à Ounazik...

Le visage d'Atata s'adoucit un peu. Les papiers de cette jeune Russe, en effet, ne pouvaient être mis en doute, les tampons forçaient le respect... Mais qu'elle ait épousé un garçon d'ici, par contre... Alors, après l'avoir examinée de la tête aux pieds, il éprouva

* G. A. Menovchtchikov (1911-1989), l'un des premiers enseignants de la Tchoukotka. Devint par la suite un éminent spécialiste de la langue et de l'ethnographie des Esquimaux d'Asie.

** P. Y. Skorik (1906-1989), l'un des premiers enseignants de la Tchoukotka, spécialiste réputé des langues des peuples paléo-asiatiques.

*** I. S. Vdovine (1907-1996) fut parmi les premiers à enseigner dans les écoles itinérantes de la Tchoukotka ; devint par la suite ethnographe, docteur, professeur.

soudain de la jalousie à l'encontre de Tanat qui avait su conquérir une fille aussi superbe qu'on l'aurait dite sortie par magie d'un conte russe.

— Vous devriez comprendre l'enjeu politique de la collectivisation et de la dékoulakisation de la Tchoukotka. (Le visage d'Atata se durcit.) L'Amérique impérialiste est toute proche. L'ennemi peut s'infiltrer.

— Mais j'arrive de l'autre bout du pays, fit observer Anna. De Leningrad.

— Je sais ça. Dans la mesure où vous représentez, pour ainsi dire, le peuple russe dans la toundra, je compte sur votre aide.

— Ça non ! trancha Anna Odintsova. Je ne peux pas vous aider dans cette affaire. Je suis une simple Tchaoutchouvanaou qui consacre son temps libre à la recherche scientifique... Excusez-moi, je crois que mon mari m'attend...

Elle saisit son dossier, prit congé d'un mouvement silencieux du menton et sortit de la pièce.

Les gens d'Ouelen affluaient déjà vers la Pierre sacrée dans leur tenue des grands jours : les gens du pays, le personnel de la base polaire, les rares enseignants restés sur place pour l'été, les employés du comptoir de commerce, les gardes-frontières.

Le soleil surplombait encore d'assez haut le cap Intchooun, mais ses rayons se coulaient gracieusement dans les ronds jaunes des grands yarar*. Les peaux bien tendues vibraient au moindre effleurement, et les hommes aux tambours – le célèbre Atyk, Rinto, Rypèl, Vamtche, le jeune Gonom – chuchotaient entre eux comme pour ménager leurs cordes vocales en attendant de donner pleinement de la voix.

Les chanteurs s'étaient placés sur la pierre, chargée de chaleur par tant de soleil. Chacun avait à ses pieds un récipient en bois rempli d'eau pour asperger son yarar. Restait un petit carré de libre pour les danseurs.

* Large tambour plat fabriqué à partir de viscères de morse.

Tanat savait que Rinto, Atyk et Vamtche s'étaient retirés derrière les rochers de la colline au phare pour des oraisons et des sacrifices aux Dieux de la Mer. Même les résidents russes d'Ouelen l'avaient deviné, mais personne n'avait cherché à les suivre, sinon quelques chiens.

Le jeune Gonom et deux autres garçons entonnèrent le Chant de la Joie, prélude habituel aux numéros des grands solistes à la notoriété établie. Des gamins firent alors la ronde, aussitôt rejoints par des adolescents, puis des jeunes gens et des filles. Debout près de sa femme, Tanat commença à battre la mesure des tambours avec le pied, mais, n'y tenant plus, entra bientôt dans la danse. Anna le regarda avec un étonnement mal dissimulé. Son mari portait une kamleïka* blanche et des torbaz en cuir blanchi de phoque à ras de chevilles. Il sortit soudain des gants de daim brodés de perles fines et se mit à danser, chaque muscle, chaque partie de son corps vibrant au son des tambours. C'était si contagieux qu'Anna elle-même, gagnée par le mouvement, se dandina en cadence sans l'avoir voulu.

La danse tchouktche est composée de deux séquences, l'une lente et l'autre rapide. Tanat interpréta les deux dans un état de transe totale, les yeux fermés, comme transporté par la musique vers un lointain magique. Au début de la deuxième partie, Atata entra dans le cercle à la surprise générale pour se mesurer au jeune Tchouktche. Mais Tanat se montra autrement souple et expressif. Tel fut le sentiment de tous.

Quand les yarar se turent et que Tanat en nage rejoignit sa femme, il entendit de sa bouche un ardent murmure :

— Je suis fière de toi !

A la Danse de la Joie participait qui voulait. Lorsque la liesse fut à son comble, les yarar cessèrent soudain de battre et le silence régna un temps sur la Pierre sacrée. Seul grondait le ressac au-delà de la

* Tunique habituellement taillée dans une forte toile.

grève, régulier comme le battement d'un tambour. De temps à autre carcaillait, invisible, un oiseau de mer.

Anna comprit qu'il n'était pas d'usage d'applaudir. Il suffisait de pousser des cris d'approbation. Les chants et les danses d'Atyk, de Vamtche, de Rypèl et du jeune Gonom lui parurent quelque peu monotones. Elle attendait le tour de son beau-père avec une impatience et une émotion bien naturelles. Enfin le yarar fut entre ses mains. Surgit alors Vèlvounè, on ne savait d'où, dans une kamleïka neuve, bariolée, et qui lui descendait presque jusqu'aux chevilles. Elle s'avança lentement au milieu du cercle, obéissant au rythme contenu du tambour. Levant légèrement ses mains parées de gants aux éclatantes broderies de perles, elle s'immobilisa.

Le chant naît dans le silence de la méditation
Quand l'âme est à l'écoute de toute chose
Venue avec le vent des hauteurs lointaines
Où la place est libre pour le songe.

Si le destin t'offre la vie à l'aube
Prends-la et fais-en un jour lumineux.
Que ta force et ta pensée soient vives comme le renne
De l'aube au doux crépuscule de la mort.

Si des intrus tentent par le verbe ou la force
De changer l'ordre légué par les ancêtres
Ecoute ton cœur et ta raison,
Ne laisse pas un vent d'ailleurs
Emporter la fumée tiède de ton âtre.

Comme il convenait de le faire dans une danse tchouktche, Vèlvounè exécuta par deux fois les mouvements des bras, lentement d'abord, puis à un rythme accéléré, légèrement baissée, la tête tournée tantôt d'un côté, tantôt de l'autre, les yeux à demi clos comme pour bien montrer qu'elle s'abandonnait tout entière à son jeu.

En écoutant sa mère chanter, Tanat sentit une anxiété monter en lui : jamais personne n'avait interprété un tel chant ni une telle danse sur la Pierre sacrée d'Ouelen. Ces dernières années, on avait vu apparaître de nouveaux sujets et de nouvelles paroles. Le Sage Corbeau, Créateur des Terres et des Eaux, se voyait peu à peu remplacé par le grand guide et maître de tous les peuples, l'éminent stratège Joseph Vissarionovitch Staline. Il y avait des chants et des danses sur les exploits des conquérants de l'Arctique, les hommes du *Tcheliouskine** et de Papanine**, des fondateurs de kolkhozes. Ces chants-là étaient ouvertement encouragés par les autorités, et leurs auteurs, récompensés par des présents de valeur. Ainsi, Rypèl, après avoir changé le chant du Grand Corbeau en un chant dansé à la gloire du Grand Staline, avait reçu une toile pour couvrir sa yaranga et un coupon de tissu coloré pour la kamleïka d'apparat de sa femme.

Quand Vèlvounè, sa danse achevée, eut regagné la foule en silence, une clameur d'approbation monta du public. Quelqu'un poussa même un doux gémissement à sa suite. Rinto descendit de la Pierre sacrée pour rejoindre sa femme, aussitôt suivi par ses enfants. Tanat et Anna Odintsova leur emboîtèrent le pas.

A l'aube du 29 août 1947, la caravane de Rinto s'ébranla pour un lointain voyage.

* Le brise-glace à vapeur *Tcheliouskine* fut écrasé par la banquise en mer des Tchouktches (1934). Organisée par le gouvernement soviétique, l'expédition de secours parvint avec des avions à évacuer tous les naufragés de leur glaçon dérivant.

** I. D. Papanine, chef de la station *Pôle nord* montée sur un pack dérivant en 1937-1938.

4

Encore une rafale de vent, et la yaranga, semblait-il, allait être emportée dans la toundra avec ses occupants, à travers les champs de neige infinis, les vallées escarpées, les plateaux lisses, les dunes de neige, écrasant au passage des arbustes à peine visibles au bord de rivières endormies pour un long hiver et gelées en bloc. Parfois, sans qu'on sache comment, une boule d'air comprimée s'engouffrait dans l'habitat, faisait vaciller la mèche du lumignon, coupait le souffle des hommes et s'échappait avec un hurlement féroce. Ce hurlement était insoutenable. Il semait des pensées lugubres, anxieuses, refoulait la joie, hérissait le poil, laissait à la bouche un âpre goût sec que d'amples libations ne suffisaient pas à étancher.

Les gens de Rinto supportaient la tempête avec une endurance stoïque. Tanat et son frère passaient leur temps à empêcher la dispersion du troupeau. Dans le blizzard, c'était un labeur infernal. A de rares moments de repos, Tanat entrait dans la yaranga avec un courant d'air chargé de neige, aussi blanc qu'une congère, raclait longuement sa koukhlianka*, ses torbaz et son pantalon de fourrure à l'aide d'un bois de renne puis, fourbu, s'effondrait dans le polog sans même trouver la force de dire quoi que ce soit d'intelligible.

Rinto poussait son troupeau le plus loin possible du littoral et des grandes vallées qui servaient l'hiver

* Parka de fourrure. *(N.d.T.)*

de pistes pour les traîneaux à chiens. Il maintenait le cap sur les hauteurs de l'Anadyr où l'on pouvait se retrancher dans les plis du relief et les gorges creusées par d'impétueux torrents. La route était longue à travers la toundra vallonnée de la Tchoukotka, qui s'étirait derrière les côtes basses de la baie Koliou-tchinskaïa gouba et de la baie de Tchaoun, profondément incurvées dans le continent.

Anna Odintsova demanda une fois à son beau-père comment il parvenait à s'orienter sans carte ni boussole dans une accumulation aussi fantasque de gorges, de vallons et de vallées interminables. Rinto esquissa un sourire et désigna le ciel étoilé :

— Ce sont elles qui me guident.

Anna Odintsova possédait une vieille carte de la Tchoukotka qu'elle avait obtenue à la faculté de géographie de l'université de Leningrad. Le cartographe l'avait prévenue : la région étant limitrophe, les repères avaient été tronqués pour déjouer de possibles espions ou interventionnistes.

En la consultant, Rinto déclara qu'en effet, c'était une bonne façon d'induire le voyageur en erreur. Sur une page vierge du cahier de sa belle-fille, il dessina quelques constellations, différentes des représentations établies, puis ébaucha un schéma de la péninsule tchouktche.

— Et où allons-nous ? demanda Anna.

— Je suis le seul à le savoir, répondit Rinto en levant des yeux attentifs sur la jeune femme.

Elle avait beaucoup changé durant les rudes mois qu'elle venait de vivre. Non seulement dans son corps, mais aussi, pour autant que Rinto pouvait en juger, au fond d'elle-même. Il est vrai que toutes les femmes changeaient en début de grossesse, en quoi la tanguitan ne faisait pas exception. Elle portait maintenant des cheveux coupés court et ne geignait plus à la moindre morsure de pou. Les conditions météo l'empêchaient d'exposer le polog au gel pour l'hygiène, et les migrations continuelles ne lui laissaient guère le temps d'étendre les peaux de renne sur de la neige fraîche pour les battre à fond.

Enfin le chef comprit qu'il fallait accorder un temps de repos aux femmes comme aux jeunes pâtres et ordonna une halte au pied de la chaîne des Moutons de Neige. Il fit dresser les yaranga contre le vent, mais le blizzard continuait de sévir avec la même fureur. Les accalmies trompeuses, qui laissaient la place à un moment de silence, permettaient à peine aux hommes de souffler. Puis la tempête reprenait de plus belle en portant des assauts foudroyants sur les trois yaranga perdues dans les neiges infinies.

Rinto sentit que l'heure était venue de s'adresser aux Grands Maîtres des Vents pour solliciter leur clémence, les prier de s'apaiser et de rendre à la terre silence et sérénité. Le blizzard et la tempête étaient des manifestations des forces irrésistibles de la nature, en même temps qu'une épreuve pour l'homme. S'il y survivait, c'était qu'il conservait son droit à la vie dans ce monde tourmenté et plein de dangers.

Il sortit sa tenue de chaman, une longue tunique taillée dans une peau de renne soigneusement ouvragée, cousue de lanières de cuir blanc et jaune aux extrémités bordées de verroterie multicolore. Une fourrure de glouton ornait les manches et les bords inférieurs. L'habit touchait presque ses pieds. Des perles constellaient sa toque cernée d'une soyeuse couronne de poils. L'oreille tendue vers les bourrasques qui tantôt faiblissaient, tantôt s'accentuaient, Rinto enfilait ses parures sacrées. Il ne s'en était pas revêtu depuis bien longtemps. La dernière fois, c'était pour le vêlage du printemps qui avait fortement agrandi le troupeau.

A moitié couchée dans son polog, Anna suivait des yeux les préparatifs de l'Oraison Sacrée. Elle craignait de perturber la solennité de l'instant par un mouvement maladroit, ou par un mot de trop. Vèlvounè pendant ce temps découpait quelque chose dans un plat de bois fraîchement évidé, avec lequel Rinto s'enfonça dans la masse blanche des éléments déchaînés. A cet instant il sembla à Anna que le blizzard s'était calmé. Une sensation trompeuse. Car, au contraire, il redoubla de furie, reprit des forces et se jeta sur la yaranga en menaçant d'arracher ses montures de bois verticales et transversales dont Anna Odintsova, désormais, connaissait les noms aussi bien que le maître des lieux. L'oreille tendue avec angoisse vers le grondement féroce de la tempête de neige, les femmes inquiètes guettaient le retour de Rinto.

Vèlvounè cordait en silence des fils en tendons de renne qu'elle torsadait sur sa cuisse nue. Sachant combien les tâches monotones pouvaient apaiser un cœur en émoi, Anna se mit à l'imiter. Ses fils, pour l'instant, étaient moins réguliers que ceux de sa belle-mère. Les tendons ayant macéré dans une urine concentrée de plusieurs jours picotaient la langue. Si cette odeur humaine lui avait d'abord donné la migraine, Anna finissait maintenant par s'y habituer. Elle aurait trouvé étrange de ne pas la rencontrer en se glissant dans le polog, où l'émanation montait d'un pot d'écorce de bouleau rangé dans un coin.

Dès que les parents de Tanat, puis les autres membres de la tribu de Rinto eurent connaissance de la grossesse d'Anna, elle sentit les comportements changer à son égard. Désormais, on la dispensait des tâches les plus rudes, ne lui laissant que la garde des enfants, la cuisine et la préparation du rètèm. Son occupation principale consistait à coudre des habits d'hiver pour elle-même et son mari. Vèlvounè prenait sur elle les travaux d'écharnage qui requéraient beaucoup d'efforts, surtout en phase finale, quand il s'agissait d'assouplir à la force des talons les peaux préalablement travaillées au grattoir de pierre, après quoi elles devenaient soyeuses, légères et douces. En revanche, Anna préparait les semelles des torbaz d'hiver en ramollissant avec ses dents la surface mouillée du cuir de lakhtak, trempé lui aussi dans de l'urine.

L'humeur était à l'angoisse quand s'ouvrit enfin le battant de cuir de la yaranga où s'engouffra Rinto, accompagné par un nuage de neige et une rafale de vent. En silence il secoua la neige de ses habits, ôta ses parures avec précaution et les suspendit avec sa toque et ses torbaz à la poutre transversale du logis.

Personne ne pipa de toute la veillée. Le soir, quand tout le monde se fut couché et qu'Anna sortit son journal, Tanat lui dit soudain :

— Peux-tu ne pas écrire pour ce soir ?

C'était dit d'une façon telle qu'il n'aurait servi à rien de demander les raisons d'une telle exigence.

D'avoir laissé échapper une énigme si importante pour la science l'empêcha longtemps de dormir. Le lendemain, quand elle fut réveillée par un silence assourdissant dont elle s'était déshabituée, elle ne put cacher son étonnement. Au petit-déjeuner, tout le temps qu'on but une infusion d'herbes de la toundra (les réserves de thé étaient épuisées), elle ne put détacher de Rinto son regard pénétrant.

Tranquillement, le chef buvait son breuvage à grandes lampées bruyantes dans une soucoupe en porcelaine de Chine, comme on le devinait d'après les idéogrammes qui en ornaient le fond. De temps à autre il échangeait de brèves répliques avec son fils. Se pouvait-il que des forces insoupçonnées l'aient entendu ? qu'elles aient dompté le vent et maîtrisé la neige ? Naturellement, dans l'esprit de quelqu'un d'instruit, le bon sens voulait que ce fût une pure et simple coïncidence… Mais Rinto lui-même croyait-il dans ses propres pouvoirs ? Sans doute que oui. Tout comme son fils Tanat qui pourtant n'avait rien d'un obscur Tchaoutchou puisqu'il avait étudié les sciences modernes, la physique, la chimie, la géométrie, l'algèbre, l'histoire et la littérature.

Il était maintenant possible, profitant du beau temps, de poursuivre la route vers les vallées du haut Anadyr, loin du pouvoir soviétique. Très vite, les yaranga furent pliées et chargées sur des traîneaux. Une longue caravane s'étira. Les gamins voyageaient sous des petits dais de fourrure, tous les autres marchaient à pied : les rennes avaient du mal à tirer un chargement aussi lourd dans une neige virginale aussi dure que de la pierre. De temps à autre, pour que les traîneaux glissent mieux, on marquait un arrêt, on les retournait patins en l'air et on les humectait d'eau à l'aide d'un bout de fourrure d'ours blanc jusqu'à l'obtention d'une fine couche de glace. A cette fin les hommes portaient contre leurs torses, sous leurs vêtements, des bouteilles qu'ils avaient bourrées de neige. Répandue sur un patin de bois, l'eau blanchissait instantanément par l'effet du gel avant de se vitrifier sous la forme d'une garniture bien lisse. Cela fait, Tanat rechargeait sa bouteille de neige et la glissait contre son ventre. Chaque fois qu'elle le voyait faire, Anna ne pouvait réprimer un frisson. C'était comme si on lui avait appliqué le verre glacé contre sa propre peau nue.

Pendant la halte de la mi-journée, on mangeait sur le pouce un morceau de viande de renne congelée ou un reste de kopalkhen, qu'on arrosait de “thé” ; puis on se remettait en route avant que la courte journée d'hiver se dissipe et que les traînées de l'aurore boréale voilent le ciel et les étoiles.

La nouvelle année 1948 a commencé par d'abondantes chutes de neige. Il nous a donc fallu marquer un arrêt dans notre longue fuite hors de la vie nouvelle. Notre ration alimentaire contient de moins en moins de denrées civilisées. Rupture des réserves de farine d'abord, puis de sucre, de thé enfin. Pas un grain de sel, mais j'ai vite appris à m'en passer, d'autant que le rilkyril, la viande crue et le kopalkhen (fin de stock là aussi) ont un arrière-goût salé. Encore un peu, et nous en viendrons à ne vivre que de ressources sauvages, ce qui répond parfaitement à mes visées scientifiques, à l'expérience à laquelle je me suis condamnée. La vie d'ici, en apparence monotone, ne me laisse presque aucun temps libre, ce qui explique les intervalles importants qui jalonnent mon journal. Il faut dresser la yaranga, secouer les peaux, coudre, veiller au feu dans l'âtre, cuisiner chaud, assouplir les peaux séchées, fabriquer de nouvelles semelles pour les torbaz, réparer les anciennes. Me voir écrire, dans ces conditions, paraîtrait bizarre à mon entourage. Le soir, je n'ai plus qu'un seul désir : me jeter sur ma couche de fourrure, tirer sur moi une couverture de pyjik et sombrer dans l'oubli d'un profond sommeil sans faire de rêves. A ce propos, j'ai complètement cessé de rêver de Leningrad ou de ma vie passée. Seules me viennent des images sans queue ni tête qui s'évanouissent bien avant que je rouvre les yeux.

Je brûle toujours autant de connaître au moins les grands principes qui président au chamanisme de Rinto. Je n'ai rien lu dans la littérature spécialisée qui se rapporte à ce type de chaman, lequel échappe aux représentations communément admises. De même que je n'ai jamais entendu d'incantation un tant soit peu claire. En quelle langue le chaman Rinto s'adresse-t-il aux Dieux et aux Forces supérieures ? Quels mots magiques prononce-t-il au point d'apaiser le blizzard et de faire régner le silence et la paix dans la nature ? Est-ce une simple coïncidence ou une manifestation de son ascendant sur ces Forces ? Mes tentatives d'obtenir de mon mari des informations claires sur ce chapitre ont échoué : il se défile, se dérobe, bien qu'il sache des choses, je le vois bien…

Le paysage a changé sensiblement de caractère. On voit apparaître des arbres bas. A l'évidence, nous entrons dans une zone de forêt-toundra. Une fois, dans la vallée d'une rivière sans nom, nous avons passé la nuit dans une vraie boulaie. J'avais l'impression d'être à Leningrad, du côté de Louga où, avant la guerre, nous louions une datcha…

Debout à flanc de colline, appuyé sur un bâton tordu de pâtre, Tanat tendait l'oreille : un son étrange résonnait quelque part, insolite, qui ne ressemblait ni au bruissement des cristaux blancs balayant la neige dure, ni au souffle du vent secouant les ramures des cèdres nains au ras des congères. Le son venait d'en haut, du ciel désormais dégagé, du côté du nord-est. En fouillant des yeux la voûte céleste, il aperçut enfin un point à peine perceptible au-dessus de l'horizon. C'était de là que provenait ce vrombissement bien connu. Tanat croyait pourtant avoir quitté à jamais le monde où volaient les avions et où naviguaient les grands bateaux de fer ; et pensait ne jamais voir la terre du ciel comme il en avait tant rêvé dans un passé encore proche. L'avion filait vers le sud, à l'écart de la vallée où se tapissait le troupeau de rennes. D'ailleurs, le refuge avait été choisi de telle manière qu'on aurait eu de la peine à le repérer même d'un avion. Mais où allait-il ? Cherchait-il quelqu'un ? La trajectoire de la machine ailée avait-elle coupé par hasard cette région de la toundra tchouktche ?

Tout le campement avait vu l'avion. Le soir, on ne parlait plus que de lui.

— Il venait du nord, expliqua Rinto, de là où les Russes ont construit des bases pour ceux qu'ils enlèvent à la liberté. Les malheureux captifs creusent les montagnes pour en extraire un métal dur. Ces Russes-là ne s'occupent pas de la collectivisation, ils ont bien d'autres soucis avec leurs prisonniers qui s'évadent.

Mais rien n'était vraiment sûr. Chaque matin, par temps clair, Rinto se postait sur la hauteur la plus proche pour scruter les environs. Derrière les montagnes, là-bas, commençait la Yakoutie, autre pays, autre peuple, autre langue. Ces gens-là s'étaient convertis depuis longtemps au Dieu des Russes, dont ils avaient adopté les noms. Mais ceux qui élevaient des rennes se conduisaient comme d'authentiques Tchaoutchou. Les autres, qui nomadisaient plus au sud, possédaient des chevaux dont ils mangeaient la viande et buvaient le koumys, breuvage légèrement grisant, car les juments donnaient plus de lait que les rennes. Jadis, les Tchouktches et les Yakoutes s'étaient fait la guerre depuis le jour où les Yakoutes avaient conduit les Russes au pays des Tchouktches et leur avaient pris des rennes par la force. Parfois même, ils s'étaient battus aux côtés des tanguitan comme à la fameuse bataille où Yakounine avait trouvé la mort près de la baie de Tchaoun. Des chants et des légendes circulaient à la mémoire de cette grande victoire, mais seulement en langue tchouktche car les traduire en russe aurait été contraire à l'esprit de l'amitié des peuples de l'Union soviétique et à la politique des bolcheviks.

Bien que Rinto n'eût pas à se plaindre de sa vue, il sortit ses jumelles de leur étui enveloppé d'une fourrure de pyjik et porta les lentilles à ses yeux. Il y vit deux traîneaux attelés de rennes. La circonstance le rassura un peu. Atata préférait se déplacer avec des chiens. Mais qui donc était-ce ? Les voyageurs ne venaient pas de Yakoutie, mais du côté opposé. Les rennes paraissaient épuisés et décharnés, ils se traînaient à grand-peine. Les hommes aussi semblaient avoir du mal à avancer. Il fallut du temps à Rinto pour se rendre compte que c'étaient deux femmes. Après avoir dévalé la pente neigeuse sur son pantalon de kamous, Rinto courut au camp à travers la vallée.

Son fils aîné Roltyt dormait profondément dans le polog après une nuit harassante passée auprès du troupeau. Sa femme Toutynè travaillait à chiffonner des peaux desséchées dans le tchottaguine. Effrayée par l'entrée de son beau-père, elle abandonna son ouvrage et demanda avec anxiété :

— Que se passe-t-il ?

Rinto, sans répondre, secouait son fils :

— Habille-toi ! Nous avons des visiteurs du côté nord.

Presque incapable d'ouvrir les yeux, Roltyt ne comprenait rien.

— Des visiteurs ? Quels visiteurs ?

Puis, enfilant une fourrure sur sa chemise de tissu, il demanda :

— On prend les armes ?

— Pas pour l'instant… Il n'y a que deux femmes.

Composée de deux traîneaux, la caravane était maintenant à portée de vue. Les voyageurs traînaient la jambe et les rennes ne valaient guère mieux. Celui de tête s'affaissait souvent, et les femmes le relevaient comme elles pouvaient. Leurs visages étaient si marqués par tant de route que Rinto eut de la peine à reconnaître la femme de son vieil ami Tonto et sa fille Katia.

— Que vous est-il arrivé ? Pourquoi êtes-vous seules ? Où sont les hommes ?

La femme de Tonto répondit par un gémissement. Katia dit alors :

— C'est long à expliquer... Nous avions perdu l'espoir de rejoindre votre camp et nous tenions prêtes à mourir, mais les Dieux nous ont conduites par la bonne route.

Rinto amena les femmes épuisées dans sa yaranga. Vèlvounè, sans poser de question, mit prestement de la viande à bouillir dans une grande marmite. Anna Odintsova tenta bien d'arracher des explications à Rinto, mais l'autre se déroba d'un geste de la main :

— Plus tard. Il faut d'abord les laisser se reposer.

Roltyt dételа les rennes et déchargea les traîneaux.

Les femmes mangèrent puis, à bout de forces, sombrèrent dans le sommeil.

Un jour passa, puis une nuit, et ce ne fut qu'à la mi-journée du lendemain que Katia entama son récit...

— ... Nous aussi, nous avions décidé de migrer loin de la côte, mais notre grand-mère était très malade et nous attendions tous l'heure de son passage à trépas. Les rivières et les lacs étaient déjà gelés, la neige enveloppait la toundra entière, mais la mort ne se décidait toujours pas à emmener la vieille Kalianaou. Or, pendant ce temps, des nouvelles de plus en plus alarmantes nous parvenaient. De vilains visiteurs sont arrivés un soir dans notre camp et ont exigé qu'on nourrisse leurs chiens. Le lendemain matin, ils ont réuni tout le monde et Atata, leur chef, a déclaré que notre élevage serait désormais un kolkhoze et que les rennes deviendraient un bien commun... Père a tenté d'expliquer que les rennes étaient déjà le bien de tous, mais Atata lui a coupé méchamment la parole, l'a traité d'ennemi du pouvoir et du peuple en disant qu'il serait enfermé dans une maison obscure où les Russes placent les criminels et les malfaiteurs. Père s'est fâché. Il a répondu que, lui vivant, son campement ne deviendrait jamais un kolkhoze et que le visiteur indigne devait sortir immédiatement de sa yaranga. Atata buvait une mauvaise eau-de-gaieté, fabriquée par lui-même avec une machine spéciale tirée sur un traîneau à part. Il était rouge et très fâché. D'un étui accroché à sa ceinture, il a sorti une espèce de petit fusil fait exprès pour tuer les hommes. Père n'a pas voulu prendre la menace d'Atata au sérieux. Il lui a ri au nez en disant qu'il plaignait ses parents d'avoir mis au monde une créature à la botte des Russes, comme un Yakoute. Le petit fusil n'a pas fait beaucoup de bruit. Nous ne pensions même pas qu'il pouvait tuer quelqu'un. Père est tombé à genoux. Il a eu le temps de dire : Voilà comme tu es ! Et il est mort. Mes frères étaient pétrifiés, comme saisis d'un coup par le gel. Atata criait : Le premier d'entre vous qui approche, je tire. Ses compagnons ont pris sa défense : Krasnov d'Ouelen, Guèmaougue de Nouniamo et Outoïouk de Naoukan, des jeunes bolcheviks tchouktches. Eux ne criaient pas, bien sûr, mais leurs yeux étaient injectés de cette méchante eau-de-gaieté. Ils ont menacé mes frères qui étaient prêts à tailler Atata en morceaux, mais maman a dit qu'elle ne demandait plus rien, sinon qu'on la laisse accompagner père à sa dernière demeure, et que tout le reste se ferait à leur guise. Nous avons célébré les funérailles de notre père sur une haute colline, d'où l'on voyait la côte. Atata et ses compagnons ont organisé une réunion. A la tête de l'élevage, ils ont nommé Lelento de Tchetigoun, qui avait vendu ses propres rennes aux Américains. Le kolkhoze a été fondé. Ils ont emmené nos frères et laissé Lelento avec des armes et beaucoup de munitions. Deux d'entre nos pâtres, que nous avions recueillis par pitié il y a quinze ans quand le Grand Gel avait fait mourir leurs troupeaux, se sont ralliés à lui. Quant à nous, on nous a conseillé de déguerpir...

Le récit fut long, ponctué de silences prolongés pendant lesquels Katia paraissait reprendre des forces pour continuer sa terrible histoire. Nul ne l'interrompit. Seule sa mère opinait de temps à autre sans mot dire, comme pour confirmer, secouée de spasmes et de sanglots déchirants. Les autres n'avaient pas ouvert la bouche. Rinto semblait moins écouter l'amère relation que s'abandonner à ses propres pensées. On ne pouvait aller plus loin. Il fallait se fixer ici, dans la vallée aux Petits Lièvres, au creux des plis de ces escarpements, dernier carré de la terre des Tchouktches. On allait vivre retranchés au fond de gorges hérissées d'arbustes épineux et de bouleaux. Au moins, on ne manquerait pas de bois, si pauvres et si rocailleuses que soient les pâtures.

Le passage de l'avion dans le bleu profond des cieux restait gravé dans les esprits : et s'il avait été envoyé sur les traces des éleveurs rétifs à la collectivisation ? Rinto n'était sûrement pas le seul à avoir eu cette idée...

Les deux femmes furent placées chez Roltyt, mais dans une grande promiscuité. Il fallait y penser. Dresser une autre yaranga ? Elle aurait coûté beaucoup de tracas et de matériel. La seule solution possible semblait couler de source et s'accordait parfaitement avec les vieilles coutumes léguées par les ancêtres. Mais qu'en dirait la femme tanguitan ? Tanat, lui, n'avait rien à redire : Katia, en son temps, lui avait été destinée.

Mais Rinto ne mit pas tout de suite son plan à exécution, laissant d'abord les deux rescapées se ressaisir après tant d'épreuves et d'horreurs vécues.

Il commença par en parler à son fils. La conversation eut lieu loin du camp, sur une pente enneigée battue par les sabots des rennes. Depuis longtemps le soleil bas s'était caché derrière les cimes et une pénombre bleutée rampait dans la vallée. Le silence enveloppait la terre, magnifique, apaisant, et qui mettait la sérénité dans les cœurs. Pareille quiétude valait bien qu'on se batte contre les voix, le vacarme et les idées venus d'ailleurs.

— Tu as fait le choix de vivre à la façon des ancêtres, commença Rinto, allusif. Tu as donc renoncé à poursuivre ton instruction pour revenir au camp familial. Tu nous as certes amené une femme tanguitan étrangère à notre peuple, mais Anna, à ce que je vois, respecte nos croyances et nos coutumes. A dire vrai, je ne m'y attendais pas. Il me semble parfois voir en elle la réincarnation de ma grand-mère, la très sage Guivèvnèou dont les restes se sont dispersés depuis fort longtemps dans ce Grand Silence Blanc et cette Grande Sérénité Blanche…

Tanat sentit une pointe d'inquiétude monter en lui : il était rare que son père lui parle avec autant de grandiloquence et de solennité.

— Tu dois prendre Katia en deuxième épouse.

De surprise Tanat tressaillit. Une sueur froide perla sous le doux pyjik de la tunique qu'il portait en sous-vêtement.

— Tu sais que ces choses ne sont pas mal vues chez nous, et qu'elles se pratiquent et se tolèrent en cas de nécessité vitale. Voilà pourquoi il y a si peu d'orphelins parmi nous. De plus, selon nos coutumes, Katia a sur toi plus de droits qu'Anna. Je te rappelle, au cas où tu l'aurais oublié, qu'elle t'a été destinée de naissance.

Tanat porta son regard vers les cimes montagneuses où s'éteignaient les feux rutilants du ponant. Il possédait une imagination sans limites, qui l'avait tant de fois transporté vers les pays lointains évoqués dans les livres. Il s'était vu marcher sur les parquets lustrés de palais majestueux, errer dans une mer ondoyante de blé mûr, voguer sur des océans chauds, courir l'obscurité humide et verte des jungles tropicales pour y chasser le lion, plus d'une fois il s'était envolé en pensée vers le ciel dans un bolide volant, il avait même contemplé les mystères du monde sous-marin par-dessus l'épaule du capitaine Némo… Mais avoir deux femmes… Partager son amour entre Anna et Katia… Inimaginable ! Il dut déployer tout ce qu'il avait de force morale et de volonté pour articuler d'une voix calme et posée :

— Mais Anna, qu'en dira-t-elle ? Je doute qu'elle se montre aussi sage que la grand-mère Guivèvnèou. N'oublie pas qu'elle est tanguitan ; et que, pour autant que je sache, elle n'est guère disposée à partager un homme avec quelqu'un d'autre. Ça peut mal finir… Et est-ce bien le moment de lui en parler à l'heure où un enfant de moi mûrit dans son ventre ?

— Quand il s'agit d'agir, la vie ne se soucie pas de trouver un moment opportun…

Tanat ne discutait jamais avec son père.

— Tu dois convaincre Anna. Si elle respecte vraiment nos traditions comme elle prétend le faire et qu'elle est devenue une véritable Tchaoutchouvanaou, eh bien, qu'elle fasse ses preuves…

— Mais je ne pourrai jamais coucher avec deux femmes…

Rinto eut un rire narquois.

— Ça ne marchera peut-être pas du premier coup.

— Katia est-elle au courant ?

— Elle a choisi de venir dans notre camp, rappela Rinto. Elle savait ce qu'elle faisait.

— Mais elle a compris que j'étais déjà marié.

— Elle n'a pas encore récupéré tous ses moyens. Elle aura du mal à comprendre ton comportement.

— Il est trop tard pour faire autrement, soupira Tanat.

— On peut toujours réparer quelque chose dans la vie, répliqua Rinto. C'est pour cela que l'homme est doué de raison. L'essentiel est de ne pas faire souffrir autrui.

— Anna souffrira pourtant !

— Qu'en sais-tu ? Et puis je te répète que si Anna souhaite vivre selon nos coutumes, elle doit se plier.

— Et si moi je ne le souhaite pas ?...

— Que tu le veuilles ou non, tu le dois, maintenant que tu es revenu dans la toundra, fit Rinto d'un ton rude.

Le repas du soir fut pris dans un silence crispé. Tanat s'empressa de se terrer dans son polog. Anna l'y rejoignit dès qu'elle en eut fini avec ses tâches ménagères. Elle posa la main sur l'épaule nue de son mari et demanda à voix basse :

— Il se passe quelque chose ?

Elle écouta sans poser de question. Lorsque Tanat eut conclu fermement...

— Je ne l'accepterai jamais !

... Anna rétorqua doucement :

— Tu as tort ! Si la coutume existe vraiment, tu dois t'y conformer.

Tanat posa des yeux ahuris sur sa femme : voilà des mots auxquels il ne s'attendait pas !

— Comment peux-tu dire une chose pareille ? Comment peux-tu tolérer qu'une autre femme soit couchée ici, dans le polog, à côté de toi ou de moi ! Jamais je n'ai lu ça dans aucun livre !

— C'est donc que les livres ne disent pas toute la vérité...

Tanat la sentait sourire. Il s'attendait à tout, sauf à une réaction comme la sienne. Ce qui hier encore se présentait à ses yeux comme une tendresse inébranlable entre eux se révélait soudain fragile et friable. Une seule circonstance grave avait suffi pour mettre en péril tout son univers sentimental. Comment Anna pouvait-elle parler ainsi, elle qui lui avait dit tant de fois qu'il était le seul, l'unique, le mieux aimé, le plus adulé de tous les hommes de la terre ? Voilà maintenant qu'elle s'annonçait prête à le partager avec une autre femme. Etait-ce seulement possible ? Son père avait donc eu raison de le mettre en garde contre la perfidie des femmes tanguitan.

Mais Anna Odintsova ne put se calmer ni s'endormir jusqu'au matin. Voilà un cadeau du destin dont aucun ethnographe n'avait jamais été gratifié ! La coutume du lévirat n'avait été décrite que de l'extérieur, et tout ce qu'on avait écrit sur cette singulière pratique conjugale des peuples primitifs n'était que le pâle reflet d'une situation vue de loin. Certes, il ne s'agirait pas là d'un cas typique de lévirat où une veuve aurait épousé le frère du mort, mais d'un phénomène nouveau encore ignoré des scientifiques. Aucun spécialiste n'avait pu analyser ce genre de circonstance inhabituelle, et encore moins le vivre soi-même de l'intérieur ! Elle se voyait déjà dans la salle Pierre-le-Grand du musée d'Ethnographie, debout derrière un pupitre de chêne sculpté, devant un auditoire de savants aux cheveux grisonnants. Elle faisait un rapport scientifique sur le lévirat, argumenté par une expérience de terrain personnelle ! Même le grand Mikloukho-Maklaï n'avait pas connu une telle proximité avec les Papous. Sa cabane se trouvait à l'écart des cases des aborigènes, et ses observations, si classiques fussent-elles du point de vue de l'ethnographie descriptive, n'en étaient pas moins furtives. Quant à Margaret Mead, tout donnait à penser qu'elle n'avait pas passé une seule nuit dans la case d'un Samoan. Une excitation enfiévrée mettait Anna en émoi, à quoi s'ajoutait la perspective d'une expérience inédite. Il est vrai que l'attitude de son mari la déconcertait. Mais il devait se ranger à la volonté de son père, chef de campement, chaman, gardien des coutumes ancestrales qui présidaient rigoureusement à la vie des éleveurs. Restait à savoir, maintenant, ce qu'en penserait Katia Tonto.

Elle avait appris le mariage de Tanat pendant les migrations d'automne vers le littoral. Que sa femme soit une savante tanguitan semblait inconcevable, suspect, et semait le doute dans son esprit de jeune promise. La douce étoile de l'espérance, qui jusqu'alors n'avait cessé de réchauffer son petit cœur, venait brusquement de s'éteindre, laissant la place à une cendre amère qui la dévorait. Avec le temps, l'amertume s'était émoussée, mais dès que le souvenir lui revenait de son jeune promis, de son visage, de sa voix, une vague de tristesse montait en elle, éclipsait le jour et la plongeait dans une prostration intérieure imperceptible qui, vue de l'extérieur, ne se traduisait que par un silence opiniâtre. Elle s'était juré de ne plus revoir celui qui avait trompé ses radieux espoirs. Il lui arrivait même de songer à épouser quelqu'un d'autre. Mais le destin en avait voulu autrement.

Quand Katia vit Anna pour la première fois, elle ne remarqua pas tout de suite ses yeux bleus perçants de tanguitan sous ses dehors de jeune Tchaoutchouvanaou enceinte, avec son visage reluisant d'une fine couche de graisse, ses cheveux courts et brillants, son visage mat, son kèrkèr à la manche droite retroussée. Et Katia, bien que bonne par nature, ne put réprimer l'animosité qui perça en elle. Si Anna avait été une Louoravètlan, ou à la rigueur une Esquimaude, ç'aurait peut-être été moins vexant. Mais une tanguitan... A coup sûr, c'était elle qui avait entortillé Tanat pour l'épouser, en confisquant par là même le bonheur d'une autre. Elle s'était comportée comme une vraie voleuse.

Mais maintenant, on devait vivre ensemble. Tel était le choix du destin. Il fallait l'admettre, surmonter chaque fois la haine qu'inspirait la tanguitan, ravaler sa rancœur, cacher la flamme toujours vive de son amour. Katia, qui se souvenait des leçons de Lev Vassilievitch Belikov, connaissait un peu le russe. C'était le maître qui lui avait donné son nom russe. On t'appellera Katia, avait dit Lev Vassilievitch. D'habitude les noms russes prenaient mal en terrain tchouktche, dans la vie quotidienne. Mais il se trouva cette fois que le nom attribué à la fillette par le maître nomade plut d'emblée à tout le monde, et que même son père se mit à l'appeler Katia dès que la petite lui eut annoncé son nouveau nom.

Quand Rinto l'invita à marcher le long de la rivière gelée, Katia ne subodorait encore rien. A mesure qu'elle saisissait le sens des explications du chef, le trouble grandissait dans son âme en tempête.

— A toi de décider, dit Rinto. Un petit d'homme est en train de croître dans le ventre d'Anna, et, si les Forces supérieures sont clémentes envers toi et mon fils, ton tour viendra peut-être d'avoir des enfants...

Des enfants... Katia rêvait tant d'avoir des enfants. Dans l'union d'un homme et d'une femme, c'était ce qui lui paraissait le plus beau, le plus attrayant. Mais la tanguitan laisserait-elle son mari s'approcher d'elle ?

— Je n'ai jamais oublié que Tanat m'était destiné, souffla-t-elle. Il a toujours vécu dans mon cœur...

— Voilà qui est bien, soupira Rinto soulagé.

Il songeait que les aïeux, décidément, avaient tout prévu pour ne laisser personne démuni, surtout une femme. Cela avait été vérifié et consacré par une longue expérience. Tanat aurait du mal, bien sûr. Mais lui-même avait choisi son sort.

Le 29 février 1948, campement de Rinto.

Même dans mes rêves les plus fous, je n'aurais jamais osé croire que cela puisse m'arriver à moi, et que la coutume ancestrale du lévirat, encore si floue aux yeux des scientifiques et presque impalpable, observée uniquement de loin comme les astronomes observent les planètes du système solaire... que cette coutume serait un jour au cœur de ma propre vie ! Il m'appartient maintenant d'étudier la dimension intérieure, morale du phénomène. On peut s'interroger sur les raisons pour lesquelles un homme "hérite" de la femme d'un frère décédé ou devenu impotent, de même que, à l'inverse, plusieurs hommes peuvent partager la même épouse quand les femmes viennent à manquer, le plus souvent à l'intérieur d'une même fratrie. A l'évidence, il s'agit d'abord d'une considération de survie de l'espèce. Il n'y a là rien de mystique ni de sorcier, quand bien même les choses seraient présentées sous un jour plutôt faste et cérémonieux. Je commencerai par dire que d'entre nous trois, la mine la plus triste et déconfite était celle du jeune marié lui-même. Katia ne cachait pas son bonheur, et sa petite frimousse ronde ne brillait pas moins fort que le soleil d'hiver qui s'est montré à point nommé, comme pour consacrer cette cérémonie magique. Rinto a revêtu la tenue de chaman que je lui connais, puis s'en est allé seul sur la cime la plus proche avec un plat de bois à offrandes. J'aurais donné cher pour entendre ce qu'il disait aux Dieux. En quelle langue leur parlait-il ? et avec quels mots ? Les propos rapportés par Bogoraz et d'autres spécialistes du chamanisme ne m'inspirent guère confiance en raison de leur caractère inintelligible. Je ne veux pas croire qu'un peuple aussi pragmatique que les Tchouktches s'exprime d'une façon aussi brumeuse et voilée en pareille occasion. Toujours est-il que, pour cette fois, Rinto s'est campé dans une fière solitude. En revanche, il est revenu d'excellente humeur, le sourire aux lèvres. Il a placé côte à côte Tanat lugubre et Katia rayonnante devant le côté sud de la yaranga. Cela fait, il a uriné dans la neige. Tanat l'a imité, après quoi Katia Tonto, extrayant son séant d'un large kèrkèr, s'est accroupie à son tour dans une congère. C'est alors que Rinto m'a fait signe. Au début, j'éprouvais quelque gêne à satisfaire mes besoins naturels au vu et au su de tout le monde, sous la yaranga, mais il y avait des jours à ne pas mettre le nez dehors, et l'exposition au froid de mes organes risquait fort de nuire à leur santé. Je me suis donc habituée assez vite, me surprenant même à converser avec mon mari au son d'un fort gazouillis dans un pot d'écorce. Cette fois encore j'ai suivi l'exemple de Katia Tonto qui attendait de me voir à l'œuvre avec une curiosité provocatrice. En clôture de la cérémonie de mariage, Rinto nous a enlacés tous les trois avec un long tchaat et a récité ces paroles :

Vous voilà liés par des liens plus forts que la plus forte ceinture

Il n'y a pas même entre vous l'espace d'une lame de couteau
Que le plus long tchaat ne soit pas assez long bientôt
Pour loger en son milieu toute votre famille.

Maintenant, Tanat est couché entre deux femmes. Ni lui ni Katia ne dorment. J'écris, comme d'habitude, la tête sortie dans le froid tchottaguine. Mes doigts sont transis, mais les derniers événements me paraissent trop importants pour que je me dispense de les consigner dans mon journal. J'ai en mémoire les considérations de Morgan, Lévy-Bruhl, Boas, Margaret Mead, mais aussi de savants russes comme Bogoraz, Sternberg, Mikloukho-Maklaï et d'autres, et je ne puis m'empêcher de constater combien ils étaient loin de la réalité. La première barrière étanche, insurmontable, est la morgue de l'homme blanc, du chercheur. Sans doute cela s'explique-t-il par le fait que l'ethnographe se présente comme un personnage indissociable de la colonisation. Il marchait dans des bataillons qui exterminaient la population aborigène quand elle essayait de s'insurger contre des ingérences indésirées dans leur terre et leur existence. Tous les discours sur le caractère prétendument humaniste, pacifique et tolérant des colonisations ne visent qu'à justifier a posteriori *la cruauté et les injustices perpétrées par les prétendus pionniers et vaillants voyageurs. Les historiens soviétiques ont particulièrement brillé dans le maquillage des violences commises. Quel prix leur attacher quand ils serinent que les cosaques russes n'apportaient que sourires et lumière aux aborigènes du Grand Nord ! Dans les faits, ils décimaient la population de souche. Au Kamtchatka, à l'exemple de la vache de Steller*, ils ont massacré les indigènes en terrorisant tellement les rares survivants que ceux-ci*

* Animal marin décrit par Georges Steller (1709-1746), naturaliste et compagnon de Vitus Béring ; cette "sirène" mesurait jusqu'à dix mètres de longueur et pesait jusqu'à quatre tonnes ; cible d'une chasse effrénée, l'espèce s'éteignit définitivement en 1768. *(N.d.T.)*

en ont oublié à jamais leur propre langue. Même chose à l'encontre des Aléoutes, Tlingits et autres peuples de l'Alaska. L'historien russe S. Chachkov rapporte dans ses écrits que des milliers de cadavres d'Aléoutes furent drossés par les courants sur les côtes du Kamtchatka. Parce qu'ils résistaient au carnage des loutres de mer et autres animaux marins qui de tout temps les avaient nourris. La morgue insufflée par le sentiment de supériorité des colonisateurs empêchait les savants ethnographes de se mettre sur le même pied que les hommes au centre de leurs études…

Elle avait les doigts si transis que chaque lettre lui coûtait.

Anna Odintsova rentra la tête dans le polog et prêta l'oreille. On entendait, dans le noir, la respiration régulière de Tanat et de Katia.

Mais ils ne dormaient pas.

5

Il y avait des livres dans la yaranga. Le somptueux volume de Pouchkine relié de jaune, publié pour le centenaire du grand poète, avait été offert à Tanat après sept classes d'études avec la mention : *"Pour récompenser tes résultats remarquables et ton comportement exemplaire. Le 25 mai 1947. Ouelen, Territoire national des Tchouktches. Le directeur Lev Belikov."* Le petit opuscule titré *La Constitution de l'URSS* était rédigé dans une langue tchouktche indéchiffrable car n'y figuraient que des mots russes accommodés de suffixes et de désinences tchouktches. Ces livres-là appartenaient à Tanat. Autrement riche était la bibliothèque d'Anna Odintsova. Et pas seulement en langue russe : *Tchavtchyvalymnyltè** de Fedor Tynètèv avec des illustrations de l'artiste d'Ouelen Vykvov, le premier abécédaire de la Tchoukotka, *Dictionnaire tchouktcho-russe* de Bogoraz, le *Dictionnaire russo-tchouktche* de P. Skorik, l'épaisse monographie *Les Tchouktches* de Bogoraz et un livre en anglais, *Coming of Age*, de Margaret Mead.

L'ouvrage *Tchavtchyvalymnyltè* jouissait d'un franc succès dans la yaranga. De nombreux contes bien connus du public paraissaient différents dans la langue des livres, couchés sur le papier blanc. Tanat, Anna et même Katia les lisaient à voix haute en se relayant.

Rinto demandait parfois à son fils de lui réciter des vers de Pouchkine. C'était en silence, l'oreille tendue,

* Contes des Tchaoutchou.

qu'il écoutait les versifications russes, exigeant des traductions qui jamais ne le satisfaisaient.

— Tu me dis que le soleil et le gel vont bien ensemble. Et alors ? Il dit des évidences, ton Pouchkine.

Fort d'une oreille et d'une mémoire exceptionnelles, il répétait en russe :

Gel et soleil, journée merveilleuse
Et toi qui sommeilles, ma mie délicieuse
Debout, ma belle, réveille-toi !

Et de commenter :

— Bien sûr qu'il faut réveiller tout le monde les jours de beau temps ! Dans les campements russes, d'après moi, il n'y a pas moins de travail que chez nous. Il faut faire paître les vaches, atteler les chevaux pour les migrations…

— Les Russes ne nomadisent pas, fit observer Katia.

— Ah ! c'est vrai, j'avais oublié, sourit Rinto.

Katia semblait bien installée dans sa nouvelle famille… Quant à savoir ce qui se passait dans le noir du polog où Tanat se couchait entre les deux jeunes femmes… Certes, Anna était sur le point d'accoucher, mais son fils n'avait rien d'un poisson froid, c'était un homme vif, jeune, ardent.

L'élocution un rien hésitante, Katia lisait :

Saison d'automne, qui charmes ma prunelle,
J'aime qu'en mourant, tu te fasses si belle…

Tanat traduisait :

— Il est très agréable de contempler la beauté de la toundra l'automne…

— Je ne vois pas ce qu'il y a d'agréable, soupira Rinto. Puis d'exiger qu'on lui lise le livre familier de Tynètèv, *Tchavtchyvalymnyltè*.

Il devinait confusément que les vers pouvaient masquer un sens secret, comme celui qui se cachait derrière les mots simples des incantations chamaniques. Car enfin, il arrivait souvent qu'un mot parfaitement ordinaire, mais prononcé à point nommé à l'attention du Seul et Unique, produise plus d'effet que n'importe quelle action physique. Ce n'était pas un hasard si un vieil adage tchouktche stipulait : Il y a des mots qui tuent…

Quant aux livres savants qui appartenaient à sa belle-fille, ils n'avaient que de vagues rapports avec une vérité brumeuse et confuse, à en juger du moins par les explications qu'elle donnait. En revanche, il en était de bien curieux, tel ce gros livre sur les langues des peuples de l'Arctique, publié par le Cercle d'études de l'Institut des peuples du Grand Nord. Les mots y figuraient découpés en différentes parties. Cela stupéfiait Rinto. Un mot vivant, sorti d'une bouche comme un oiseau de son nid pour prendre librement les airs, avait été abattu en plein vol et gisait écartelé sur une page blanche, taillé en quartiers comme un renne après le dépeçage. Mais une chose était de découper un animal, autre chose était de s'attaquer à un mot ! Cela revenait à mettre en pièces un être humain, à le priver de son unité. Pareille pratique n'était pensable que sur un mort. Aussi, à contempler tous ces mots tchouktches écartelés sur le papier, Rinto se voyait dans un cimetière. Mais un miracle se produisait ! Quand Anna balayait la page blanche avec ses yeux qui couraient le long des lettres noires et qu'elle en faisait la lecture à voix haute, les mots morts ressuscitaient et s'emplissaient de sens. Fixer sur le papier des mots pour les faire revivre, c'était, bien sûr, un grand miracle. Cependant, le miracle de la résurrection ne se produisait que si les yeux appartenaient à une personne sachant lire. En son for intérieur, Rinto enviait ce savoir. Si la peur du ridicule et son orgueil naturel ne l'en avaient empêché, il y aurait longtemps qu'il se serait lancé dans les études aux côtés de son fils cadet, à l'époque où l'instituteur itinérant Belikov lui avait fait la proposition. Il pourrait alors lire lui-même les contes du livre de Tynètèv, comme Mletkyn, le chaman d'Ouelen, qui savait lire non seulement le russe mais aussi les livres américains, ce qui ne l'avait nullement déconsidéré aux yeux des siens. Circonstance jugée suspecte, il est vrai, par les tanguitan bolcheviques qui l'avaient arrêté et jeté dans une maison obscure, à Anadyr, où il s'était pendu par désespoir au bout d'un cordon fabriqué avec les fils en tendons de renne de son propre pantalon de phoque.

Rinto essayait de rapprocher les deux jeunes femmes. Apparemment, Anna n'était pas contre, mais Katia marquait ses distances à la fois dans son comportement et dans ses propos. Viscéralement, il la comprenait : elle avait vécu tant d'années avec la foi et l'espoir que son promis, tôt ou tard, s'unirait avec elle. Habituée à cette idée, à cet état, elle n'avait plus la force d'accepter la ruine de son avenir. Ou plutôt, elle n'arrivait pas à dominer son animosité naturelle envers celle qui l'avait privée du bonheur d'aimer. Rinto se doutait que l'amour ne pouvait être partagé. C'était un peu comme les mots vivants : à force d'être morcelés, écartelés, ils périclitaient et finissaient par mourir. Katia était si jeune, si candide et dépourvue de malice que son petit visage et ses yeux sombres trahissaient tous ses sentiments. Ses iris noirs brûlaient souvent du feu profond de la haine qu'elle nourrissait pour son heureuse rivale, comme des braises ardentes sous des cendres presque éteintes. En apparence, toutefois, elle se montrait plutôt avenante avec Anna et savait lui parler d'un ton posé et impartial. Rinto ne se départait pas d'un sentiment de culpabilité vis-à-vis de Katia. La seule chose qu'il pouvait faire était de s'adresser aux Dieux. Mais pour leur demander quoi ?

Il se tenait debout à flanc de montagne, entre deux rochers. Les pitons de pierre cachaient bien sa présence quand il voulait se soustraire aux regards d'autrui. Ses Paroles Secrètes iraient-elles jusqu'à Ceux qui présidaient aux destinées des hommes maintenant que les Sanctuaires familiers étaient si loin d'ici ? Suivaient-Ils encore les mouvements de son troupeau ? Rinto cherchait l'inspiration en guettant le souffle des Paroles Secrètes. Elles venaient toujours soudainement, il ne savait d'où. Ou plutôt si, elles venaient d'Enèn, bien sûr, mais chacune de leurs révélations semblait le prendre au dépourvu. D'un coup les paroles affluèrent :

La bonté et l'amour ne font qu'un
Comme la substance commune de l'homme.
Qu'on les détache l'une de l'autre
Et l'homme se perdra lui-même.

O Enèn, fasse que celle qui a pour nom Katia
Recouvre en son cœur la bonté et l'amour
Et que ces sentiments se fondent en une même essence –
La substance commune de l'homme.

Rinto articula ces mots à voix haute, bien que sa grand-mère Guivèvnèou, grande chamane de la Toundra de la Côte, lui ait appris qu'il n'était pas nécessaire de prononcer les paroles haut et fort, si elles étaient sincères, pour qu'elles atteignent Celui à qui on les destinait du fond du cœur. Mais Rinto avait remarqué depuis longtemps qu'il prenait plaisir à réciter certaines Paroles Secrètes en jouant de la voix, voire même à gorge déployée quand il avait l'assurance d'être seul. Il aimait les mots pour leur musique et leur rythme. Les poèmes russes qu'on lui lisait dans le grand livre jaune le subjuguaient justement par leur musicalité et leur vigueur. Le flux en apparence désordonné des sons étrangers acquérait subitement une harmonie. Cela ressemblait aux Paroles Sacrées. Au-delà de la traduction indigente qu'on lui donnait, il sentait bien que ces mots recelaient en profondeur une vérité cachée. Comme le disait la défunte Guivèvnèou, le verbe devait être entendu d'abord par ceux à qui il s'adressait. Si l'homme en avait l'usage, c'était pour œuvrer à la compréhension, au rapprochement, et pour exprimer combien l'âme humaine au fond d'elle-même avait de bonté et d'amour. Rinto faisait partie de ces chamans qui n'avaient jamais recours aux Paroles

Secrètes des autres. Certains, plus faibles, venaient au contraire lui demander de partager son savoir. Il ne le refusait pas, sans toutefois les tenir pour de véritables chamans inspirés des Dieux. Cela ne signifiait pas qu'ils étaient inutiles puisqu'on les sollicitait pour des cas insignifiants et pour la tenue des cérémonies rituelles – naissance et mort, baptême ou rebaptême. Plus grave était que certains chamans, à l'exemple des tanguitan, faisaient payer leurs services…

Rinto s'intéressait à la religion des Russes. Il avait recueilli par bribes des informations sur l'Enèn russe qui, comme celui des Louoravètlan, se trouvait à des hauteurs inaccessibles dans le monde supérieur. De toute la famille de ce Dieu, seul son fils était descendu sur terre, mais avait été tué par ses ennemis, puis ressuscité et rappelé aux cieux par son père. Le rituel des chamans russes, au fond, ne se distinguait guère de celui des Tchouktches. Même les habits d'apparat se ressemblaient ! Avec des airs d'importance, ils marmonnaient d'obscures Paroles Secrètes qu'ils lisaient le plus souvent dans de gros Livres Sacrés semblables à celui qui renfermait les vers de Pouchkine. C'était surprenant. Cela voulait donc dire que le chaman russe, ou plutôt le pope, comme on l'appelait, ne possédait pas de pouvoir de création et qu'il n'avait pas à tendre l'oreille à l'imperceptible voix d'en haut. Il fallait alors, pensait Rinto, que le Livre Sacré russe contienne une multitude d'incantations pour faire face aux situations changeantes et variées de la vie. Telle était, selon lui, la principale faiblesse de la foi des tanguitan. Il avait bien essayé d'en parler avec Anna, mais elle paraissait ingénue en la matière, parce qu'elle n'y croyait pas ou parce qu'elle n'en savait rien. Pourtant, Rinto avait noté à plusieurs reprises combien sa belle-fille était fine et sensible à tout ce qui touchait la vie de la toundra. Elle adoptait toutes les coutumes avec frénésie. De cela, il ne pouvait se plaindre. Il en arrivait même à oublier ses origines étrangères. Avec son immuable kèrkèr, son visage mat et reluisant, Anna ne se distinguait en rien, à première vue, des autres femmes du campement. Seuls ses yeux couleur de ciel trahissaient son appartenance à une tribu étrangère. Une idée audacieuse traversait parfois l'esprit de Rinto : et s'il choisissait de lui transmettre à elle toutes les connaissances chamaniques et sacrées qu'il avait réservées à son fils cadet ? Mais le doute l'en dissuadait encore. Cependant, Rinto ne voyait personne d'autre capable de prendre dignement sa relève. Or il fallait y penser, car on ne savait de quoi serait fait l'imprévisible avenir. Son fils aîné Roltyt était certes un brave garçon, mais un peu simplet et obtus, il lui manquait quelque chose, de la hauteur de vues et de l'imagination, peut-être. Quant au cadet… Rinto le sentait moins docile et conciliant qu'auparavant. Evidemment, il avait changé après plusieurs années passées dans un monde complètement différent, à suivre des études dans une maison de bois percée de fenêtres vitrées, à dormir dans un lit, à manger au couteau et à la fourchette, à contracter une foule de nouvelles habitudes… Or lui, son père, n'en tenait pas toujours compte, de sorte que Tanat prenait ses distances. Peut-être qu'en son for intérieur, le garçon regrettait de ne pas avoir poursuivi ses études et d'être retourné dans la toundra. A un moment donné, Rinto se sentit seul dans une immensité glacée d'abandon de la part de ses proches. Même sa fidèle Vèlvounè, qui si longtemps avait été la seule femme de la yaranga, avait maintenant ses petits secrets avec Anna et Katia.

Il démonta sa pipe sur la tablette de chevet. C'était un bon gros brûle-gueule au tuyau massif avec un imposant fourneau bourré de minuscules paillettes de bois jaunies par la nicotine. Il pouvait se passer de thé, de sucre et, plus facilement encore, de la méchante eau grisante, mais l'absence de tabac était un vrai supplice. Heureusement qu'il possédait cette pipe magique surmontée d'un petit réservoir qu'il chargeait soigneusement, pour ne pas perdre la moindre miette de tabac haché fin. Avant d'atteindre sa bouche, la fumée traversait les paillettes en les imbibant de sa précieuse essence de tabac. Rinto vida minutieusement le fourneau de son contenu brun foncé qu'il mélangea avec du vrai tabac. L'astuce multipliait grandement ses réserves et son avenir de fumeur lui paraissait ainsi moins morose. Le reste des achats d'Ouelen avait été consommé depuis longtemps. Il n'y avait plus que quelques boîtes d'allumettes en cas d'imprévu. On faisait le feu à l'ancienne, par frottement, avec un ustensile semblable à un petit arc de bois à la corde relâchée, avec des baguettes et des planchettes criblées de trous carbonisés où naissait la flamme à force d'inlassables va-et-vient.

Toute chose nouvelle se voyait consignée sur-le-champ dans les pages gourmandes du cahier d'Anna Odintsova : mots, phrases, proverbes et adages, jeux de mots d'enfants, noms des objets, des vents, des plantes, des nuages, de la glace et de la neige… Ne manquaient que les incantations secrètes dont la tanguitan, à plusieurs reprises, s'était déjà discrètement enquise. Certes, Anna n'était plus quelqu'un d'étranger et l'avait prouvé par son comportement. Parfois, elle se montrait même plus tchouktche encore que Vèlvounè elle-même. Mais quelque chose empêchait toujours Rinto de lui faire des confidences définitives. Chaque fois persistait une miette de doute. L'humeur s'en ressentait. De noirs soupçons reprenaient le dessus. Cela ne pouvait plus durer, il fallait prendre une décision pour que la confiance soit entière. Aussi Rinto se lançait-il dans de longues causeries pendant les veillées. Il manifestait même de l'intérêt pour des affaires de femmes, à la surprise de ses fils et de sa propre épouse. Il déployait ses plus beaux trésors d'éloquence quand le camp se réunissait au grand complet dans la yaranga principale, à l'exception des pâtres de garde au troupeau. A cette occasion, en général, on saignait un renne qu'on mettait à bouillir dans la marmite. Une fois les pattes rongées, on les cassait pour en extraire la moelle qui fondait délicieusement sous la langue. A défaut de thé, on buvait le bouillon qui d'ailleurs valait bien mieux que le breuvage des tanguitan. Enfin, quand on débarrassait, Rinto bourrait sa grosse pipe. C'était une sorte de prélude à l'acte principal : la narration de quelque vieille légende. Rinto, bien sûr, s'imposait comme l'unique conteur du petit campement. Il narrait des histoires-fleuves qui souvent ne s'achevaient qu'à l'aube dans les bruits de respiration des enfants endormis. Anna parfois prenait sa relève. La vie des tanguitan dans les grandes villes suscitait beaucoup d'intérêt. L'existence à Leningrad de maisons à plusieurs étages nécessitait des explications. N'avait-on pas peur de vivre aussi haut ? Qu'éprouvait-on en marchant au pied d'une bâtisse géante d'où pouvait tomber n'importe quoi, du toit comme d'une fenêtre ? Rinto posait mille questions sur l'élevage, les vaches, les chevaux, les chèvres, la basse-cour, tous ces animaux domestiques qui ne quittaient jamais leurs maîtres même en hiver et qui vivaient avec eux dans des abris spéciaux. Anna Odintsova se pliait en quatre pour gagner la sympathie des enfants comme des adultes. Katia était une cible privilégiée. Mais jamais encore celle-ci n'avait souri à la femme dont elle partageait la couche conjugale.

Depuis quelque temps, Anna refusait de se laisser approcher par son mari. Un soir, quand on eut écouté la dernière partie d'un long récit sur le bon géant Pitchvoutchine et qu'Anna se fut glissée dans le polog, elle se détourna brutalement de son mari qui la serrait, et lui murmura en russe :

— Tu risques de faire mal à l'enfant.

— Mais j'aime entendre ton souffle quand je suis contre toi... Laisse-moi poser la main sur ton épaule. C'est un plaisir pour moi. Avant, tu n'avais rien contre.

— Tu devrais comprendre à ton âge ce qu'est une femme enceinte. Tu dois être prudent avec moi.

Rapproche-toi plutôt de Katia, vois toute la place qu'il y a près d'elle.

— Mais je veux dormir avec toi, pas avec elle.

— Tôt ou tard, tu devras t'y mettre.

— C'est impensable ! Pourquoi me fais-tu souffrir comme si j'étais un étranger ?

— Tu n'es pas un étranger et je t'aime comme avant. Mais ici, dans la yaranga, il y a d'autres coutumes et d'autres lois. Tout ce que tu sais de l'amour entre un homme et une femme, tu le tiens des livres. Tu n'as pas vécu d'expérience personnelle dans la toundra.

Tanat était désespéré. Il sentait Katia derrière son dos, un vrai four ardent d'amour et de haine. Il craignait même de s'endormir tant il avait peur de se retrouver dans ses bras. C'était avec d'infinies précautions qu'il se retournait sur sa couche en se gardant bien d'effleurer le corps de sa deuxième épouse. Il se réveillait soudain en pleine nuit et rassemblait fiévreusement ses esprits : où était-il ? quel était ce corps si proche de lui ? de qui venait ce souffle qui se mêlait au sien ? Il ne s'y retrouvait pas toujours. A plusieurs reprises il se réveilla en étreignant Katia qui se laissait prendre sans bouger et presque sans respirer – seul le feu de son corps trahissait ses émotions. Alors il la repoussait brusquement, se collait contre Anna, la réveillait ; elle demandait, bougonne, qu'il s'écarte de son ventre immense. Ces agitations nocturnes, cette peur, ce supplice de l'esprit chassaient Tanat de la yaranga, qui faisait tout pour passer le plus clair de son temps avec le troupeau, à la grande joie de son frère. Mais l'heure venait de rentrer, de changer ses habits mouillés, de manger quelque chose de chaud, de dormir, de se reposer. Si seulement c'était l'été, se disait-il, je pourrais rester parmi les rennes en dormant dans la petite tente de toile achetée par mon père lors de son dernier voyage en Amérique. Mais l'hiver ne l'empêchait pas non plus de passer plusieurs heures d'affilée dans le troupeau. L'essentiel était de ne pas s'oublier trop longtemps car alors il risquait de ne pas se réveiller et de partir à jamais pour le Silence des cieux, à travers les nuages, du côté de l'étoile Polaire où finissaient les vies.

A peine Tanat se fut-il dégagé d'Anna qu'il se sentit effleurer le corps brûlant de Katia. Elle avait la peau douce, tendre comme du pyjik et légèrement poisseuse. Il s'installa comme il put entre les deux corps de femme et s'abandonna à un sommeil anxieux.

Quand, à l'aube, Anna Odintsova entendit la respiration régulière et rythmée de son mari, elle comprit ce qui s'était passé et sentit comme un éclair dans son cerveau : Maintenant, c'est fait !

Tanat avait cru d'abord qu'il serrait le corps d'Anna. Mais quand, au tout dernier moment, ses lèvres qui cherchaient un baiser ardent de tanguitan rencontrèrent celles de Katia, dures et amères comme une baie pas mûre, il mesura qu'il venait de commettre l'irréparable. Il ne put réprimer une plainte, comme si la pointe invisible d'une lance lui avait percé le cœur. Il s'extirpa du polog, s'habilla et sortit sous les étoiles glaciales d'une nuit d'hiver. Il avait envie de pleurer, de s'arracher les cheveux mais il n'en avait plus la force, comme si cette petite venait de lui boire tous les sucs de la vie. La neige crissait bruyamment sous ses pieds, son cœur battait la chamade et son souffle chaud sifflait en travers de sa gorge.

Roltyt accueillit son frère avec étonnement :

— Il s'est passé quelque chose ?

— Rien. Rentre, je reste avec le troupeau.

Roltyt, après un silence :

— Moi, si j'avais deux femmes, je ne quitterais jamais la yaranga. Drôle de bonhomme que tu fais. Quand tu voudras rentrer, tu pourras laisser les rennes. C'est un bon pâturage ici, mais trop petit. D'ici à quelques jours, il faudra lever le camp.

Tanat n'avait pas le cœur à parler. Il voulait rester seul. Et qu'aucune âme humaine ne trouble son cœur aux abois. Mais pouvait-on se soustraire à soi-même ?

Les rennes paissaient paisibles dans une pénombre aux reflets stellaires. Sous leurs sabots craquait une neige durcie en glace. On entendait le tintement léger des bois qui s'entrechoquaient. Le souffle de ces milliers de bêtes semblait ne faire qu'un. Tanat frissonnait à la pensée qu'Anna ait pu changer d'attitude à son égard. Elle s'étiolait. Voilà pourquoi il avait roulé dans les bras de Katia. Mais comment vivre maintenant ? Une porte venait de claquer entre lui et le monde qu'il avait commencé de découvrir au travers des lectures et des livres. A quoi ressemblerait l'existence désormais ? Une suite monotone, vide d'événements, où s'enfileraient les jours, les nuits, les saisons, la naissance, la croissance et la mort des rennes, sans rien qui brille, qui fascine, qui éveille un sentiment de neuf, de surprise et peut-être même de danger…

A l'est, le bord du ciel s'empourpra comme si l'on venait d'y mettre le feu, et la lueur incendia le bord inférieur des nuages bas. Mais la lumière du jour n'en finissait pas de s'infuser dans le ciel. Aussi, pour chasser ses idées noires, Tanat songea à une légende contée par son père. C'était l'histoire d'un petit bruant des neiges qui avait rendu aux hommes le soleil volé par les Forces du Mal… Un matin, en se levant, les hommes attendirent l'aube en vain : un rempart obscur murait l'orient. De grandes bêtes sauvages et de grands héros tentèrent bien de l'assaillir, mais rien n'y fit. Alors arriva un petit bruant qui annonça de sa voix fluette qu'il allait tenter de percer la muraille avec son bec. Mais le bec du bruant, cet oiseau chétif, paraissait si fragile que personne ne le prit au sérieux. L'oiseau s'envola et disparut dans le noir. Soudain, le bord du ciel rougeoya comme barbouillé de sang frais. C'était le frêle oiseau qui avait perdu des giclées de sang à force de marteler avec son petit bec la muraille étanche aux rayons du soleil. Le ciel rougeoyait encore, toujours plus rutilant, quand perça un premier rayon, puis un deuxième. Alors le soleil inonda la terre et noya les ténèbres. Lorsque le petit bruant rentra dans la toundra, les hommes virent que l'oiselet n'avait presque plus de bec et que le blanc plumage de son bréchet était tout maculé de sang…

Rinto fut réveillé par un chant de femme. Doux, à peine audible, il venait du tchottaguine, du côté du feu. En glissant la tête hors du polog, il vit Katia. Son visage rayonnait de bonheur. Pour la première fois depuis son arrivée au camp, elle souriait. Elle se tut et demanda, un rien farouche :

— Je t'ai réveillé ?

— Non, je me suis réveillé tout seul. Ton chant m'a beaucoup plu.

De l'autre polog pointait la tête d'Anna Odintsova. Son cahier posé sur le traîneau qui servait de chevet, elle faisait courir son crayon sur le papier.

"J'aimerais bien savoir ce qu'elle écrit", songea Rinto avec un sourire invisible. Mais point n'était besoin de clairvoyance pour deviner ce qui s'était passé dans la nuit. L'absence de Tanat ne l'inquiétait guère. Ce qu'il avait demandé aux Dieux avec des Paroles Secrètes prononcées sous les traînées de lumière de l'aurore boréale dans un ciel d'hiver constellé d'étoiles venait de s'exaucer, voilà l'essentiel. Bien sûr, cela compliquerait les rapports entre Anna et Katia, ainsi qu'entre Tanat et ses deux jeunes épouses. Mais quelles vétilles en regard de la cause principale ! Si Katia chantait, cela signifiait qu'elle avait l'âme en joie ; mais si Anna écrivait, que signifiait cela ? A l'époque où le maître itinérant Lev Vassilievitch Belikov lui avait proposé d'apprendre à lire et à écrire, Rinto ne pouvait s'imaginer étendu par terre avec des gamins en train de répéter des sons en traînant de la voix. Il voyait là des enfantillages plutôt qu'une affaire sérieuse.

*Me voilà donc devenue la deuxième épouse de l'éleveur de rennes Tanat. Je suis partie prenante de l'antique coutume du lévirat. Formellement, les choses se sont passées un peu avant, mais dans les faits tout s'est joué cette nuit, le 24 mars 1948. Ce que j'ai ressenti ? Franchement, quand j'ai entendu leurs ébats dans le noir, j'ai éprouvé un sentiment de jalousie sauvage et j'ai bien failli mettre un terme à leur fusion charnelle. L'instant d'après, l'envie pressante m'a prise de me mêler à leurs étreintes, ce que je n'aurais pas manqué de faire, n'eût été ma grossesse. Si j'ai une certitude, c'est que la pratique du lévirat n'a rien à voir avec la dissolution des mœurs ou le désir de satisfaire d'inextinguibles pulsions sexuelles. Cette coutume s'est mise en place dans un seul but : sauvegarder la famille, la descendance, défendre la femme seule d'un sentiment d'inutilité et lui attribuer une place dans la société. Dommage que mes sensations soient celles d'une femme mûre et civilisée, et non d'une aborigène née ici, loin de nos principes culturels et familiaux fondés d'abord sur l'éducation religieuse et la nouvelle morale communiste. Ce que je suis en train de vivre remonte à une expérience plusieurs fois millénaire d'organisation des rapports humains. Si l'on s'en tient à la chronologie historique établie, je suis revenue à une époque antérieure à la construction des pyramides d'Egypte, à Troie, à l'*Odyssée*, à l'apparition des premiers prédicateurs chrétiens. Oui, c'est bien à ce stade-là que la révolution a trouvé les Tchouktches et les autres peuples du Grand Nord soviétique. L'édification d'une vie nouvelle, la négation du passé, le bannissement de coutumes séculaires au nom d'un avenir radieux, tout cela va laminer ce qui vit encore dans ce campement, et mon devoir envers ces hommes et envers la science est de le préserver ne serait-ce que sur le papier, quitte à refouler mes états d'âme. Parfois, je suis prise d'horreur quand je pense au moment où Atata viendra jusqu'à nous. Or, que ce soit lui ou un autre, ce moment arrivera.*

Katia continuait de chantonner. Soudain, le regard en coin, elle dit à Anna :

— Moi aussi je sais écrire.

— Excellente chose ! commenta Anna.

— Mais pas aussi vite que toi.

— Si tu veux, je peux t'apprendre.

— Pas la peine… C'est inutile maintenant que je suis la femme d'un éleveur de rennes, une Tchaoutchouvanaou.

— Moi aussi, répliqua prudemment Anna Odintsova.

— J'étais destinée de naissance à Tanat. Toi, tu es tombée d'ailleurs. Donc, la femme principale, c'est moi.

— Mais son premier enfant sera de moi…

Katia se tut. Anna regretta de s'être engagée sur un terrain si glissant. La femme avait parlé avant la scientifique.

Et Katia, doucement, dit :

— Moi aussi j'aurai des enfants.

Là-dessus, elle se mit à piler avec rage un morceau gelé de phoque dans un mortier de pierre.

6

A l'approche du printemps, quand le soleil eut raison de la nuit polaire, Anna Odintsova enfanta une fille.

Quelques jours avant l'accouchement, Vèlvounè avait envoyé Tanat et Katia dans le polog parental et s'était installée aux côtés de sa belle-fille. Une double combinaison avait été cousue : un pyjik fin, tendre et soyeux à l'intérieur, une fourrure de veau d'un an à l'extérieur. Des entrailles mystérieuses de la yaranga, elle avait extrait une vieille semelle noire de lakhtak, un morceau d'écorce carbonisée et une lame tranchante de verre volcanique. Avec cette lame, elle sectionna le cordon ombilical, y noua un fil en tendons de renne et le saupoudra d'une suie extraite de l'écorce carbonisée.

Le bébé fut sorti de la yaranga enroulé dans un pyjik et frotté de neige propre. Il vagissait de toutes ses forces sous un soleil éclatant. Cela fait, Rinto oignit son visage écarlate de sang de renne frais. Quand il fut de nouveau enveloppé dans son tendre pyjik, il se tut et se mit à téter goulûment le sein blanc et gonflé de lait de sa mère.

Tanat ne quittait pas le nouveau-né des yeux. Il exultait, incapable de dire quoi que ce soit de sensé. C'est ma fille ! c'est ma fille ! balbutiait-il.

Lorsque Vèlvounè eut rangé ses accessoires de sage-femme et fait disparaître le cordon ombilical, elle autorisa enfin les voisins à venir admirer la petite.

Chaque visiteur entrant dans la yaranga montrait le petit doigt et recevait un cadeau. Les enfants qui découvraient leur nouvelle cousine eurent chacun un minuscule morceau de sucre préservé par miracle ; quant aux adultes, les uns reçurent une pincée de tabac, d'autres, une dizaine de perles de verre, d'autres encore, une aiguille en acier.

Vèlvounè expliqua le sens de la coutume à la jeune mère :

— C'est parce que ta fille est venue du lointain pays des tanguitan. Vois comme elle est blanche, une vraie perdrix des glaces ! Elle a donc apporté des cadeaux de tanguitan.

Un feu nourri en permanence chauffait la grande marmite où mijotait un épais bouillon de renne. Vèlvounè servait à sa belle-fille des morceaux de choix tout en veillant à ce que sa tasse soit toujours bien pleine.

Rinto éprouvait quelques scrupules à déployer tout ce rituel autour du nourrisson.

— Nous avons fait tout ce qu'il fallait pour une naissance, dit-il à la jeune maman. Mais peut-être qu'il y a d'autres rites à accomplir, chez vous les tanguitan ? Nous ne t'en empêcherons pas. S'il le faut, nous t'aiderons.

— Non, répondit Anna Odintsova. Je ne connais aucun rituel particulier. Et puis c'est une Tchaoutchouvanaou qui vient de naître dans une yaranga de nomades, engendrée par Tanat, Tchaoutchou de père en fils. Que tous les rites soient ceux qu'on accomplit sur cette terre depuis la nuit des temps quand arrive un nouveau-né.

Vint le temps de lui donner un nom. Cette fois encore, Rinto, à qui pourtant devait échoir le dernier mot en tant que doyen de la lignée, commença par demander l'avis d'Anna.

— Je vais me répéter, répondit-elle : que son nom soit conforme à la tradition des Louoravètlan.

— On peut toujours lui donner un nom russe, suggéra Rinto. Katia, par exemple, ne se souvient même plus de son nom de naissance. Pour nous tous, elle est Katia et seulement Katia.

— J'aimerais que la petite ait un nom normal de Louoravètlan.

D'en bas la terre gorgée de neige soufflait encore le froid, mais la chaleur du soleil se faisait déjà sentir à visage découvert. Rinto ôta sa toque et exposa sa tête aux rayons de l'astre.

Un nom... A l'origine un simple mot, le signe d'une révélation instantanée, il se transforme avec le temps d'un son en une partie intégrante de l'individu. Il partage avec lui le fardeau de la vie, il souffre, se réjouit, tombe malade, endosse la responsabilité des actes commis, meurt enfin. Il suffit parfois qu'on le prononce pour qu'on voie se dessiner l'image de celui qui le porte avec tout ce qu'il a d'unique. Parfois, une erreur se produit dans l'attribution d'un nom. Il arrive aussi qu'on passe trop de temps à le choisir et que la personne soit alors poursuivie toute sa vie par un sobriquet d'enfance. Il se peut qu'un surnom s'attache à quelqu'un à un moment donné de sa vie, comme à son ami Mletkyn, le chaman d'Ouelen qui, après de longues années passées dans la ville américaine de San Francisco, était revenu au pays natal sous le nom de Frank Mletkyn en se faisant appeler Frank jusqu'au jour de son arrestation. La vie nouvelle arrivant, les bolcheviks apportèrent la coutume d'attribuer des prénoms russes aux Tchouktches et aux Esquimaux. Dès son entrée à l'école, un enfant se voyait obligatoirement baptisé à la russe. Ainsi, Tymnevakat, le fils du harponneur de baleines Kaguié, était devenu Anatoli Kaguiévitch Tymnevakat car tout Soviétique digne de l'être devait porter à la fois un prénom et un patronyme dans la tradition russe. Même les adultes s'étaient vu prêter des prénoms russes, surtout avant la guerre avec l'instauration du régime obligatoire des passeports. Rinto et les siens avaient échappé à cette procédure, mais son cousin d'Ouelen Pamia s'appelait officiellement Pavel Koulilovitch Pamia. Le prénom était celui donné par les Russes, le patronyme, celui du père, et le nom de famille provenait du nom de naissance tchouktche.

Comment appeler le nouveau-né ? Du fond de l'âme Rinto espérait que la petite créature, aussi blanche qu'une hermine, porterait un nom russe qui lui ressemble. Il pouvait même faire une proposition. Taneï. En le prononçant avec un *n* nasal, il sonnait bien même en tchouktche. Presque comme Toutynè, qui signifiait "Beau Crépuscule". Peut-être que cela convenait ?

La journée s'achève sur un beau crépuscule
Dans le silence des astres scintillants.
C'est le messager d'un nouvel espoir
Et des soucis du lendemain.
Avec le crépuscule se repose la terre
Et tout ce qu'elle renferme de vie.
Ainsi naît sa chanson, pour toujours,
Comme une amulette,
Que Toutynè portera avec elle
Tout le restant de ses jours.

Tout était calme sous la yaranga. Assise sur un rondin, Anna penchait son visage de mère heureuse sur la petite endormie qui, de temps en temps, tétait goulûment le sein maternel avec un ronronnement voluptueux. Tournée vers le feu, Katia brisait des branches d'arbuste qui résistaient à ses mains. Elle faisait penser à un chien tombé malade et séparé de son attelage pour cause d'inutilité. Un sentiment aigu de pitié pinçait le cœur de Rinto, mais il comprenait qu'en cet instant, le mieux était de la laisser en paix. Ce genre de peine n'appelait pas de consolation. Le seul remède consistait à trouver la force de surmonter cette blessure du cœur et de l'âme. La vie se révélait toujours la plus forte, et tout semblait pâlir devant l'éclat de la naissance d'un nouvel être humain.

Après le repas du soir, Rinto interpréta le Chant du Baptême qui devenait dès lors le chant personnel de Toutynè, la fille de Tanat et d'Anna Odintsova. La mère reprit plusieurs fois les paroles et leur mélodie en étudiant le sens de chaque mot. Après avoir bercé l'enfant, elle sortit son journal et consigna la chanson.

La traduction russe ne saurait rendre le centième de la poésie contenue dans chaque mot de ce Cantique du Baptême. Et nous qui jugions ces hommes dits primitifs incapables de pénétrer dans l'essence profonde des choses avec leur vision du monde supposée plate et unidimensionnelle ! Je crois au contraire qu'à trop considérer les réalités à travers un prisme analytique, la civilisation moderne a dévitalisé l'âme humaine. J'ai décrit plus haut tout le rituel lié à la naissance d'un enfant dans la toundra en dessinant le couteau de verre volcanique destiné à trancher le cordon ombilical et le morceau d'écorce carbonisée. Le tout a été rangé dans un petit coffret d'écorce de bouleau habilement cousu à l'aide d'un fin cordon de phoque.

Je me sens l'âme en paix au point que mes travaux scientifiques m'ont paru un temps futiles et dérisoires en regard de la magnificence et de la poésie de la vie. A force de chercher un sens à la vie et de vouloir l'enjoliver, les gens civilisés que nous sommes finissent au contraire par s'en détourner. Ouvrir les yeux chaque matin à la rencontre d'un jour nouveau, c'est cela la vraie vie. Et le vrai bonheur est d'avoir près de soi son prolongement, une réincarnation du sentiment amoureux en chair et en os. Tanat a l'air si heureux lui aussi ! Il m'a soufflé cette confidence : Comme j'ai été bête d'avoir regretté de ne pas être entré à l'institut pédagogique d'Anadyr ! *Il me comble d'égards et de tendresse et saute sur la moindre occasion de prendre notre petite Toutynè dans ses bras. Il lui murmure son Cantique du Baptême comme une berceuse. Malgré cela j'ai parfois l'âme inquiète comme si un souffle glacé allait se lever en ces jours de sérénité, et qu'un blizzard niché au fond d'une gorge avait décidé d'un coup de reprendre sa course.*

En tenant mon journal, je dois parfois faire des efforts pour me remettre au russe. La langue tchouktche, quant à elle, ne se révèle pas aussi fruste que certains linguistes européens veulent bien le laisser entendre. Il n'existe en effet aucune espèce de "mode de pensée primitif". Cette interprétation simpliste est déterminée par une connaissance indigente et superficielle de la langue et des réalités. Rinto lui-même m'a avoué s'être parfois étonné de la platitude et de la banalité des idées des tanguitan. Mais, à la différence des savants européens, il a eu l'intelligence de mettre cela sur le compte de son ignorance du russe. La langue tchouktche répond parfaitement à l'environnement de l'homme de la toundra et de la mer. Quant à l'avenir, mes nouveaux compagnons n'anticipent guère le cours des choses. Il est rare qu'ils fassent des plans même pour le lendemain. Car demain sera exactement comme aujourd'hui s'il ne se produit pas un changement de temps imprévu. Parmi les rêves les plus lointains comptent le vêlage du printemps et la venue de l'été, quand la terre se libère de la neige et qu'une chaleur douce se pose sur la toundra pétrifiée par le gel en la réchauffant…

Anna sursauta et manqua de laisser échapper son crayon d'entre ses doigts. Toujours ce regard ! Chargé de haine, pénétrant, qui la transperçait de part en part ! Pas une seule fois Katia n'avait souri à l'enfant ni ne l'avait prise dans ses bras alors que tous les habitants du camp, jeunes ou vieux, se l'arrachaient. Katia était l'exception. Passive, indifférente, la voix monocorde et basse.

Katia prit en silence la main d'Anna, lui écarta les doigts et tâta la callosité qui lui déformait l'index droit.

— Vois-tu ? fit-elle d'un ton détaché. Tu as le doigt calleux. Non pas à cause d'une aiguille ou d'un ciseau à tailler les peaux, mais à cause d'un crayon ! Tu ne seras jamais une vraie Tchaoutchouvanaou !

— Il y a longtemps que je le suis devenue, trancha-t-elle, incisive, malgré sa ferme intention de ne pas se brouiller avec Katia. J'ai une fille !

— Je la trouve bien pâlotte ! soupira Katia en feignant la compassion. Elle n'est pas faite pour survivre dans la toundra.

— Je t'interdis de dire ça ! coupa Anna.

Tanat n'avait pas encore regagné le polog conjugal. Il dormait avec ses parents et Katia. Maintenant que les rennes paissaient mieux en ces jours de printemps, Rinto gardait plus souvent le troupeau, permettant à ses fils de consacrer plus de temps à leur famille : le vêlage était pour bientôt, et personne alors n'aurait plus le moindre moment de répit.

Souvent, au milieu de la nuit, Tanat se réveillait dans les bras pressants de Katia. Il ne pouvait lui résister. Elle aimait en silence, avec fureur, retenant son mari dans de fermes étreintes même après les ébats les plus harassants.

Depuis quelques jours, ou plutôt quelques nuits, Tanat se sentait froid à l'égard de Katia. Quoi qu'elle fasse, il se figeait comme un renne écorché. Même sa peau habituellement si brûlante transpirait d'une sueur glacée. Alors il s'en écartait aussi loin que l'autorisait la promiscuité du polog.

Quand on eut séparé du troupeau les femelles fécondées et qu'on les eut conduites dans la vallée des Moutons Cornus, à l'abri des bourrasques printanières, Katia comprit qu'elle était enceinte. Elle ne l'avoua qu'à sa mère, la priant de ne rien dire à personne. En apparence elle n'avait pas changé, mais elle pétillait de gaieté et réveillait tout son monde avec ses chansonnettes matutinales. Le plus grand changement se manifesta dans son attitude envers la petite Toutynè qu'elle prenait dans ses bras en… lui souriant ! On mit cette poussée de bonne humeur sur le compte des joies printanières et du prochain vêlage.

— As-tu une chanson à toi ? demanda Katia à Anna qui répondit, évasive :

— Je connais beaucoup de chansons…

— Je veux dire une chanson à toi, comme celle de Toutynè ?

— Chez nous, ça n'existe pas.

Katia sourit :

— Tu vois bien ! Tu ne possèdes même pas ta propre chanson et tu te prétends une Tchaoutchouvanaou. Veux-tu que je te chante la mienne ?

Et Katia chanta :

Une fleurette ayant percé la neige
Fit un sourire au soleil.
Le veau à peine né se leva
Et marcha au-devant du soleil.
Un nouveau ruisseau brilla sur les pierres
Etincelant au soleil.
Nous nous réjouissons du printemps
Et sourions au soleil.

— C'est parce que je suis née au printemps, expliqua Katia.

— Toutynè aussi, dit Anna.

Le visage de Katia s'assombrit. Elle voulut dire quelque chose mais se ravisa en se mordant littéralement la lèvre.

Rinto emmena Tanat prier la clémence des Dieux pour le prochain vêlage.

Du haut de la montagne, la toundra paraissait s'étirer à perte de vue. A partir d'ici, les rivières couraient vers le sud et se jetaient dans le Viène, grand fleuve tchouktche que les Russes appelaient l'Anadyr. Çà et là, à l'abri du vent, la neige avait fondu. Un fin duvet de mousse verdoyait sur les pierres. L'air avait changé de goût en cette période de pleine éclosion : on l'aurait dit épaissi, chargé d'exhalaisons végétales. Il gonflait les poumons des hommes, leur insufflait des forces fraîches, les faisait grandir. On était las du long hiver. L'impétueuse fonte des neiges viendrait plus tard, mais déjà la nature se métamorphosait chaque jour. Quelle réjouissance que les premiers signes du printemps – un peigne de stalactites minuscules sur le bord sud du rètèm, un reflet bleuté dans l'empreinte de sabot d'un renne…

Rinto éparpilla les offrandes contenues dans l'écuelle de bois, murmura quelques incantations adressées aux Dieux et dit à son fils :

— As-tu deviné pourquoi je t'ai fait venir ? Il y a longtemps que je voulais te parler. Tu es père maintenant, et tu as pris la tête d'une grande famille. L'heure est venue pour toi d'apprendre les choses secrètes et l'art de s'adresser aux Dieux. Parce que je ne suis pas éternel. Certes, je n'ai pas le sentiment d'être un vieillard impotent, mais il est de coutume d'apprécier son âge d'après sa descendance. Me voilà de nouveau grand-père. Et toi, mon fils cadet, tu viens d'avoir un premier enfant… Aimerais-tu savoir les paroles que je leur ai adressées ?

— Tu parlais si bas, répondit Tanat. Je n'ai rien entendu. Mais j'ai senti que tu disais des choses pleines de sens et d'importance.

— Très juste ! approuva Rinto. Maintenant, écoute-moi bien. Les paroles que j'ai adressées aux Dieux sont à la portée de tous les mortels. Tout dépend de l'ordre des mots. Tu sais, j'ai compris que Pouchkine en composant ses vers usait de son art de placer les mots dans le bon ordre et au bon moment, de manière à leur donner des pouvoirs magiques. La force du chaman tient dans son intuition, sa faculté de choisir l'instant propice, de le devancer. Quand viendra ton tour de t'adresser aux Dieux, sache que l'essentiel n'est pas de trouver des mots particuliers, mais d'élever son esprit dans les hauteurs de l'inspiration. Alors les mots viendront d'eux-mêmes, dans le bon ordre, avec une nouvelle force magique. Maintenant, répète :

O forces terrestres et célestes
Qui gouvernez les hommes et les rennes !
Faites qu'au printemps
L'abondance emplisse notre terre !
Que notre troupeau prolifère !
Que la saison soit féconde !
Car nous ne vivons que du renne.
Soyez vénérés ô vous tous
Invisibles mais Tout-Puissants !

Tanat, gêné, l'élocution hésitante, répétait les paroles en s'étonnant de leur platitude.

— Les paroles acquièrent de la force quand elles viennent du fond de l'âme, dit Rinto. Elles doivent couler comme l'eau d'un ruisseau, libres comme l'air qu'on respire.

Rassemblant tout ce qu'il avait de forces mentales, Tanat, les yeux à demi clos, reprit les Paroles Sacrées. Cette fois, il sentit quelque chose frémir en lui. Les derniers mots sonnèrent même à sa bouche avec des accents mélodieux.

Rinto le regarda d'un œil satisfait. Il ajouta :

— Autrefois, pour acquérir le don d'entendre les Paroles Secrètes, le chaman novice était soumis à de rudes épreuves corporelles et morales. Il devait errer seul dans la toundra, longuement, sans vivres ni logis. Les uns périssaient, d'autres perdaient la raison à jamais, mais ceux qui survivaient possédaient de grands pouvoirs chamaniques. Telle était ta grand-mère Guivèvnèou, qui avait traversé toutes les épreuves…

— Et toi ? demanda Tanat.

— Pas moi, répondit Rinto ; puis, après un silence : La grand-mère Guivèvnèou considérait que cela ne servait à rien au futur chaman ; que l'essentiel n'était pas de voyager aux limites de la folie, mais d'acquérir un savoir. Elle m'apprenait à comprendre le monde environnant, le mouvement des étoiles, les nuages, les changements de temps, les plantes utiles à l'homme, et contre quelles maladies. Elle m'a transmis les anciennes légendes, les contes magiques, les histoires qui couraient sur les origines et les exploits de nos aïeux. Elle avait une foule d'ennemis, bien sûr, mais nul ne pouvait l'égaler par son savoir, son art de soigner, ses prédictions. Elle disait que le chaman était un serviteur des hommes et non des Dieux.

— Faisait-elle des incantations ?

— Et comment ! répliqua Rinto.

Sur les pentes blanches, les rayons chauds du soleil rendaient la neige granuleuse avec des effets de brillance aveuglants. On s'en protégeait au moyen de lunettes à verres sombres achetées à Ouelen. Elles ne réduisaient pas le champ de vision, contrairement aux accessoires avec lesquels les Tchaoutchou se défendaient du soleil – étroits masques de cuir finement perforés.

— On nous a appris à l'école que le chamanisme, comme d'ailleurs la religion russe, était un poison pour le peuple, fit observer Tanat.

— Je ne peux rien dire de la religion russe car je la connais mal, commenta Rinto. Mais il y a beaucoup d'absurdités dans leurs récits sacrés. Par exemple, comment Dieu a exilé les premiers hommes du paradis pour les punir d'avoir goûté des baies…

— C'était une pomme, corrigea Tanat.

— J'en ai vu seulement en conserve, dit Rinto. Mangé frais, ce doit être très bon. Mais châtier un être humain jusqu'à la fin de ses jours pour une futilité pareille, c'est indigne d'un Dieu.

— Crois-tu que les Dieux se distinguent selon leur nationalité ? demanda Tanat.

— Koo, répondit Rinto.

Se pouvait-il, en effet, que dans le gîte céleste des Dieux, ces Forces suprêmes diffèrent entre elles comme les tanguitan se distinguent ici-bas des Tchouktches, des Koriaks, des Esquimaux, des Tchouvans et des Yakoutes ?… Le Dieu tchouktche serait alors mat, les yeux bridés et les pommettes saillantes, le Lamoute aurait les jambes tordues et le Russe la peau blanche et les cheveux blonds comme le maître d'école Lev Vassilievitch Belikov… Sans oublier le Dieu juif avec ses taches de rousseur comme le professeur de mathématiques d'Ouelen, Naoum Solomonovitch Dounaïevski.

L'image pittoresque d'un tel mélange céleste amusa Rinto. Il sourit.

— Que les maîtres et les bolcheviks russes s'évertuent à nier l'existence de Dieu démontre plutôt le contraire. Si quelque chose n'existe pas dans la nature, personne n'en parle. Quant aux témoignages des bienfaits et de l'existence des Forces suprêmes, ils sont plus que suffisants.

Dans la philosophie matérialiste à laquelle Tanat avait été initié à l'école, il n'y avait pas de place pour Dieu. Mais son père n'avait pas tort non plus : beaucoup de choses relevant du miracle ou du mystère ne pouvaient s'expliquer que par l'intervention de Forces supérieures.

Le père et le fils descendirent lentement la pente neigeuse en direction de leur troupeau, fécond trésor. Soudain Rinto s'arrêta et leva les yeux vers le ciel, du côté du nord-ouest.

— Ils arrivent avant les oiseaux, murmura-t-il.

Tanat aperçut à son tour un avion au vrombissement grandissant. Sur fond de ciel clair, son point noir prit vite la forme d'un oiseau de fer.

— Il va à Anadyr, nota Rinto.

Bientôt l'avion disparut dans le bleu du ciel et son bruit atténué fut couvert par une exclamation joyeuse.

C'était Roltyt qui poussait des cris. Il courait à la rencontre des deux hommes, trébuchant, avec entre les bras la boule blanche d'un petit renne tout juste né.

— Et voilà le petit premier, dit-il essoufflé par la course et l'émotion.

Avec précaution, il déposa le nouveau-né sur la neige. Une seule et unique tache, au beau milieu du front, marquait la blancheur de son duvet. Il tenait à peine sur ses quatre pattes et considérait tout ce monde de ses grands yeux noirs effarouchés. Sa mère inquiète trottait déjà devant lui.

— Je dédie le premier veau du printemps à ma nouvelle petite-fille, prononça Rinto d'une élocution lente et solennelle. Ce sera son renne personnel.

Le premier veau ouvrit la voie aux autres. Les rennes mettaient bas les unes après les autres. Les pâtres affairés ne quittaient presque plus le troupeau. Il y avait toujours des maladroits à remettre sur pattes ou des indécis à conduire jusqu'au pis de leur mère. Absorbé par ce travail, Rinto priait les Dieux d'une voix intérieure pour qu'il n'y ait pas de tempête et que le temps doux et chaud persiste jusqu'à ce que les petits prennent de l'assurance et des forces.

La cuisine se faisait à la hâte. La nourriture était parfois apportée sur place, le plus souvent par Katia qui ne manquait jamais une occasion de retrouver son bien-aimé. Elle s'en approchait avec un sourire radieux, lequel s'éteignait dès que Tanat prenait des nouvelles de la santé de Toutynè et de sa mère.

— Un bébé comme un autre, répondait Katia d'un ton détaché. Il passe son temps à téter le sein blanc de sa mère.

Elle n'avait encore révélé son état à personne, sauf à sa mère, par peur du mauvais œil et craignant de faire mal à la petite vie qui germait en elle.

Le blizzard frappa vingt jours après le premier vêlage. Le vent ne pouvait plus soulever la neige alourdie par la fonte. On poussa les veaux et leurs mères dans une gorge étroite où, toutefois, le fourrage manquait sous l'épais manteau neigeux. Les hommes ne quittaient plus les rennes. Emaciés, fourbus, ils parvinrent malgré tout à sauver la nichée de la saison.

Quand le vent retomba et que les nuages se dispersèrent, un violent soleil de printemps s'abattit sur la toundra. Des ruisseaux jaillirent sous les couches neigeuses des pentes. La neige se chargeait d'eau. Il suffisait d'une nuit de gel pour qu'une croûte de glace coupante se forme à la surface. C'était un souci de plus : il fallait éviter les coupures aux pattes des rennes.

Cette nuit-là, lorsque vint son tour d'aller dormir, Tanat se dirigea vers la yaranga par un étroit vallon. Ses torbaz mouillés clapotaient dans la neige fondante, égrenant à sa suite une chaîne d'empreintes emplies d'une eau bleutée. Les pieds gelés, le corps brisé de fatigue, il ne pensait qu'à se glisser au plus vite dans les peaux de renne douces et tièdes de sa couche, en même temps qu'il désirait intensément le corps blanc de sa première femme.

De loin, sur la rive haute d'un torrent qui hibernait encore, Tanat entendit les pleurs d'enfant qui ne faiblissaient pas. Au contraire, ils décuplaient. On sentait bien que ce n'était pas un vagissement habituel ou l'expression d'un caprice, mais une souffrance profonde, désespérée.

Tanat entra dans le tchottaguine. Quand ses yeux se furent habitués à la pénombre, il aperçut Anna assise sur le rondin de chevet du polog, avec le bébé en pleurs sur les genoux. Elle essayait de lui donner le sein, mais la petite, le visage rouge de tant crier, se détournait du mamelon foncé où perlaient des gouttes de lait blanc.

— Allons, pourquoi pleures-tu ? se lamentait Anna. Tète un peu du lolo, ça te fera peut-être du bien. Ah ! ma pauvre petite, tu ne mérites pourtant pas toutes ces souffrances...

Avec ses cheveux en bataille, ébouriffés, crasseux, et ses yeux enflammés d'insomnie, elle ne ressemblait plus guère à la jeune tanguitan aux cheveux d'or qui avait débarqué sur la banquise bordière d'Ouelen.

— Que se passe-t-il ?

— Toutynè est malade... Elle refuse le sein. La pauvrette brûle de fièvre.

Tanat interrogea sa mère du regard.

— J'ai tout essayé, toutes les herbes cueillies près de la lagune d'Ouelen. Rien à faire. La petite est de plus en plus mal.

Tanat sortit d'un bond de la yaranga et courut au troupeau. Il se moquait cette fois de ses torbaz mouillés et des paquets de neige qui se soulevaient sous ses semelles.

— Père ! cria-t-il de loin. Père ! Fais quelque chose ! Sauve notre enfant ! Je t'en supplie. Tu le peux, si tu le désires très fort... Si Toutynè meurt, je la suivrai.

— Ne dis pas ça ! Seuls les Dieux peuvent disposer de la vie d'un être humain car ce sont eux qui la lui ont donnée, répliqua Rinto avec retenue en prenant le chemin du camp dans les pas de son fils.

Une fois entré dans la yaranga, il se contenta de jeter un regard furtif sur le bébé malade et sa mère, noire de peine et d'angoisse.

Trop longtemps pliés, les habits fripés du chaman rechignaient à se laisser enfiler. Une poussière dorée voletait en scintillant dans le tchottaguine à la lumière du feu et du soleil qui s'infiltrait par des interstices jusque-là insoupçonnés, grands et petits, dont était constellé le rètèm meurtri par les rigueurs de l'hiver.

Selon la coutume, les incantations devaient se faire dans l'obscurité complète du polog. D'abord, aucun son ne parvint de derrière l'épais rideau de fourrure. Le seul bruit qui montait dans la yaranga et s'échappait par le trou à fumée de la pointe conique du chapiteau, c'était, plein d'une souffrance indicible, le cri de l'enfant.

Quand soudain gronda le tambour, toute la yaranga vacilla. On avait peine à croire que cela venait d'une simple peau d'estomac de phoque bien tendue sur un rond de bois. Du fond de l'abri, le grondement s'échappait vers les immensités de la toundra, tantôt grandissant, tantôt faiblissant. De temps à autre, un chant s'y mêlait – aigu, fin, qui ressemblait plutôt à une plainte lancinante montée du tréfonds d'un corps humain. Puis tout s'arrêtait. Ne résonnait plus qu'un insondable susurrement dans lequel on devinait la voix de Rinto.

Tout à coup, un cri déchira l'air. Même le bébé se tut quelques instants. Puis le cri se coula en un chant régulier et mélodieux accompagné par le tambour. On avait l'impression d'entendre plusieurs tambours, là-derrière, dans le polog, et d'autres voix que celle de Rinto. Impossible de distinguer les paroles, malgré les efforts que fit Anna. Des mots, des grondements de tambour, des mélodies, tout se mélangeait.

Sans doute cela dura-t-il plusieurs heures car le soleil, bas dans le ciel, tombait déjà droit sur l'entrée de la yaranga.

Derrière, dans le polog, c'était le silence. Anna venait de regarder son enfant. La fillette s'était calmée et endormie, mais une expression de douleur profonde continuait de marquer son visage.

— Elle s'est endormie, fit Vèlvounè avec un geste du menton vers le polog.

— Pourquoi ? ne put s'empêcher de demander Anna.

— Parce qu'il le fallait, murmura Tanat qui prit la main de sa femme.

Rinto ne se réveilla pas de la journée. Vèlvounè le délivra de son habit de chaman et l'allongea sur sa couche en peau de renne en le recouvrant d'un léger pyjik.

Tanat s'étendit près d'Anna. La petite, prostrée, était couchée à l'autre bord. Il ne s'endormit qu'à la venue de l'aube, presque aussitôt réveillé par un hurlement sauvage. Il faillit rouler hors du polog. Le cri venait d'Anna.

— Mais elle est froide ! Elle est morte, ma pauvre fille, mon petit trésor de chair. Ah ! malheur ! Comme j'ai mal !

Elle tenait dans ses bras le petit corps sans vie de sa fille et ne cessait de hurler comme une louve blessée à mort, mélangeant des mots de russe et de tchouktche.

— Rinto ! Tu m'as trompée ! Tes fameux Dieux ont refusé de t'entendre ! Où sont donc tes pouvoirs, chaman de malheur !

Vêtu de ses habits ordinaires, Rinto se tenait debout dans le tchottaguine. Son visage de pierre ne trahissait pas la moindre pensée. A le voir, on avait du mal à imaginer qu'il s'était mis en transe quelques heures auparavant pour implorer les Forces supérieures de sauver ce petit corps figé comme un isatis aux aguets. Maintenant la vie l'avait quitté en s'envolant, comme le faisaient toutes les âmes des morts, par le trou à fumée du haut de la yaranga, à la croisée des perches.

N'ayant suscité aucune réaction de la part de Rinto, Anna porta son courroux contre Katia :

— Tu as dit qu'elle n'était pas faite pour vivre ! C'est toi qui as fait tomber l'ouïvèl* sur ma pauvre fille !

* Sort funeste.

Anna fit un pas mais, butant contre un mur invisible, s'arrêta net sous le regard pesant de Rinto.

Tanat voulut dire quelque chose. Son père l'arrêta d'un geste et dit :

— Ce n'est rien. Elle va se calmer.

En effet, Anna laissa d'abord éclater un sanglot sonore, puis s'abandonna à un gémissement faible semblable à celui d'un chien.

— Si tu veux, lui dit Rinto le lendemain, nous allons enterrer Toutynè dans la tradition russe. J'ai gardé quelques bonnes planches et je pourrai fabriquer une boîte.

Il avait déjà vu, à Ouelen, comment on enterrait les Russes. On revêtait le mort de sa plus belle tenue, comme pour une fête, on l'enfermait dans une boîte et on le mettait en terre. Le sol de la toundra restant gelé même en été, on ne pouvait guère creuser en profondeur. On achevait de recouvrir le cercueil avec des pierres. Une telle pratique semait l'horreur et l'aversion chez les Tchouktches dont les morts gisaient nus dans la toundra, à l'air libre, signalés seulement par une bordure symbolique de petites pierres.

— Non, répondit Anna Odintsova. Que Toutynè soit enterrée selon l'ancienne coutume tchouktche.

En cette contrée lointaine, il n'y avait pas la moindre sépulture familière. Rinto dut beaucoup marcher avant de jeter son dévolu sur une petite colline libérée des neiges et jonchée de cailloux verts de mousse.

La petite morte fut revêtue de sa combinaison de pyjik qu'elle n'avait encore jamais portée. Avant de recouvrir son visage, Anna caressa ses cheveux clairs, aussi soyeux et fins qu'une toile d'araignée, et se détourna.

Selon la coutume, seuls les hommes pouvaient prendre part à la procession funéraire. Anna Odintsova insista pour accompagner sa fille jusqu'à sa dernière demeure.

— Mais… nous allons l'enterrer comme le veut la coutume tchouktche, protesta mollement Rinto.

Si nous l'avions mise dans une boîte, ce serait différent… Bon d'accord, viens, elle est à moitié tanguitan, après tout.

Le 14 mai 1949. Je pensais ne jamais trouver la force de lever un doigt, sans parler de tenir un crayon après tout ça. Mais, depuis les funérailles de mon enfant, un étrange apaisement s'empare de moi. Je pense que Rinto possède un pouvoir hypnotique et qu'il en use. J'ouvre donc mon récit des rites funéraires dans la toundra. Le corps de la malheureuse Toutynè a été glissé dans sa combinaison, une sorte de kèrkèr d'enfant avec un capuchon si bas sur le front qu'il a presque couvert le visage entier de la petite. Tout le monde s'est rassemblé dans le tchottaguine, cependant que l'enfant gisait dans le polog dont la cloison de fourrure avait été relevée. Rinto s'est assis près de la dépouille et a placé sous la tête de Toutynè le bout d'un vykvèpoïguyn – un bâton pour le traitement des peaux –, en guise de levier. Rinto posait des questions à voix haute puis soulevait délicatement l'extrémité libre du vykvèpoïguyn. J'ai compris par la suite qu'à chaque réponse affirmative le bâton se dressait sans résistance, et que dans la négative il ne bougeait pas. Il y a eu trois ou quatre questions, l'interrogation principale étant de savoir si la défunte gardait de la rancœur envers les vivants… Il en est ressorti que la pauvre Toutynè aimait tout le monde et n'en voulait à personne. Du reste, qui aurait-elle pu offenser dans sa si courte vie ? Passé la Cérémonie du Questionnement, Tanat a soulevé sa fille avec précaution. Comme elle avait été sanglée au préalable, son petit corps a été fixé sans peine sur le dos de son père. Les défunts adultes sont généralement conduits en traîneau jusqu'au lieu de leur dernier repos. Notre petite procession s'est mise en route dans l'ordre suivant : Rinto en tête, Tanat ensuite et moi derrière. Nous avons marché lentement sans nous arrêter. Je crois que Rinto avait repéré les lieux à l'avance. L'endroit était libre de neige avec même, çà et là, de tendres pousses vertes et des fleurs qu'on appelle ici nièyet (il faudrait en prélever un échantillon pour mon herbier). Là-haut, la petite a été couchée à même la terre et entourée de pierres sous la forme d'un enclos symbolique. Ce qui s'est passé ensuite, je ne l'ai supporté que pour me mettre en mesure d'en produire ensuite une description fiable. Tanat a découpé les habits de la pauvre Toutynè en dénudant son corps malingre et blanc. J'ai failli perdre connaissance. Mon cœur s'est empli d'un sang brûlant, puis s'est pétrifié. Les vêtements découpés ont été mis en tas et couverts de pierres. Ainsi se sont achevées les obsèques de la petite Toutynè. Mes jambes pouvaient à peine me porter et je ne dois qu'à l'aide de mon mari d'avoir pu regagner le camp. Devant la yaranga brûlait un feu vif. Rinto a exécuté au-dessus de la flamme ce que j'ai interprété comme des mouvements de purification et de rejet, et nous avons dû faire de même après lui. Il y a eu un repas de commémoration. Rinto ne tarissait pas d'éloges sur la défunte qui avait apporté avec sa mort un temps aussi magnifique. J'aurais préféré que la tempête dure des mois, pourvu que ma fille soit encore en vie ! Une semaine s'est passée depuis. Je ne cesse de me demander si tout cela valait bien la peine d'être entrepris. Ne suis-je pas en train de payer trop cher ma future consécration professionnelle ? Peut-être devrais-je tout arrêter, déclarer l'expédition achevée, sortir de la toundra et regagner le monde civilisé… J'ai maintenant assez de matière pour plus d'un mémoire, voire une thèse de doctorat.

Ces derniers jours, Rinto se montrait particulièrement affectueux et avenant à l'égard de sa belle-fille tanguitan et veillait à accorder davantage de temps libre à Tanat pour le laisser avec sa femme.

Le feu prenait mal dans le tchottaguine. Rinto s'assit devant l'âtre pour aider Anna.

— Tu m'en veux ?

— Pour quelle raison ?

— Mes incantations ont été vaines.

— Tu n'y es pour rien… Soit Ils n'existent pas, soit Ils ne t'ont pas entendu.

— Si, Ils existent, rétorqua Rinto avec conviction. Mais, pour cette fois, Ils avaient d'autres intentions.

— De méchantes intentions, dit Anna à qui l'âcre fumée faisait fermer les yeux.

— Nous ne pourrons jamais connaître Leurs intentions, répondit Rinto. Et je dois dire que nous n'avons pas le droit de mesurer les actions des Forces supérieures à l'aune de nos valeurs humaines.

— Aucune valeur, qu'elle soit humaine ou des Forces supérieures, ne pourra jamais justifier la mort d'un bébé innocent ! s'exclama Anna.

— Ils sont seuls à donner la vie, dit Rinto.

— Par contre, les volontaires ne manquent pas pour la supprimer avec ou sans Eux, fit Anna avec amertume. Surtout parmi les hommes… Quelle pouvait donc être la raison suprême de la mort de Toutynè ?

Rinto observa un temps de silence et continua :

— Je sens que ta foi dans mes forces est ébranlée. Peut-être même qu'au fond de toi, tu me prends pour un semeur de poison, tout comme tes compatriotes bolcheviques. Tu as le droit de douter. Douter est un moyen de contrôler sa marche vers la vérité.

Tanat avait regagné l'ancienne couche conjugale, mais c'en était fini de la fusion ardente et dévorante qui avait existé entre Anna et lui. Il sentait bien qu'elle ne faisait que le tolérer en attendant qu'il bascule du côté de Katia, laquelle, par d'ostensibles soupirs et quintes de toux, donnait à comprendre qu'elle ne dormait pas et qu'elle entendait tout.

— Nous aurons encore un enfant ! chuchota-t-il avec fougue à l'oreille d'Anna. Nous avons toute la vie devant nous !

Silence d'Anna. Après les ébats, elle se retourna et, l'instant d'après, laissa entendre une respiration forte et régulière.

— C'est moi qui vais avoir un enfant ! lui souffla Katia à l'oreille. Maintenant, il n'y a plus aucun doute. Et je suis sûre que nous aurons un fils !

Le sens de ces mots ne parvint pas tout de suite à l'entendement de Tanat. Quand il comprit, il éprouva un sentiment étrangement mitigé. Il avait envie de câliner Katia qui le touchait par sa fidélité si patiente ; en même temps, Anna lui inspirait une immense pitié qui ne cessait de lui serrer le cœur.

Au matin, tout le campement savait que Katia était enceinte. Anna l'étreignit et lui dit :

— Je suis très heureuse. Notre yaranga ne sera pas privée du babillement heureux d'un enfant !

La concorde et la paix régnèrent dans le petit camp.

Un beau jour, les torrents se délivrèrent de leur glace et les pentes neigeuses, qui s'habillaient de vert, partirent en eau. Les tendres nièyet, premières fleurs du printemps, émaillèrent la rocaille et le bord des ruisseaux. On en bourrait des baquets d'écorce. Accommodées de graisse de phoque rance, elles se révélaient succulentes au goût et douces comme des baies.

La nourriture fut agrémentée de gibier et de poisson qu'on allait pêcher dans le lac le plus proche.

Le passage de plus en plus fréquent des avions inquiétait Rinto. Certains d'entre eux, c'était évident, avaient repéré le campement. Un oiseau de fer vrombissant avait rasé le troupeau de si près que les animaux effarouchés avaient écrasé plusieurs veaux et qu'un renne de trait s'était brisé la patte. Il avait fallu le saigner.

En quête de gibier et de nouveaux pâturages, Rinto s'éloignait souvent du camp. Une fois, il crut sentir une odeur de fumée. De la colline la plus proche, il distingua aux jumelles trois petites taches accrochées à la rive d'un torrent. A n'en pas douter, il s'agissait d'un campement.

Il ne savait trop si c'était un bien ou un mal. Autrefois, dans la toundra centrale de la péninsule tchouktche, sur des terres familières depuis l'enfance et qui appartenaient à sa tribu en vertu de lois non écrites mais reconnues de tous, il ne se sentait pas aussi seul et abandonné qu'ici, en territoire inconnu. Il savait alors que Tonto n'était pas loin, à seulement deux jours de traîneau léger par beau temps en direction du nord-ouest. Cette présence le rassurait. Au sud-ouest nomadisait Ilmotch avec sa nombreuse famille, chez qui l'on pouvait se rendre même à pied. Sur les hauteurs de Kouroupka, non loin des Sources chaudes, c'étaient les pâturages d'une autre tribu, celle de Toukkaï, cousin des Esquimaux d'Imtouk et de Sivoukak. Il pouvait ne pas le voir pendant des mois ou même des années, mais il ressentait toujours sa présence et cela lui suffisait pour ne pas se sentir isolé.

Mais maintenant, qui pouvait vivre dans ces yaranga ? Fallait-il fuir ou marcher à leur rencontre ?

— Apparemment, ce ne sont pas des tanguitan, dit Tanat.

D'après la forme des chapiteaux, c'étaient sûrement des Tchaoutchou. Mais qui ? De quelle toundra ? De quelles contrées ? Et s'ils étaient les maîtres authentiques de ces terres ? Dans ce cas, la présence de Rinto serait interprétée comme une violation des lois ancestrales et il faudrait, au mieux, vider les lieux... Mais pour aller où ? Fallait-il revenir vers les collines d'Ouelen, derrière la lagune ?

Rinto décida de ne pas brusquer les événements.

Les voisins finirent par se présenter d'eux-mêmes.

Ils étaient trois. Un vieillard courbé par le temps et les rudesses de la vie pastorale. Les deux autres de l'âge de Rinto, peut-être un peu plus jeunes.

Le vieux s'appuyait sur un bâton. La tenue des visiteurs ne se distinguait en rien de celle des Tchaoutchou ordinaires, sinon par leurs koukhlianka d'été aux dessins plus creusés. Leur peau mate faisait penser à la face intérieure brune d'un neblioui* bien tanné.

— Amyn ettyk ! salua sobrement Rinto avant de faire entrer les visiteurs dans la yaranga.

Anna avait déjà dressé la petite table et suspendu la bouilloire au-dessus de l'âtre.

— Nous venons de la toundra de Kantchalan, annonça le vieux d'une voix rauque. Je suis Arento. Voici mes fils. En quittant le littoral, nous n'avions pas l'espoir de trouver du monde dans ces contrées désertiques.

— Nous sommes d'Ouelen, dit Rinto qui se présenta.

— J'ai entendu parler de toi, opina le vieux. Tes chansons sont parvenues jusqu'à nous… Qu'est-ce qui vous a poussés à quitter vos terres ?

Rinto n'avait pas envie de faire des confidences. Il répondit, évasif :

— La nécessité…

— Les pâtures ne valent pas grand-chose par ici, fit observer Arento. Il fallait sans doute que la nécessité soit grande…

L'oreille attentive à l'élocution d'Anna, il ne la quittait pas des yeux.

— Elle a l'aspect d'une tanguitan, mais le parler d'une vraie Tchaoutchouvanaou.

— Mon fils cadet l'a prise à Ouelen.

— Les gens de là-bas, à ce qu'on dit, se sont beaucoup mélangés avec les Esquimaux et les tanguitan, qu'ils soient américains ou russes.

— Anna est d'origine russe, dit Rinto qui s'empressa de changer le cours de la conversation. Vous non plus, apparemment, n'avez pas quitté votre toundra natale de gaieté de cœur…

Arento jeta de nouveau un œil craintif sur Anna. D'un geste discret, Rinto fit sortir sa belle-fille de la yaranga.

* Renne âgé d'un an dont la peau sert d'ordinaire aux vêtements de tous les jours.

— A vrai dire, reprit doucement Arento, nous fuyons les kolkhozes. Et nous ne sommes pas seuls. Beaucoup de Tchaoutchou ont délaissé la vallée du Viène pour les montagnes, vers les sources. Les nouveaux tanguitan confisquent les rennes, arrêtent les éleveurs et les emmènent loin de leur pays natal... Même les cosaques, jadis, ne faisaient pas de choses pareilles.

Il y eut des trémolos dans la voix du vieil homme mais il se ressaisit :

— Ils noient la Tchoukotka sous des flots d'eau-de-gaieté qu'ils font venir dans d'immenses tonneaux de fer. Nos jeunes finissent par perdre la tête. Ils feraient n'importe quoi pour une bouteille... Le malheur est entré chez nous. On n'avait jamais vu ça.

Rinto acquiesça :

— Jamais, en effet.

La méfiance fit place à un fond de sympathie pour ces visiteurs inattendus, et même un effet de soulagement : on n'était donc pas les seuls, il y en avait d'autres qui voulaient aussi vivre librement leur vie. Et Arento, qui semblait lire dans ses pensées, déclara :

— Nous devons rester ensemble.

Arento et les siens passèrent l'été dans les proches parages. On se rendait mutuellement visite. Les femmes couraient ensemble des terres inconnues à la recherche de plaquebière*, de racine d'or**, de nids de mulots dans les rochers secs au bord des torrents.

Anna Odintsova se remettait peu à peu de sa peine. Elle travaillait beaucoup, écharnait les peaux, cordait les tendons, et, surtout, s'adonnait avec passion à la cueillette des plantes comestibles et médicinales. Chaque spécimen était minutieusement porté dans un dossier spécial avec son descriptif et son appellation tchouktche.

* *Rubus chamaemorus.*

** *Rhodiola rosea.*

Tanat observait attentivement sa femme et s'interrogeait : à quoi bon tout cela si elle n'envisageait pas de retourner à Leningrad, son pays d'origine ? Ces derniers jours, ils avaient renoué dans l'intimité, moins à cause de la grossesse de Katia que par l'effet de la montée d'un sentiment nouveau. On continuait de dormir à trois dans le polog : Tanat entre ses deux femmes. Il n'y trouvait plus rien d'extraordinaire. Il lui arrivait même de penser qu'il ne pourrait plus se passer de l'une d'elles désormais. Non par appétit sensuel, mais parce qu'Anna et Katia se complétaient et ne faisaient plus qu'une à ses yeux – une femme, une famille. Habitué à la chaleur de leurs corps d'un côté et de l'autre, il ressentait l'absence de l'une d'elles au lit comme une gêne et ne pouvait s'endormir tant que la retardataire n'avait pas regagné sa place.

Chaque soir, Anna écrivait pendant que Tanat bavardait avec Katia. Ils ressassaient les souvenirs d'enfance, les années d'études à l'école itinérante.

— Je pensais vraiment que la dent d'or de Belikov avait poussé naturellement, comme un attribut de sa science, et que j'en aurais une semblable si j'apprenais un jour à lire et à écrire. C'est pour ça que je m'appliquais.

— D'abord, j'ai pensé la même chose que toi, dit Tanat. Mais Belikov m'a expliqué ensuite que les tanguitan se faisaient mettre ces dents-là pour remplacer celles qui étaient malades ; et que si leurs dents s'abîmaient, c'était à force de manger du sucre.

— Comme j'ai envie de sucre ! soupira Katia rêveuse. Crois-tu que nous ne goûterons jamais plus rien de tanguitan ?

Et de nouveau Tanat regretta son voyage manqué à l'institut pédagogique d'Anadyr, dans ces grandes villes où il y avait tant de sucre que les gens en perdaient leurs dents…

Anna se glissa dans le polog, se dévêtit et se coucha. Par les nuits d'été tièdes, on dormait nu sur de molles peaux de renne, sans couverture de pyjik. Au bout d'un temps, Tanat demanda :

— Qu'as-tu écrit aujourd'hui ?

— Différentes choses. A propos des plantes, surtout.

— Je ne comprends pas bien, dit lentement Tanat, à quoi bon tout cela si tu n'as pas l'intention de rentrer à Leningrad ?

La réponse ne vint pas tout de suite.

— Que j'y retourne ou pas, je dois tenir mes notes à des fins scientifiques.

— Cette science-là n'est d'aucune utilité ici, fit observer Tanat. Tout ce que tu écris, nous le savons déjà. C'est donc que tu écris pour une autre raison...

— Eh bien oui ! répondit Anna d'une voix haute et décidée. Parce que c'est utile à la science universelle et notamment pour ton futur fils.

— Crois-tu atteindre un jour la science universelle du fond de cette toundra ? ironisa Tanat. Nous faisons tout pour fuir, nous craignons même nos voisins pendant que toi...

— Tanat, tu sais parfaitement que le monde n'est pas fait que de l'Union soviétique. Il y a d'autres pays.

— Le maître Belikov nous a dit que tôt ou tard le monde entier serait soviétique, et que tous les pays construiraient le communisme. Peut-être avons-nous tort de fuir ?

Un silence pesant régna dans le polog. Tanat sentait que Katia ne dormait pas et participait sans parler à la conversation.

7

Après les fêtes de la Saignée des Jeunes Rennes, le fond de l'air tourna au froid. Le chef n'en pouvait plus de rester sans tabac. Il y avait belle lurette que ses réserves de paillettes imbibées de nicotine étaient parties en fumée. Maintenant il rallongeait ses dernières miettes avec des feuilles séchées ou même des crottes de lièvre, mais l'envie de fumer à grandes bouffées n'en était que plus forte. Aussi se décida-t-il à envoyer ses fils dans le village le plus proche en aval de la rivière pour y troquer des pelleteries, du pyjik et de la viande de renne contre du tabac et d'autres marchandises tanguitan indispensables au campement. En soi l'entreprise présentait des risques. Mais Arento affirmait que le village était minuscule et qu'il ne comptait qu'un seul Russe, le magasinier.

Anna passa commande à son mari :

— Apporte-moi des cahiers et des crayons.

— Et pour moi, du fil et des perles de verre, demanda Katia.

On attela deux traîneaux chargés de ballots de pelleteries et de pyjik et l'on emmena deux rennes sur pied pour la viande.

Roltyt faisait le fier pour cacher son appréhension :

— S'il arrive quelque chose, on dira qu'on vient d'Ouelen et qu'on s'est perdus !

Le mutisme de Tanat agaçait son frère.

— Evidemment, je me mets à ta place : quitter deux femmes pareilles, l'une plus douce que l'autre ! Dis-moi, y a-t-il des différences entre une tanguitan et une Lyguinèou ? Dans la disposition des organes, par exemple ? Y a-t-il les mêmes poils là où je pense ? Et quand tu jouis de l'une, que fait l'autre ? Elle attend patiemment son heure ou elle piaffe après toi ?

Généreuse beauté que celle, mourante, de la toundra d'automne. Des carrés jaune vif de plaquebière flamboient dans une profusion de verdure. L'airelle de marais* scintille à flanc de montagne. Des myriades de champignons. Les Tchouktches, qui les considèrent comme des friandises pour leurs troupeaux, ne les mangent pas. Mais le jour où Anna fit une soupe de champignons sur un bouillon de jeune renne, tout le monde fut aux anges.

Pendant la halte du soir, Tanat emplit sa toque de bolets rudes** qu'il éplucha et jeta dans une marmite de bouillon. Les rennes paissaient tranquillement, la saison des moustiques était passée et l'on venait d'entrer dans cette brève période de l'année où rien n'importunait les animaux qui jouissaient de nourriture à profusion : champignons, herbes tendres, vatap***.

Aux taquineries de son frère, Tanat répondait par un silence obstiné, ce qui en rajoutait à l'humeur espiègle de Roltyt.

— Si tu ne dis rien, c'est parce que tes pensées sont là-bas, entre tes deux femmes en chaleur.

Roltyt fut ensuite plus précis dans ses suggestions, mais Tanat se leva et se mit à l'écart. Il ne voulait pas de dispute, sachant qu'un seul mot suffirait à déclencher la bagarre. Les deux frères s'étaient souvent battus cruellement, dans leur enfance comme dans leur jeunesse. A bien des égards cela s'expliquait par la préférence du père pour le cadet, l'autre n'ayant cessé de s'entendre dire : Non, Tanat est encore petit, mieux vaut que Roltyt fasse le travail,

* *Vaccinium uliginosum.*

** *Leccinum scabrum.*

*** Lichen.

il est plus grand et plus fort. La vieille rancœur s'était ancrée dans son âme et rejaillissait au moindre prétexte.

Au quatrième jour de route, Roltyt renifla et dit laconiquement :

— Je sens une fumée.

Le village s'étirait au bord de la rivière. Sans avoir la grandeur d'Ouelen, il comptait néanmoins plus que quelques yaranga. Trois maisons de bois se distinguaient d'un habitat tchouktche traditionnel. A l'évidence, elles étaient de construction récente. Un drapeau rouge claquait au vent sur l'une d'elles, comme à Ouelen sur le siège du soviet rural.

On décida de bivouaquer à l'écart, dans un petit vallon. Roltyt se proposa pour faire un saut en éclaireur.

Tanat passa la journée à attendre son frère. Déjà l'obscurité avait noyé la tente minuscule, mais toujours pas de Roltyt. Tanat sortait souvent de son gîte, l'oreille attentive au moindre bruissement, l'œil rivé vers les rares feux qui scintillaient dans ce village inconnu, et l'inquiétude commençait à le gagner. Il frémissait dès qu'un renne s'ébrouait, et son cœur alors semblait lui remonter jusqu'à la gorge.

Il ne dormit pas de la nuit.

A l'aube, Tanat se percha de nouveau sur une hauteur et scruta le village à s'en faire mal aux yeux. Mais il n'y décela pas le moindre signe de vie, comme si tout le monde était mort.

Son frère ne se montra que dans l'après-midi, manifestement éméché, accompagné de deux hommes dont un Russe.

— C'est mon frère cadet ! (Roltyt pointa le doigt sur Tanat.) Un garçon instruit qui a fréquenté l'école pendant sept années entières ! Il est marié. Même qu'il a deux femmes, l'une d'elles est une savante tanguitan de Leningrad.

— Kakomëï !

Le comportement relâché de son frère lui faisait honte, mais il ne pouvait l'admonester devant ces gens-là. Il tenta de lire dans l'attitude des visiteurs des marques de changement du "grand monde", en vain : les deux hommes ne s'intéressaient guère qu'aux pelleteries et aux peaux de renne. Il fut convenu que Tanat les suivrait au village pendant que Roltyt garderait les rennes. L'autre y consentit sans la moindre peine, extrayant de ses vêtements une bouteille d'alcool. "Une avance", articula-t-il avec délectation avant de s'affaler sur une peau de renne étendue sous la tente.

Tanat ne brûlait guère de se rendre au village avec ces inconnus mais, d'un autre côté, il fallait bien en finir avec cette affaire pour rentrer au campement dès que possible. Sous des dehors sympathiques, les visiteurs manifestaient une certaine crispation.

L'un d'eux, à peine plus âgé que Tanat, s'appelait Etylen. En chemin il raconta sa vie – sept années d'école dans le village de Markovo peuplé de descendants des pionniers cosaques qui se disaient Tchouvans, une année d'études à l'institut pédagogique d'Anadyr, puis retour dans son village natal pour cause de maladie. Le récit d'Etylen réveilla en Tanat le souvenir de son départ avorté pour l'institut d'Anadyr. Des pensées enfouies rejaillirent, sur cette autre vie à laquelle il s'était préparé. Timidement, il demanda à l'autre de lui parler d'Anadyr et de l'institut.

— Anadyr n'a rien d'une vraie ville, commenta Etylen. Ceux qui ont vu des grandes villes comme Petropavlovsk, Khabarovsk, Leningrad ou Moscou éclatent de rire quand quelqu'un parle de la ville d'Anadyr. Les maisons sont petites, calfeutrées de mousse pour les protéger du froid. La seule vraie maison est celle où siègent les chefs – le comité du parti et le comité exécutif. Elle a été construite avant la révolution pour l'administration tsariste. Il y a aussi les maisons de l'institut pédagogique, de l'école secondaire et de l'école des cadres kolkhoziens... Et voilà tout Anadyr !

— Mais il doit y avoir beaucoup de pièces dans ces maisons-là...

— A l'institut, une dizaine. Je ne suis pas entré dans celle des chefs mais il doit y en avoir davantage.

Tanat avait du mal à imaginer une telle quantité de pièces et la grandeur de ces maisons de bois. Quand son maître Belikov lui avait appris que le Palais d'hiver de Leningrad comptait des milliers de pièces, son imagination n'avait pas voulu suivre. Mais, chaque fois, l'idée d'avoir laissé courir l'opportunité d'entrer un jour dans l'énorme bâtisse de l'institut pédagogique d'Anadyr et peut-être même du Palais d'hiver qui, d'après son maître, renfermait un musée ouvert à tous... cette idée teintait son cœur d'amertume.

Le village s'étendait au bord d'une rivière aux eaux abondantes qui se jetait à son tour dans un cours d'eau plus important encore – l'Anadyr, grand fleuve du pays des Tchouktches. Les yaranga se mêlaient à des isbas basses enfoncées dans le sol. Tanat se sentit en terre étrangère : des arbustes hérissaient la berge, si hauts qu'il les prit pour de vrais arbres comme il n'en avait vu qu'en image. Leur verdure flattait le regard. La tentation était forte d'aller se réfugier à l'ombre de ces feuilles élevées au-dessus du sol, dans ce silence où filtraient des rayons épars de lumière.

Etylen le fit entrer.

— Et voilà l'école, dit-il. C'est là que j'enseigne.

C'était là aussi qu'il vivait, dans une classe meublée d'un lit de planches couvert de peaux de renne et d'une étagère bancale de livres. Sur une table, Tanat remarqua un livre ouvert. Vassili Ajaïev, *Loin de Moscou*, lut-il en le retournant.

— C'est un bon livre, commenta Etylen. Il a reçu le prix Staline.

— De quoi ça parle ?

— De la construction héroïque d'un oléoduc en Extrême-Orient, pendant la Grande Guerre nationale.

Etylen avait déjà mis le thé à infuser, débarrassé la table encombrée de cahiers d'écolier, étalé une page de *La Tchoukotka soviétique* en guise de nappe et servi le sucre et le beurre. Il découpait le pain en grosses tranches. A la vue d'un tel délice, Tanat sentit ses pommettes se contracter et sa bouche s'emplir de salive. Il y avait bien longtemps qu'il n'avait dégusté pareilles friandises !

— En vérité, je n'avais pas très envie de devenir enseignant, avoua Etylen. Je pensais rentrer au campement, dans la toundra. Mais nos rennes ont été rassemblés avec les troupeaux de deux autres élevages dans le cadre d'un kolkhoze et on m'a proposé l'école. Il a bien fallu que j'accepte. Une chance que mes élèves soient des enfants capables, ils saisissent tout au vol. Sinon, j'étais fichu...

Tanat se délectait de chaque bouchée de pain tartiné de beurre jaune et de chaque gorgée de thé fort et sucré. Il essayait de calculer mentalement combien de farine, de sucre, de thé et de tabac il pourrait obtenir en échange des pelleteries, du pyjik et des peaux de renne apportés. Il faudrait aussi prendre pour son père une bouteille d'eau-de-gaieté...

— De quel kolkhoze êtes-vous ? demanda Etylen à brûle-pourpoint.

L'autre avala son thé de travers, ne sachant que répondre :

— De *L'Aube rouge*.

Ainsi s'appelait le kolkhoze d'Ouelen.

— Et pourquoi êtes-vous venus de si loin ?

— La glace a condamné nos pâtures. Il a fallu chercher ailleurs.

— Eh bien, vous en avez fait du chemin ! fit Etylen d'un ton compatissant. Il y a un certain Arento qui rôde dans les parages avec ses rennes. Un koulak patenté, un ennemi des Soviets. Il espère échapper à la collectivisation. Il ne comprend pas, l'imbécile, que le pouvoir soviétique est partout. Enfin, l'hiver prochain, dès que les pistes seront damées, on le rattrapera.

Etylen prononçait ces mots avec une hargne ostensible, comme si Arento était l'ennemi personnel du maître d'école et qu'il lui avait infligé des offenses irréparables ou des outrages mortels. Tanat sentit monter le danger. Il se hâta :

— Merci pour ce bon repas. Dis-moi, y a-t-il des crayons et des cahiers au magasin ?

— Tu fais la classe en pleine toundra ? ironisa Etylen.

— Euh ! non, fit Tanat embarrassé. C'est pour ma femme…

— Elle enseigne ?

— Non, elle écrit pour elle-même… C'est une tanguitan de Leningrad…

Tanat comprit qu'il disait n'importe quoi. Ne sachant comment esquiver les questions pernicieuses d'Etylen, il se sentait dériver dans une traîtresse franchise.

— Les cahiers et les crayons, j'en ai à foison ; prends tout ce qu'il te faut, proposa généreusement Etylen.

— Non, dit Tanat gêné, c'est inutile maintenant…

— Prends, prends, c'est de bon cœur !

Et l'autre de remettre au visiteur décontenancé une pile de cahiers d'écolier et une dizaine de crayons.

La centrale d'achat jouxtait une boutique qui émerveilla Tanat par son incroyable opulence. Sans doute s'était-il déshabitué de voir pareille quantité de marchandises. De larges étagères portaient, en rangs rectilignes, différentes boîtes de conserve en fer-blanc, la plupart étiquetées : jus de pomme et de pêche, confits de viande, lait concentré, confitures, légumes. Toutes sortes de thés s'empilaient en pyramides à la géométrie régulière : en feuilles, conditionnés dans des paquets de papier, ou bien compressés en briquettes impeccables. Du sucre scintillait dans une cuvette. Les bocaux de verre contenaient des échantillons de gruau. Le magasinier – ce Russe qui avait accompagné Etylen – calcula la valeur des pelleteries, des pyjik, des kamous et conclut :

— Tu as là de quoi acheter toute la boutique !

Mais Tanat, qui s'était ressaisi, ne prit que le strict nécessaire en quantité limitée, de façon à charger le tout sur les deux traîneaux. Puis, parcourant une dernière fois des yeux ces trésors incommensurables exposés à la vente, il demanda prudemment :

— Où est la vodka ?

— En principe, on ne la met en vente que les jours de fête et de congé, dit Etylen, mais, pour un visiteur venu d'aussi loin, on fera exception.

Tanat rangea trois bouteilles avec précaution dans un sac. Au four à pain, il acheta plusieurs miches bien fraîches en regrettant de ne pouvoir emporter davantage. Ces achats faits, il lui restait encore suffisamment d'argent. Au moins de quoi remplir encore trois traîneaux.

Dessoûlé, son frère aîné n'en tenait pas moins une gueule de bois que rien ne pouvait dissiper. Il décocha un regard furtif sur les trois sacs énormes apportés à grand-peine par Tanat, Etylen et le magasinier.

Le chemin du retour se fit dans le silence, à la grande satisfaction de Tanat qui allait la tête pleine des impressions de son passage au village de ses pairs, au bord de la rivière. Même Etylen, qui n'était pas une lumière, avait été nommé enseignant après seulement un an d'études à l'institut pédagogique. Aux yeux de Tanat, le métier d'enseignant surpassait tous les autres. Par leur niveau de connaissances, les grands dirigeants qui venaient d'Anadyr à Ouelen, quels que soient leurs airs d'importance, ne valaient pas, et de loin, Lev Vassilievitch Belikov, son premier maître, qui semblait tout savoir. Il savait même maçonner un poêle de brique et fabriquer des verres de lampe à pétrole avec des bocaux de conserve. Devenir enseignant, pour Tanat, signifiait atteindre des hauteurs requérant des années et des années d'études. Or voilà que quelqu'un comme Etylen devenait enseignant. C'était donc que Tanat aurait pu en faire autant avec son diplôme de l'institut pédagogique d'Anadyr. Sa vie allait-elle passer à côté des montagnes de trésors accumulés par les connaissances humaines au cours d'une histoire millénaire ? Tout ce qu'on savait des innombrables peuples, des animaux mystérieux, des villes géantes... Il ne toucherait jamais l'écorce d'un arbre véritable, ni ne traverserait un champ de blé, ni ne humerait l'arôme d'une rose dans la fraîcheur mouillée du matin. Sans parler des pays chauds où l'on pouvait aller tout nu et se baigner dans l'eau tiède de l'océan ! Avec des fruits tropicaux au-dessus de la tête, énormes, sucrés, énigmatiques ! Il ne naviguerait pas sur un bateau de fer, ne voyagerait pas dans un train lancé à toute allure à travers champs et forêts, ne survolerait pas en avion sa toundra natale... Pourquoi chercher à fuir le pouvoir soviétique qui promettait toutes ces choses ? Pourquoi ne pas entrer dans un kolkhoze tout en restant éleveur de rennes ? Les gens d'Ouelen, par exemple, qui étaient tous considérés comme des membres du kolkhoze *L'Aube rouge*, n'avaient pas cessé pour autant d'être des chasseurs d'animaux marins. Il y avait toujours, à la proue des canoës, les mêmes harponneurs et traqueurs – fiers, adroits, reconnus par tous. Quand on avait livré à l'ouvèran* du kolkhoze le dixième de la prise, on se partageait le reste dans l'esprit des coutumes ancestrales, et la part belle revenait au patron du bateau. A la tête du kolkhoze, on avait placé Guiou, un homme qui ne brillait ni par sa culture ni par sa sobriété et qui, tout président de kolkhoze qu'il était, ne jouissait d'aucune autorité aux yeux des habitants de souche d'Ouelen, mais était capable en revanche de prononcer des discours et de pavoiser dans les tribunes. Peut-être que la motivation première de son père n'était pas la peur de perdre ses rennes, d'être privé du droit de propriété, mais le refus de transiger sur la foi des ancêtres, de renoncer au chamanisme ?

La toundra en fanant semblait pressée de profiter du peu de temps encore échu. Le ramage et le cri des

* Fosse creusée dans le permafrost pour conserver la viande des animaux marins.

oiseaux remplissaient l'air d'un incessant tintamarre. On avait peine à croire qu'un mois et demi plus tard, le silence envelopperait les collines, les hauteurs bleutées, les rivières et les lacs plongés dans les ténèbres. Parfois les voyageurs traversaient des champs entiers de plaquebière et de camarine*, et leurs torbaz se teintaient alors de sucs doux et poisseux. Gonflées de jus, les baies ployaient sous leur propre poids et se couchaient par terre en un tapis immense. Les jeunes canards essayaient leurs ailes affermies au-dessus de lacs miroitants en vue d'une longue migration vers des contrées chaudes et lointaines. Quand la dernière volée d'oiseaux se serait évanouie dans le ciel, la toundra ne garderait plus que le loup, le corbeau, l'isatis, le renard, l'hermine, le renne et l'homme. Parfois se profilerait sur la crête d'un relief, furtif, le kytèp, mouton des neiges.

Roltyt marchait derrière et suppliait son frère de lui donner un peu d'eau-de-gaieté pour le délivrer du supplice des lendemains de cuite. Il bougonnait, gémissait, s'accroupissait, se jetait avide à la moindre source ou flaque jusqu'à ce que Tanat, le prenant en pitié, lui accorde quelques gorgées de vodka. C'était la conséquence de la beuverie d'adieu de la veille. Par gratitude, Tanat avait saigné l'un des rennes gardé en réserve et, une fois celui-ci bouilli sur un bon feu, en avait généreusement nourri ses invités qui reçurent en cadeau le reste de viande. Roltyt avait beaucoup bu. Ivre, il avait glosé sur l'immensité du troupeau qu'il recevrait en héritage à la mort de son père, il s'était vanté de ses enfants et même des épouses de son frère cadet.

— Je suis toujours prêt à lui venir en aide à la première de ses faiblesses, riait Roltyt enivré. Tôt ou tard, ça arrivera. Un gars normal ne peut pas satisfaire deux jeunes femmes à la fois, surtout quand l'une d'elles est une vraie tanguitan.

* *Empetrum nigrum.*

Etylen l'avait questionné subrepticement : que faisait l'étrangère dans le campement ? pourquoi avaient-ils migré si loin de la côte ?... Roltyt ivre mort avait perdu tout contrôle, avouant franchement qu'ils cherchaient à échapper à la collectivisation.

— Quant à la femme tanguitan, elle a pris mon frère de force pour mari. Elle dit qu'elle veut vivre la vraie vie d'une vraie Tchaoutchouvanaou de la toundra.

Tanat se rappelait avec effroi les événements de la veille. Il regardait avec répulsion son frère aux prises avec les restes de sa cuite.

— As-tu au moins le souvenir de ce que tu as dit hier ?

Roltyt fit non de la main :

— Je ne me souviens de rien... J'ai raconté des bêtises ?

Tanat lui répéta toutes ses révélations d'ivrogne. D'un coup dégrisé par la peur, Roltyt lui dit d'un ton suppliant :

— De grâce, pas un mot au père là-dessus !

Enfin apparurent les yaranga familières.

Tous les achats furent étalés dans le tchottaguine. Les femmes ne pouvaient contenir des éclats de joie et d'admiration. Anna remercia son mari d'un long baiser sur les lèvres pour les cahiers et les crayons, et Katia le gratifia d'un regard reconnaissant pour la verroterie et la mercerie.

Ce soir-là, le festin dura jusqu'à minuit dans le campement. Le chef ouvrit une bouteille qu'il fit goûter à chacun, même à Katia. On faisait la grimace, on crachait, on retenait son souffle dans l'attente de la chaleur magique qui s'infusait au fond du corps, puis on exhibait des sourires béats, on s'émerveillait de la faconde qui venait d'un coup, irrésistible, tout comme l'appétit et la soif de thé fort. Chacun eut droit à un morceau de pain tartiné de beurre, les enfants eurent en plus une soucoupe de lait concentré et une timbale de thé largement sucré. Rinto fumait sans trêve, cédant parfois sa pipe à sa femme. Roltyt n'était pas en reste, qui se drapait de fumée tout en cherchant son frère du regard pour le supplier en silence de ne rien ébruiter des confidences que, sous l'emprise de l'alcool, il avait faites devant des inconnus.

Rinto fit profiter ses voisins des produits tanguitan et servit même à Arento une gorgée d'eau-de-gaieté qui fut sifflée avec une immense volupté.

— De toutes les inventions des tanguitan, c'est vraiment la meilleure ! dit-il avec emphase, ce qui lui valut une deuxième gorgée.

Puis la vie reprit son cours et Tanat ne se souvint plus de son expédition au village du bord de l'eau que comme d'un rêve dans la nuit.

A la première neige, Katia mit au monde un garçon bien portant. Rayonnante de bonheur, elle dit à son mari :

— Je t'avais promis un fils et j'ai tenu parole…

Le grand-père le baptisa Toutril, ce qui signifie "les Ailes du Crépuscule".

La naissance d'un neveu, écrivit Anna dans son journal, *m'a rappelé ma malheureuse petite fille dont l'âme s'est évanouie sans laisser de trace dans ces immensités. J'ai même cessé de rêver d'elle. Je crois bien être la seule à m'en souvenir. Parfois mes jambes me portent d'elles-mêmes sur la colline où gît son petit corps, mais chaque fois quelque chose de puissant et d'irrésistible m'arrête. De loin, j'essaie de voir ce qu'il en reste, sans rien distinguer pourtant que la bordure de pierres. Comme si ma pauvre Toutynè n'avait jamais existé. Seul le nom de son frère renferme, à peine perceptible, un écho de son être disparu : la racine* tout *signifie le crépuscule et on la retrouve dans Toutynè, "le Beau Crépuscule du Soir". Le cœur d'une mère ne peut jamais accepter la perte d'un enfant, même avec le temps. Mon cœur se lamente et ma poitrine se souvient de ces petites lèvres exigeantes et avides. Toutes ces choses ont été ravivées par la naissance de Toutril qui est devenu d'emblée le centre du campement et même de l'univers.*

Désormais tout s'organise autour de lui et Katia me considère avec des airs victorieux. Non qu'elle se moque de moi, mais elle montre par sa façon d'être qu'elle est devenue la femme principale de la famille, ainsi que la mieux aimée.

Une fois sa page écrite, Anna rangea son cahier dans le sac de cuir qui contenait le reste de ses notes, dessins et livres. Depuis la naissance du bébé, Katia couchait dans le grand polog parental, Anna et son mari restant dans le petit. Tanat était déjà étendu sur sa couche de peau, dégagé de sa couverture de pyjik : la chaleur des corps surchauffait l'étroit réduit de fourrure. Anna vint se blottir contre lui. Il sentit le désir monter en lui, la prit brutalement et s'en écarta aussitôt après.

— Drôle de façon, dit Anna avec une pointe de reproche et de déception. Pas une caresse, et à toute vitesse…

— Un renne fait ça encore plus vite, répondit Tanat en se retournant vers la cloison.

8

Tempête sur Anadyr. Le blizzard pourtant n'empêchait pas les instances administratives de la capitale du Territoire national des Tchouktches de travailler dans le strict respect des horaires. La journée commençait bien avant le jour à neuf heures du matin.

Atata marchait en se protégeant de la neige mordante qui lui lacérait le visage, engoncé dans le col relevé de son manteau et dans les rabats baissés de sa chapka doublée de toile et parée de décorations. Certes, par un blizzard pareil, il se serait senti bien plus à l'aise dans une koukhlianka et une kamleïka de fourrure, protégé par un capuchon en fourrure de glouton qui ne givrait jamais et mettait le visage à l'abri du gel, avec aussi des moufles de renne plutôt que des gants de cuir... Oui, mais l'on ne pouvait pas coudre des épaulettes de capitaine du MGB* sur une kamleïka, ni épingler des décorations sur du glouton... Depuis qu'Atata avait un grade d'officier, il ne se présentait jamais au siège autrement qu'en uniforme. A plus forte raison ce jour-là où il avait un rendez-vous important avec le camarade Otke, président du comité exécutif du Territoire national des Tchouktches et député du Soviet suprême de l'URSS. Atata était content de son sort. Et comment ! Un jeune Esquimau d'Ounazik, village accroché à un banc de galets dans la mer de Béring, aurait-il pu espérer revêtir un uniforme d'officier et remplir un jour des

* Ministère de la Sûreté de l'Etat. *(N.d.T.)*

missions spéciales ? En entrant à l'école, il ne pouvait rêver au mieux qu'à une place de magasinier responsable de marchandises hors de prix. Mais voilà que le capitaine Atata tenait entre ses mains non seulement l'avenir, mais aussi la vie d'un nombre incalculable d'êtres humains ! Un vrai pouvoir, ça ! Le pouvoir de forcer les gens à trembler, à se rabaisser, à s'humilier, à implorer la liberté, à tout faire pour échapper à la déportation, car la déportation pour un éleveur de rennes libre comme l'air équivalait à la mort. Toutes les femmes de la toundra étaient prêtes à le gratifier de leurs caresses pourvu qu'il laisse tranquilles leurs pères et leurs maris…

Atata gagna enfin le siège du comité exécutif, à moitié enseveli sous la neige, ouvrit à grand-peine une porte doublée de peaux de renne et s'engouffra dans un petit couloir où il secoua soigneusement son manteau, ses bottes et sa chapka en attachant une attention particulière à ses épaulettes et à ses décorations.

Dans l'antichambre du bureau du président Otke, une secrétaire trônait devant une machine à écrire. Elle eut un mouvement avenant du menton et prononça avec des airs d'importance :

— On vous attend, camarade Atata.

Une large table de réunion jouxtait un bureau, à laquelle était assis Grozine, premier secrétaire du comité du Territoire du parti des bolcheviks, un homme haut de taille, maigre, à l'allure maladive. Il fumait. C'était la première fois qu'Atata voyait d'aussi près ce dirigeant arrivé de fraîche date. Quant au président – cravate et chemise blanche –, il pavoisait dans son fauteuil. Il accueillit Atata d'un geste chaleureux, admiratif de sa prestance de beau garçon et de son uniforme qui lui allait si bien.

— Voyez les cadres qui prennent la relève ! lança-t-il joyeusement. Notre maître et guide, le camarade Joseph Staline, avait bien raison de dire que les cadres décidaient de tout !

Le portrait du guide pendait au mur et paraissait prolongé, juste au-dessous de lui, par la personne du Tchouktche Otke, natif d'Ouelen, ancien maître d'école et militant de l'alphabétisation, porté au sommet du pouvoir régional par la volonté du destin. Au "sommet du pouvoir" ? Atata savait pertinemment que le vrai pouvoir appartenait non pas au député du Soviet suprême et président du Territoire national des Tchouktches, mais au premier secrétaire du comité du PCR, ce fumeur à l'allure maladive qui n'avait pas besoin, lui, d'exhiber les attributs de sa suprématie, tout le monde sachant très bien ce qu'il en était dans la réalité.

— Atata est issu comme moi d'une famille de chasseurs d'animaux marins, dit Otke. Il est né dans une yaranga, condamné à mener une existence de misère dans l'obscurité et l'ignorance. Mais voyez maintenant ce qu'il est devenu grâce à notre cher parti et au pouvoir des Soviets ! Un capitaine du ministère de la Sûreté de l'Etat ! Lutter contre un ennemi de classe perfide et rusé, c'est tout de même autre chose que de harponner des morses, non ? Atata a su mener à bien la collectivisation dans la péninsule. Il y a encore çà et là des exceptions, surtout dans la zone limitrophe de la Yakoutie, mais je pense que nous en viendrons à bout cette année et que la Tchoukotka deviendra, à l'instar de notre puissante Union soviétique, une région de collectivisation totale !

Otke, quand il prononçait des discours, s'envolait souvent dans un registre oratoire pompeux dont il avait du mal à se départir même dans une conversation courante. Atata savait que la cause indirecte en était cette fois la présence du premier secrétaire dans son bureau.

Le président fit asseoir Atata et envoya chercher le thé. Pendant qu'on apportait les verres, le sucre en pain concassé et les galettes, les hommes parlèrent du temps et se plaignirent de l'absence d'un gel suffisant pour que le liman du fleuve soit pris par l'embâcle : en attendant, le courant poussait toute une soupe de cristaux et de glace qui rendait la traversée impossible en canot comme en traîneau à chiens.

Lorsque la porte garnie de faux cuir noir se fut bien refermée sur la secrétaire, Otke s'approcha du mur et, tirant un rideau, dévoila une grande carte de la Tchoukotka. Dans le Territoire, chaque instance de pouvoir soviétique digne de ce nom se devait de posséder une carte de ce genre classée "secret d'Etat". Atata avait la même dans sa pièce de travail, et derrière le même bureau.

— Récemment, j'ai reçu la visite d'un enseignant du haut Anadyr, commença Otke. Il m'a révélé des informations intéressantes : au pied des monts Anadyr, dans sa région, le chef éleveur Rinto nomadise avec tout son campement. Il prétend venir d'Ouelen et de la péninsule. J'ai eu beaucoup de mal à le croire, connaissant bien Rinto que j'ai rencontré plusieurs fois. C'est une personnalité à part. Il a la réputation d'être un puissant chaman, ou plutôt d'un vrai chaman. Il faut dire que chez nous, dès que vous êtes capable de faire des incantations à la demande du premier quidam venu, on vous tient pour un chaman. C'est l'influence des ethnographes. Quant à Rinto, c'est à lui seul une bibliothèque nationale, une académie des sciences, un service médical, météorologique, vétérinaire... Il sait énormément de choses. En tant que chaman, il a l'envergure d'un Mletkyn, un homme de mon village qui savait même lire et écrire en anglais pour avoir vécu plusieurs années en Amérique, à San Francisco, d'où il était rentré armé d'un baromètre et doté du nouveau nom de Frank. Nous avons tout fait pour le rallier au pouvoir soviétique. Nous l'avons même emmené à Moscou pour le présenter à Mikhaïl Kalinine. Mais il n'a pas voulu transiger. Il a été arrêté au début des années trente. Je ne sais plus s'il est mort en prison ou s'il a été fusillé. Sa famille vit toujours à Ouelen. Bien sûr, Rinto est plus faible que Mletkyn, mais il jouit quand même d'un immense ascendant. Jusqu'à une période récente, il se montrait très prudent à l'égard du pouvoir soviétique. Pendant la guerre, il a donné cent cinquante rennes à la Défense. Au début, je n'ai pas voulu croire le camarade qui m'a renseigné, mais tout semble concorder. A l'exception d'une seule circonstance : il y aurait dans le campement une vraie femme russe ayant épousé l'un des fils de Rinto…

Atata fut alors illuminé d'un rayon de soleil : il venait de se souvenir de cette femme, leur entretien à l'école d'Ouelen, l'émotion qu'elle avait éveillée en lui, et maintenant qu'on parlait d'elle, le désir soudain montait. Il rougit.

Le capitaine du MGB écouta attentivement Otke et opina du chef quand l'autre insista sur la nécessité de vérifier une information aussi insolite. Sur ce, il ajouta :

— Je connais Rinto. Et je connais même cette femme. C'est Anna Odintsova.

— L'avez-vous rencontrée ? demanda Grozine avec curiosité en allumant une nouvelle cigarette.

— Non seulement je l'ai rencontrée, mais je me suis longuement entretenu avec elle et j'ai même vérifié ses papiers. Elle était en règle, mandatée pour ses travaux scientifiques en Tchoukotka par des spécialistes notoires : Piotr Yakovlevitch Skorik et Guéorgui Alexeïevitch Menovchtchikov. Son ordre de mission est sous en-tête de l'Académie des sciences.

— En fait de travail scientifique, elle a coulé le nœud du mariage à un fils de Rinto, un écolier ! s'indigna Otke oubliant que lui-même avait épousé, en son temps, une Esquimaude de quatorze ans dont il avait déjà cinq enfants.

— J'ai vérifié l'âge de Tanat, dit Atata doué d'une mémoire phénoménale. Il n'y a rien à redire : le garçon avait déjà dix-huit ans. Il était entré à l'école sur le tard. Ce qui m'a troublé à l'époque, c'était qu'une fille aussi savante et jolie devienne subitement de son plein gré une femme de la toundra… Il y avait là quelque chose de louche, conclut-il pensif.

— L'ennemi est perfide, fit Grozine sentencieux. Il a l'art de se camoufler. On ne le démasque pas toujours du premier coup. En ce qui concerne les papiers, il ne coûte rien de les falsifier. Il y a une chose qui aurait dû d'emblée éveiller vos soupçons, camarade Atata : c'est que cette femme accepte d'épouser un Tchouktche avec une telle facilité. Ces choses-là ne se font pas à la légère.

Et pourquoi une femme tanguitan ne pourrait-elle pas épouser un Tchouktche ou un Esquimau ? La remarque froissa Atata. Il n'en dit rien à voix haute, sachant très bien comment se conduire avec un dirigeant de ce rang. Ces gens n'aimaient pas la contradiction. Il ne fallait jamais leur confier d'opinions personnelles, sauf quand ils l'exigeaient.

Grozine se leva, prit congé et a regagné son bureau.

Otke jeta un œil dans l'antichambre, referma soigneusement la porte et revint à son bureau.

— Je ne suis pas encore habitué à Grozine, dit-il à voix basse. Tu ignores sans doute qu'il existe une lointaine parenté entre Rinto et moi. Par la lignée maternelle. On raconte qu'à l'époque de la guerre civile en Russie, les frères et les sœurs, les pères et les fils se battaient souvent de part et d'autre de la barricade ou du front. Maintenant, c'est le tour de notre peuple. Il faudra peut-être agir avec cruauté. En seras-tu capable ?

— Si la patrie et le parti me l'ordonnent, oui ! répondit Atata d'une voix claire.

— Voilà qui est parfait, se félicita Otke.

Il se retourna vers un coffre imposant qui trônait sous le portrait de Staline, en sortit une bouteille de vodka entamée, une assiette avec des tranches de viande de baleine salée, du pain et deux verres.

— Maintenant, il faut arroser l'affaire ! lança-t-il gaiement.

Atata pouvait boire beaucoup et tenait très bien l'alcool à la différence de la plupart de ses frères Esquimaux. Il avait beau écluser, il paraissait toujours sobre. Cette fois encore, il exposa un plan parfaitement clair. Il fallait d'abord des traîneaux et les meilleurs attelages de chiens, sous oublier leur nourriture sous forme de kopalkhen et de youkola*. On embaucherait des mushers. L'équipement devait comprendre de bons koukoul** et des tentes d'hiver avec des réchauds à pétrole. Quarante litres d'alcool pur seraient à prévoir, avec aussi le thé, le sucre, le tabac, la farine, etc. Les armes, enfin. Le mieux serait de passer un accord avec les militaires pour obtenir d'eux des pistolets-mitrailleurs.

— Tu auras tout ce qu'il te faut ! promit Otke en raccompagnant Atata à la porte de son bureau.

Le blizzard ne faiblissait pas. Il allait durer plus d'une semaine, tout le temps nécessaire pour monter une bonne expédition. Surtout, il fallait empêcher qu'on y place un tanguitan. Ces gens-là avaient la fâcheuse manie de s'attribuer tous les mérites en ne laissant que les miettes aux autochtones. Et Atata n'entendait pas partager sa gloire future, ni ses médailles. Un uniforme sans médailles manquait d'allure, même avec des épaulettes de capitaine.

La bise coupante chargée de neige le dégrisa d'un coup. Il regagna son logement, la pièce unique d'une petite maison à l'écart des autres. A l'automne, il y avait fait des travaux d'isolation en couvrant les murs de carton bitumé et en les calfeutrant de mousse de la toundra. Les deux fenêtres, semblables à deux meurtrières, étaient encastrées si profondément que ni la glace ni la neige ne les muraient jamais, laissant passer suffisamment de jour même dans le blizzard et la pénombre hivernale. L'électricité venait d'un groupe électrogène de campagne situé au bord du liman. Les coupures étaient fréquentes, même quand le générateur diesel tournait à grand fracas en faisant trembler les baraques voisines – le technicien ivre mort s'enfermait à l'intérieur du local en renvoyant le courant dans la porte d'entrée métallique : gare à la décharge !

* Poisson séché. *(N.d.T.)*

** Sacs de couchage.

Une cuisinière coupait la pièce en deux. Elle marchait au charbon qu'on extrayait sur la rive gauche du liman de l'Anadyr. Sur la cuisinière, une bouilloire.

Il accrocha minutieusement son manteau à un cintre de sa fabrication, souffla la neige de ses épaulettes et de ses décorations, se versa un verre de thé et s'assit devant une feuille vierge. Mais à peine eut-il posé les yeux sur le papier blanc qu'il se rappela le visage d'Anna, toujours gravé dans sa mémoire après si longtemps. Avec ses yeux clairs, célestes sur un visage mat... Inoubliables. Ah ! si cette femme était son épouse, que ne ferait-il pas pour elle... Il la traiterait comme une déesse ! Décidément, il n'avait pas de chance avec les femmes ! Non qu'elles ne veuillent pas de lui, au contraire ! elles ne demandaient qu'à l'épouser, qu'elles soient aborigènes ou russes. Mais quelque chose l'empêchait de se décider. Sans doute l'intuition que son heure n'était pas encore venue... Avec Anna Odintsova, ce serait différent... Ses yeux avaient laissé en lui une plaie encore ouverte... Mais elle était la femme d'un autre. Tant pis, il fallait se battre, elle le méritait. Bien sûr, jamais Atata n'aurait osé avouer haut et fort que son désir de prendre Rinto en chasse tenait à l'envie de posséder la seule femme que le sort lui ait destinée plutôt qu'à son instinct de classe et à sa volonté d'honorer une mission du parti... Son plan d'action consistait à arrêter Rinto et ses fils, à remettre ses rennes au kolkhoze et à ramener Anna à Anadyr. Il faudrait demander un logement plus grand. Un immeuble à deux étages était en construction dans la ville, près de la nouvelle chaudière, réservé aux dirigeants locaux. Atata avait des visées dessus. S'il remplissait sa mission jusqu'au bout en dékoulakisant Rinto et l'éleveur de Kantchalan Arento qui avait fui vers l'ouest, il aurait suffisamment de mérites pour prétendre à un appartement convenable dans la capitale. Sans compter qu'il était un "cadre de souche" et que le parti encourageait les dirigeants issus des peuples locaux. Atata aimait se remémorer son enfance, sur le long banc de galets d'Ounazik qui s'avançait si loin dans la mer, pointé vers l'île Sivoukak que les cartes russes figuraient sous le nom de Saint-Laurent. D'ailleurs Laurent, Lavrenti en russe, était aussi le nom du camarade Beria, tout-puissant ministre et membre du Bureau politique. Pour éviter les confusions inutiles, Atata employait le toponyme esquimau de l'île qui appartenait aux Etats-Unis d'Amérique. Cette île qu'on voyait si bien par temps clair était peuplée de gens de la même tribu que la sienne. Il n'y avait pratiquement aucune famille d'Ounazik qui n'ait de cousins à Sivoukak. Et si l'on se donnait la peine de fouiller dans la généalogie du premier tchékiste de la Tchoukotka, on n'aurait aucun mal à lui trouver un lointain cousin sur l'île américaine. Il avait beau déclarer ne pas avoir de famille à l'étranger dans les questionnaires de service, rien ne prouvait qu'un oncle ne referait pas surface un jour... C'était une tache qui persistait dans son dossier et qu'il essayait d'effacer en offrant des gages de zèle et de fidélité au parti des bolcheviks dont il était membre, de même qu'en se montrant impitoyable envers les ennemis de classe. Et si Anna Odintsova se révélait un agent de renseignements à la solde des Américains ? Grozine avait raison de dire que l'ennemi était perfide et rusé. Dernièrement, dans la revue *Garde-Frontière*, Atata avait lu un récit documentaire sur un espion japonais infiltré dans l'Institut des peuples du Grand Nord. C'était bien avant la guerre, au début des années trente. L'Institut organisait une nouvelle campagne d'admissions. Un jeune Youkaguir nommé Nikolaï Spiridonov avait quitté son village natal de Nelemnoïé pour faire le long voyage. Quelque part en route, vraisemblablement à Irkoutsk, les services nippons lui avaient substitué un Japonais qui s'était présenté à Leningrad avec les papiers du Youkaguir. Admis à l'Institut, il en était sorti diplômé. Les capacités hors pair du jeune étudiant n'avaient pas éveillé les soupçons. Spiridonov avait soutenu une thèse de candidat-docteur. Mieux : il était devenu écrivain ! Sous le pseudonyme de Tèki Odoulok, il avait publié le roman *La Vie d'Imtéourguine senior*, abusant même le grand Gorki qui avait loué en lui le premier écrivain youkaguir. Mais pareils talents avaient été jugés suspects par les tchékistes qui finirent par démasquer l'espion perfide : Spiridonov *alias* Tèki Odoulok fut confondu comme un agent patenté des réseaux nippons. Il fut arrêté et fusillé. Mais qui avait bien pu parachuter Anna Odintsova ? L'Allemagne et le Japon étaient anéantis… Il ne restait plus qu'un ennemi, l'Amérique impérialiste, voisine immédiate de la Tchoukotka pour le malheur de celle-ci. Si les Japonais étaient parvenus à infiltrer un agent sous l'identité d'un Youkaguir, il n'aurait rien coûté aux Américains de débarquer un espion sur le rivage tchouktche. Durant tout l'été les chasseurs du détroit de Béring, Esquimaux et Tchouktches, se croisent sur les traces des morses, et, en dépit d'une interdiction catégorique, communiquent entre eux. Plus d'une fois Atata avait interrogé les siens et les avait mis en garde. Les choses auraient très bien pu se passer comme suit : Anna Odintsova (allez savoir comment elle s'appelait en réalité…) serait partie en canoë avec des chasseurs américains. En dépeçant un morse sur un glaçon dérivant, ils seraient tombés sur des chasseurs soviétiques. Peut-être des Esquimaux de Naoukan plutôt que d'Ounazik : beaucoup d'entre eux étaient malins et dégourdis, toujours avides de vodka ou de pacotille. Surtout Teplilyk, le premier filou du détroit de Béring. Contre une bouteille de vodka ou n'importe quoi d'autre, ils se seraient arrangés pour que la jeune fille soit débarquée à Ouelen. Une fois là-bas, elle aurait prétendu s'appeler Anna Odintsova, candidat-docteur de l'université de Leningrad. Le scénario lui parut si convaincant qu'Atata aux cent coups se mit à transpirer, bien que la pièce, en dépit de ses minutieux travaux d'isolation, soit plus que fraîche en ces jours de blizzard.

Dans ce cas de figure, Anna Odintsova devenait la principale proie à livrer aux instances de la Sûreté.

C'était autre chose qu'un nomade éleveur de rennes ! Un vrai ennemi, et qui venait de l'autre bord ! Mais alors Odintsova, en tant que femme, lui échappait à jamais.

Certes, la probabilité était mince qu'Anna Odintsova soit une espionne américaine. Selon toute vraisemblance, elle venait bel et bien de Leningrad. L'autre fois, à Ouelen, elle lui avait cité des noms de jeunes qui avaient fait leurs études avant la guerre à l'Institut des peuples du Grand Nord. Si tel était vraiment le cas, il ne serait pas facile de la désolidariser des ennemis authentiques du pouvoir soviétique et de la collectivisation, ni de la soustraire au châtiment. Dommage qu'il n'ait pas fait sa connaissance là-bas, à Leningrad. De toute façon, il n'aurait pu prévoir qu'elle entrerait aussi profondément dans son cœur.

Dès que les premiers blizzards de l'hiver se furent essoufflés, le gel frappa fort et le liman de l'Anadyr se figea enfin dans la glace. La voie était donc libre pour un premier voyage vers le golfe de la Croix, au village tchouktche de Konerguino célèbre pour la fiabilité de ses attelages de chiens et l'habileté de ses mushers. C'était là-bas qu'Atata avait l'intention d'enrôler des hommes pour une grande expédition punitive dans les entrailles de la toundra tchouktche.

9

L'avion multipliait ses passages au-dessus du campement. A l'entendre rugir, on se sentait assourdi. On avait envie de se coller au sol et de s'enfouir sous la neige.

Mais où aller ? Franchir la chaîne des monts Anadyr ? Trop dangereux : là-derrière, on serait en terrain étranger et inconnu. Le seul salut consistait à se réfugier dans des gorges étroites sous des plaques de neige en porte-à-faux qui menaçaient au moindre souffle d'ensevelir le troupeau et les hommes. Aussi préférait-on les espaces à ciel ouvert pour éviter ces lieux à haut risque.

Tâche routinière que de nomadiser l'hiver. Chacun connaissait parfaitement son rôle. Pendant que les hommes rassemblaient le troupeau, les femmes pliaient les yaranga, chargeaient avec précaution les polog sur les traîneaux, liaient les perches de bois, imbibées de fumée et de graisse, qui servaient de charpente au chapiteau. Rinto avait fabriqué pour le nouveau-né un traîneau minuscule, presque une luge, surmonté d'un dais de peau de renne tondue. Toutril était désormais parfaitement à l'abri de la neige et des vents glacés. Mais point n'était besoin de cette cachette pour que son habit de fourrure le protège efficacement du froid. Le garçon pouvait ramper dans la neige sans le moindre risque de gelure grâce à sa double combinaison de pyjik – poils dedans – et de neblioui – poils dehors : manches fermées de moufles, capuchon bordé de glouton et, bien collée aux fesses, "soupape" bourrée de mousse séchée.

Le voyage ne prit qu'une partie de la journée : de l'aube, qui laissa échapper pour un temps bref l'énorme disque rouge du soleil au ras de l'horizon, jusqu'au crépuscule. L'astre replongea vite sous le bord crénelé du ciel en arrosant la neige d'un reflet rutilant comme une giclée de sang. On ne plantait plus les yaranga à ciel ouvert, mais au fond de gorges profondes en évitant de les exposer aux plaques de neige en suspens.

Plus personne ne s'étonnait de voir Anna écrire en fin de soirée, avant le sommeil, à la lueur du feu mourant. Ce soir-là, elle énuméra par le menu toutes les opérations liées au transport, et conclut par les caractéristiques détaillées de la combinaison de Toutril.

Cette combinaison est une invention géniale de l'homme de la toundra. Elle offre à l'enfant un espace de confort autonome dans lequel il se sent parfaitement à son aise. De fait, on peut le laisser livré à lui-même durant plusieurs heures sans le moindre risque. La poignée de mousse qu'on lui met aux fesses par une soupape amovible absorbe remarquablement l'humidité et les excréments. Quand l'enfant annonce par ses pleurs qu'il se sent gêné, sa maman glisse une motte de mousse fraîche à la place de l'ancienne. Simple et hygiénique. Même explication à l'absence d'insectes dans la yaranga. Que le camp soit mobile ou fixe, les polog sont décrochés et sortis tous les matins pour être étendus poils au vent et au soleil pendant toute la journée. De temps en temps, on les tape soigneusement avec un bois de renne. Quand on entre le soir dans le polog bien chauffé, on éprouve une sensation de fraîcheur et de pureté. Naturellement, ceci n'est possible que par beau temps. Mais c'est suffisant pour le maintenir propre. Les habits sont soumis à ce même type de désinfection naturelle. Il n'y a pas d'autre moyen : on ne va tout de même pas lessiver un kèrkèr de fourrure ou un sous-vêtement de pyjik...

Nous nous cachons au fond des gorges, ce qui n'est pas vraiment nomadiser. Les pâtures sont vierges et le fourrage ne manque pas. Mais la monotonie commence à peser sur mon moral. Je sens baisser mon affection pour Tanat. En fait de jalousie, je m'endors paisiblement pendant qu'il s'ébat avec Katia. Récemment encore, c'était impossible. Je songe de plus en plus souvent à Leningrad, au long couloir de la bâtisse centrale de l'université avec ses armoires à livres jaunes alignées le long des murs, ses larges fenêtres entre lesquelles paradent les portraits des grands savants. Il fut un temps où j'imaginais le mien dans l'enfilade... Je rêve aussi de notre appartement, quai du canal Obvodny, de papa et de maman. Je ne sais même pas où ils sont enterrés. Ma grand-tante m'a raconté qu'en entrant chez nous, elle avait trouvé le logement vide, sens dessus dessous, la porte grande ouverte, les tiroirs et les placards béants. Sans doute avaient-ils cherché des objets de valeur. Mais quels trésors pouvaient bien posséder un menuisier et une femme au foyer ? Ma tante a emporté notre seule richesse, une machine à coudre Singer. Mes songes me conduisent de plus en plus souvent à travers ma ville natale, sur les quais du canal Obvodny, la perspective Nevski, devant les galeries Gostiny Dvor aux devantures carbonisées et masquées de planches. Parfois, je me vois courir à la fac par le quai Toutchkova, passant devant des barges à demi coulées sous des cargaisons de bois de chauffage. Je m'enfile dans le grand couloir au moment même où retentit la sonnerie, de plus en plus stridente... Mon expédition aurait-elle trop duré ? Je ne me vois pas quitter la toundra. Récemment, Rinto m'a confié ses inquiétudes : il n'a personne à qui transmettre ses connaissances et ses pouvoirs de chaman. Tanat est trop jeune, il manque de profondeur. Roltyt est bête, avide, jaloux. Quelle justesse d'appréciation ! Le sourire aux lèvres, sur le ton de la plaisanterie, il m'a dit qu'il me léguerait volontiers ses dons de chaman. Comme j'objectais que j'étais une femme, il m'a répondu que cela n'avait pas d'importance et que lui-même tenait sa vocation de la femme chaman

Guivèvnèou qui était de sa famille. A l'en croire, une femme chaman jouit même d'un certain avantage. "Elle est plus concentrée et moins sollicitée par le dur labeur des hommes." Cela mérite bien, au nom de la science, que je poursuive cette expérience. Quelle sensation internationale, en revanche, quand je ferai mon rapport d'étude sur l'essence du chamanisme, et que la communauté savante découvrira la vérité dans la bouche d'un chercheur ayant lui-même été chaman ! Ma gloire éclipsera celle de Margaret Mead, de Mikloukho-Maklaï, de Bogoraz, de Boas et de tous les autres qui ont analysé les choses sous un angle exclusivement spéculatif sans les avoir vécues dans leur propre chair... Ma seule inquiétude est que le pouvoir soviétique peut tout casser s'il nous assigne à un kolkhoze. Commencera alors une époque d'instruction coercitive, de dénonciation des coutumes anciennes en tant que "survivances d'un passé obscur"... L'acculturation va déjà grand train dans les zones côtières, et donne naissance à une sorte de monstre hybride.

Rinto aimait regarder Anna en train d'écrire. Il avait l'impression d'assister à l'accomplissement d'un miracle par des mains humaines : des pensées se coulaient sur le champ blanc d'un papier et s'organisaient en rangs serrés et réguliers. Elles pouvaient se réincarner en mots à tout moment. Mieux encore : cette réincarnation aboutissait même par la bouche d'une tierce personne. Il semblait parfois que la main d'Anna avait du mal à suivre le flot des mots, ou bien qu'elle trébuchait, cherchait la bonne parole dans le tréfonds de la raison. A ces instants le visage d'Anna paraissait incroyablement inspiré, comme illuminé de l'intérieur. Et si Rinto lui demandait de lui apprendre à écrire ? Il pourrait alors fixer sur le papier tout ce qu'il savait, ce qu'il avait appris des anciens, ce qu'il avait découvert... Quel dommage, quelle tristesse que, faute de savoir écrire, son expérience soit condamnée à ne vivre que dans sa mémoire pour disparaître à sa mort en même temps que lui ! Que de choses les Tchouktches avaient-ils ainsi perdues depuis qu'ils existaient sur terre !

Rinto fumait, sans toutefois y puiser le plaisir habituel : c'était la peur de se retrouver sans tabac qui l'avait poussé à envoyer ses fils au village. Si le campement avait été localisé, il s'en était rendu lui-même coupable.

Anna Odintsova ferma son cahier et leva les yeux sur son beau-père en souriant.

— Toujours en train de me regarder écrire ?

— Je me demande combien d'années il faut pour apprendre à écrire aussi vite...

— Combien de temps a mis Tanat ?

— En deux ans il écrivait déjà le tchouktche d'une main alerte... Pour apprendre en russe, il a fallu plus de temps, à l'internat. Il a eu un bon maître : Lev Vassilievitch Belikov connaissait notre langue, mais un peu moins bien que toi. Il n'y a pas de différence entre ton parler et celui d'un vrai Tchouktche. Si je ferme les yeux, je n'entends plus aucune distinction. Tandis que chez Belikov, on sentait le parler d'un tanguitan. C'est bien de connaître les deux langues.

— Connais-tu une autre langue que le tchouktche ? demanda Anna.

— Un peu l'esquimau, mais laborieusement. Guivèvnèou, elle, pouvait s'exprimer à la fois dans le parler de Naoukan et d'Ounazik.

— D'où savait-elle tant de choses, en femme de la toundra qu'elle était ?

— Elle avait longtemps vécu sur la côte, beaucoup voyagé et même passé plusieurs années sur l'autre rive du détroit de Béring. Telle était la coutume. Autrefois, nous avons beaucoup guerroyé contre les Aïvanalines*. La raison de la guerre, personne ne la connaît. Presque chaque année, plusieurs canoës de combat armés de javelots, d'arcs et de flèches partaient

* Aïvanalines, ethnonyme tchouktche des Esquimaux.

pour la rive américaine et Sivoukak. On se battait, on égorgeait les hommes, on enlevait les femmes et les enfants qu'on réduisait en esclavage. Tels étaient les Tchouktches. Et ce pendant des années. Un jour, des hommes ont eu assez de sagesse pour décider d'en finir. Trop de sang avait été versé. L'océan était grand, le détroit, large, la toundra, infinie. Il y avait suffisamment de place pour tout le monde. Alors, pour empêcher toute mésentente, la décision a été prise d'envoyer des jeunes gens en Kygmin*, à Sivoukak ou ailleurs sur la rive américaine ; à l'inverse, ceux d'en face venaient chez nous, apprenaient notre langue et nos coutumes. Comme nous étions toujours les uns chez les autres, personne n'osait plus attaquer. Et la paix s'est installée entre le détroit de Béring et la péninsule de la Tchoukotka, une paix qui a duré jusqu'à ce que les bolcheviks arrivent en disant que ceux d'en face appartenaient à un autre Etat, et que cet autre Etat nous était hostile. Mais qu'avions-nous à faire de leur Etat ? Les tanguitan de là-bas n'étaient pas installés depuis plus longtemps que ceux d'ici. Eux aussi avaient apporté leurs coutumes. Ils mettaient un zèle particulier à imposer leur foi. Guivèvnèou disait que Dieu était le même pour tous mais que les peuples avaient différentes manières d'aller jusqu'à lui et de lui parler. Or les autres ont dit : Non, il n'y a que Jésus-Christ qui compte, et croire en lui est la seule foi qui vaille. En vérité, ils se battaient pour leur espace sous prétexte de Dieu. Il est sans doute là-haut, dans les cieux, assis sur son nuage. Il doit bien rire de voir l'humanité aussi bête…

— Au lieu de rire, dit Anna, il ferait mieux de faire entendre la raison aux hommes.

— C'est bien ce qu'il fait, répliqua Rinto, mais nous sommes de vrais gamins devant Dieu. Il ne rit pas méchamment, plutôt gentiment, comme nous le faisons devant des gamins espiègles.

* Nom tchouktche de l'Alaska.

— Mais pourquoi tolère-t-il tout ce mal ? Sais-tu combien d'hommes sont morts pendant la dernière guerre ? Des millions ! Ça représente plusieurs milliers de peuples comme celui des Tchouktches !

— Ce n'est pas Dieu, mais le Diable, les Forces maléfiques, répondit Rinto. Si les hommes à force de bonnes actions aidaient toujours Dieu à surmonter le Diable, tout serait différent…

A converser avec Anna, Rinto voyait combien elle était un être réfléchi. Quelques jours plus tard, cette discussion mémorable lui occupait toujours l'esprit. Il y songeait au milieu de son troupeau, quand il prenait la relève de ses fils qui se retiraient sous la yaranga pour s'y reposer et sécher leurs habits mouillés, il y songeait aussi dans le blizzard quand il fallait se nicher au creux d'une congère, il y songeait même par les nuits étoilées les plus limpides où la vie céleste apparaissait dans tout son éclat, masquée sous les traits des constellations, gîtes des Dieux grands et petits et de la Force insoupçonnée de Celui qui seul maîtrise l'univers par sa puissance. En contemplant les myriades d'étoiles scintillantes, Rinto sentait parfois cette Force s'insuffler en lui, qui lui faisait mesurer sa propre petitesse. Il s'en remettait difficilement. Il enviait ceux qui vivaient au jour le jour, qui goûtaient à la joie sans se poser de questions, et qui, dans les instants de tristesse, s'empressaient d'en finir avec la cause de leur contrariété pour oublier au plus vite.

Et s'il transmettait à Anna les fruits de son expérience ? N'était-il pas stupide de considérer que ses origines de tanguitan pouvaient l'empêcher d'accéder à la sagesse de la communion avec les Dieux ?

Toutefois, pour devenir chaman, il fallait traverser des épreuves d'une rudesse indicible ; et se forcer à se surpasser, à surmonter son propre moi…

Anna Odintsova ne pensait plus à sa fille. D'une façon générale, elle était devenue plus distante. Elle souriait moins. Même ses yeux s'éclairaient moins souvent de leur éclat d'autrefois. Elle ne se métamorphosait qu'une fois plongée dans son cahier, transfigurée, illuminée de l'intérieur.

Depuis qu'Arento était parti, Rinto éprouvait de nouveau un sentiment de solitude.

La seule qui paraissait toujours heureuse était Katia. Heureuse, en effet, elle l'était ! Tous ses buts avaient été atteints. Elle était devenue l'épouse de l'homme qu'elle aimait, et auquel on l'avait destinée dans le respect de la coutume. Elle lui avait donné un fils. Tanat la préférait au lit et n'en faisait pas un mystère. Elle avait donc vaincu une femme tanguitan. Ce sentiment remplissait son petit cœur de fierté.

Assises en vis-à-vis dans le tchottaguine, les femmes cousaient. De temps à autre Katia s'interrompait pour donner le sein à son fils, puis reprenait sa place sur son rondin et se remettait au travail. Les aiguilles polygonales achetées à Ouelen auprès de visiteurs américains venus d'en face piquaient bien les peaux. Un point de couture ferme et régulier rattachait les pièces d'une future koukhlianka taillée par Vèlvounè. La tête penchée sur son ouvrage, Anna attrapait entre ses belles dents blanches, pointues et bien plantées, l'extrémité torsadée d'un fil de tendons de renne. Parfois, elle levait les yeux pour voir Toutril téter goulûment le sein brun et gonflé de sa mère et ne pouvait s'empêcher de sourire. Alors le cœur de la mère s'emplissait de bonté à l'endroit de cette femme qui désormais n'était plus sa rivale.

— Tu sais, dit Anna, il existe des machines capables de coudre toutes seules.

— Oui, j'en ai déjà vu à Ouelen, répondit Katia, mais la machine ne peut piquer ni les fourrures ni les peaux, seulement le tissu.

Anna oubliait souvent non seulement que Katia savait lire et écrire, mais qu'elle possédait à sa manière une certaine expérience de la vie en dépit de son jeune âge. Elle accomplissait toutes les tâches de la vie du camp : monter et plier une yaranga, un polog, coudre n'importe quel type de vêtement… Elle connaissait les plantes, celles qui servaient à la nourriture et celles qu'on récoltait en automne à des fins médicinales, elle cuisinait, surveillait la lampe à huile et entretenait une flamme régulière qui ne charbonnait pas – chose qu'Anna n'obtenait que laborieusement –, reprisait les habits avec soin, chiffonnait les peaux pour les assouplir, tannait le cuir à l'urine, à la bouse de renne, le teintait à l'ocre récoltée en été... tout un savoir-faire accumulé depuis la petite enfance et assimilé au quotidien. Katia avait remarqué que son amie ne répugnait pas à se décharger sur elle de certains travaux rébarbatifs. Ce qu'elle lui pardonnait volontiers avec la grandeur d'âme des vainqueurs. La seule chose qui la troublait et lui inspirait une forme de jalousie, c'était l'attention privilégiée que Rinto attachait à l'aînée de ses deux belles-filles. Cette fois encore, rentrant de la toundra et secouant la neige de ses torbaz, le chef allait prendre place sur le rondin du petit polog pour engager la conversation avec Anna. Il la questionnait sur le grand guide Staline.

— J'ai vu son portrait. A y regarder d'un peu près, je n'ai rien trouvé de spécial. Moustache épaisse, cheveux noirs, regard fixe un peu fuyant. Son maître Karl Marx, c'est autre chose. Beaucoup plus imposant. Une bouche si poilue qu'on se demande comment il arrivait à manger ! C'était sans doute très salissant...

— Peut-être, mais il se lavait, commenta Anna. Il était d'origine allemande.

— Comme Hitler ?

Anna opina.

— Rien d'étonnant, fit Rinto songeur. Chez vous aussi, les voyous, les voleurs et les escrocs commencent à proliférer.

— Il y en a toujours eu, remarqua Anna.

— Il y en avait moins avant ! dit Rinto d'un ton péremptoire. Dès qu'on peut jouir de quelque chose sans effort, il y a quelqu'un qui en profite. Autrefois, ce n'était pas comme ça. Sur la côte, par exemple, ne mangeaient que ceux qui chassaient. Les paresseux souffraient de la faim. Au bout d'un moment, bien sûr, ils se mettaient à chasser d'eux-mêmes. Je ne parle pas des malades, des vieillards, des impotents et des petits enfants... Dans la toundra, c'était la même chose. L'égalité ne peut exister que dans la nourriture. Et encore ! il y a des goinfres, des petits mangeurs... Si tout le monde était pareil, quel sens aurait la vie ? Il suffirait alors d'une seule personne sur terre. Non, c'est absurde...

Quand Katia s'en alla nourrir et coucher le petit, Rinto s'approcha d'Anna et lui demanda à mi-voix :

— Es-tu prête à te soumettre à l'épreuve ?

Anna marqua un temps de silence, comme figée par le souffle glacial d'un mystère insondable. De ses incisives acérées, elle mordilla un fil de tendons, le glissa dans le chas d'une aiguille et dit :

— C'est à toi de décider. Ce n'est pas la première année que nous passons ensemble... Que je sois une tanguitan ne te gêne pas ?

— A vrai dire, si, un peu, avoua Rinto. Pour cette raison, je voulais savoir une chose : prêches-tu la foi orthodoxe des Russes ? Crois-tu dans le Dieu russe ? Je te pose la question parce qu'il y a beaucoup de gens qui disent ne pas croire, mais qui croient au fond d'eux-mêmes. As-tu accompli des rites ?

Du brouillard de l'enfance jaillit le souvenir d'une scène d'église : l'éclat des cierges, l'odeur épaisse de l'encens et des corps humains en sueur, un chant lancinant empli de peine et de quête. Qui l'avait conduite là ? Elle ne s'en souvenait plus. Peut-être sa mère ou quelqu'un de la famille. Mais elle n'avait pas oublié la mise en garde qu'on lui avait soufflée dans le creux de l'oreille : Tu n'en parles à personne ! Avait-elle été baptisée ? Sans doute que oui. Elle-même ne se le rappelait pas et il n'en avait jamais été question chez elle. On ne gardait pas d'icône à la maison. Juste un portrait du maréchal Vorochilov, jeune encore, les yeux souriants, avec une fine moustache bien taillée.

— J'ai dû accomplir le rite du baptême mais je ne crois pas en Dieu, répondit Anna. Par mon éducation et mes convictions, je suis athée, ce qui signifie incroyante. C'est ainsi que j'ai été éduquée à l'école et à l'université. Et j'ai lu des dizaines de livres qui niaient l'existence de Dieu… Mais cela ne veut pas dire que je ne soupçonne pas la présence d'une Force supérieure. Il y a trop de choses invraisemblables qui ne s'expliquent que par son existence.

Rinto se souvenait du récit des anciens sur la façon dont les popes avaient baptisé les gens de son peuple. Chacun recevait un cadeau : la chemise du baptême et une petite croix métallique au bout d'un lacet, qu'on pouvait transformer facilement en hameçon. Beaucoup se faisaient baptiser plusieurs fois pour avoir la chemise et la croix : rien ne ressemblait plus à un Tchouktche qu'un autre Tchouktche pour un pope de passage bien incapable de les distinguer entre eux !

— Mais les choses que je veux te transmettre, tu ne pourras les comprendre que par la foi.

— Ne t'arrive-t-il jamais de douter toi-même ?

Rinto se tut. Il regardait la flamme qui dansait sur des branches mortes d'arbres nains.

— Ne doute pas celui qui ne pense pas, articula-t-il lentement. A vrai dire, je n'aurai fait que douter toute ma vie durant… Il n'y a que Lui qui connaisse la vérité en dernière instance. Il arrive que je me persuade de toucher la vérité, mais souvent ma détresse est telle que je ne crois plus en rien… Je n'ai pas su sauver ta fille.

— Les Russes disent : Dieu donne, Dieu reprend.

— Mais une mère sera toujours inconsolable, même s'Il vient lui dire en personne : Je reprends la vie de ton enfant.

— Peut-être qu'Il n'est pas venu en personne parce qu'Il savait pertinemment que je ne lui rendrais pas mon enfant.

— Qui sait, dit lentement Rinto. Puis, après un long silence : Ce soir, dès que la lune se montrera, rends-toi au pied du versant est.

Quand elle eut fini de vaquer aux affaires du ménage, Anna enfila un kèrkèr de fourrure au large col et sortit de la yaranga. La pleine lune paraissait suspendue dans le silence de la toundra, éclipsant les étoiles et baignant les étendues neigeuses d'une lueur blanche et macabre. Le crissement de la neige sous les semelles de peau portait loin. Rien d'autre que ce bruit ne semblait exister dans la nature.

Rinto était là, immobile, qu'on aurait pu prendre pour un piton rocheux surgi là par hasard. Les gens du campement désignaient le site par l'expression "la Foule de pierre". Rinto s'avança. Anna vit qu'il était vêtu de la tête aux pieds d'une tunique de peau qu'il n'enfilait d'habitude qu'à l'occasion des grands sacrifices. De longues franges de phoque lui ornaient la poitrine. La fourrure d'un glouton blanc lui pendait dans le dos.

Anna sursauta quand elle entendit la voix étrangement changée de son beau-père :

— Approche, place-toi près de moi.

Il chantonnait à mi-voix de ces airs qui endorment mais qui n'ont rien d'une berceuse. Quand il parlait, bizarrement, la mélodie vibrait encore et parfois même s'accentuait, comme si elle venait de l'extérieur. Elle domptait, écrasait toute volonté.

Une étrange sensation s'empara d'Anna. Elle avait bien devant elle le Rinto qu'elle connaissait. Mais, d'un autre côté, elle ne l'avait jamais vu dans cet état. Ses yeux brillaient plus fort que la lumière blanche et fantomatique qui, ce soir-là, mêlait ses éclats à la brillance d'une neige immaculée. La faiblesse et le vertige la gagnèrent. Elle se rapprocha lentement de Rinto.

— De grandes souffrances guettent celui qui consent à rejoindre la confrérie des ènènyliyn capables de conduire l'homme en son nom et pour son bien, clama Rinto avec des mots solennels, rares dans le langage de tous les jours. Celui qui devient chaman met son corps et son âme à l'épreuve. Ton corps est endurant, Anna. Mais ton esprit l'est-il dans une égale mesure ? Je te pose la question, Anna.

— Je ne sais pas, bredouilla-t-elle d'un souffle à peine audible.

Sa conscience paraissait se voiler de brume et sa propre voix résonnait du dehors, comme un écho.

— Sauras-tu endurer des choses inacceptables pour le commun des mortels ?

Elle acquiesça. Quelque chose tintait à ses tympans. Sa tête n'était pleine que de rayons de lune et d'une étrange musique.

— Enlève ton kèrkèr !

Odintsova, docilement, fit tomber de ses épaules le haut du kèrkèr, se dénudant le torse. Elle ne sentit pas le froid, malgré la force du gel. Rinto s'approcha et tira l'habit d'un coup sec qui, cette fois, tomba aux pieds de la jeune femme. Elle était nue maintenant devant son beau-père. Dans la toundra, naturellement, personne ne portait de linge de corps. Il y avait belle lurette qu'elle ne savait plus ce qu'était une culotte ou une combinaison.

Rinto coucha précautionneusement la femme sur son kèrkèr étendu à même la neige, releva le bord inférieur de sa longue tunique de peau, dénoua un cordon de tendons de renne, baissa son pantalon et, brutalement, comme avec la lame d'un couteau, il la pénétra. Anna cria de surprise et de douleur : elle avait de son beau-père l'image d'un vieillard, et voilà qu'il faisait preuve d'une virilité encore intacte ! Mais le plus étrange était qu'à la place d'un sentiment dévorant de honte, elle éprouva une indicible volupté qui envahit tout son être. Jamais encore elle n'avait connu un tel mélange de sensations, de douce affliction et de passion totale. Peut-être même perdit-elle connaissance car elle se réveilla grelottant de tout son corps dans le froid. Rinto l'aida à se relever et à enfiler son kèrkèr.

— Mais qu'as-tu fait de moi ? articula-t-elle à travers un frisson avant de s'abandonner aux sanglots qui lui montaient à la gorge.

— Si tu es passée par là, dit-il doucement, c'est que tu seras capable d'endurer tout le reste.

— J'aurais préféré que tu me tues ! Comment vivre après ça ? Comment regarder Tanat et les autres dans les yeux ?

— Tu dois vivre et regarder les autres dans les yeux… C'est facile de tuer quelqu'un. Peut-être même que ça t'arrivera un jour, par nécessité, et alors tu repenseras à ce que je viens de te dire. Un ènèny-liyn doit toujours se tenir prêt à faire ce qu'un autre ne peut. A condition qu'il soit élu par les Forces supérieures… Rentrons maintenant, ou tu vas mourir de froid.

Choquée, le corps en proie à un violent tremblement, Anna n'en gardait pas moins l'esprit clair. Elle observa un changement dans la voix de Rinto : maintenant, il parlait comme à son habitude. L'étrange mélodie s'était dissoute dans le silence de la pleine lune.

Mais avant d'entrer dans la yaranga, Rinto dit :

— Il y aura d'autres épreuves… Mais tu viens d'endurer la pire. Les autres seront plus légères…

— A quoi bon tout cela ? gémit Anna.

— Tu l'as voulu toi-même.

Dix jours passèrent. Chaque fois qu'Anna repensait à la soirée de pleine lune, un violent désir s'emparait d'elle, aussi lancinant qu'un abcès, auquel se mêlait une langueur inattendue. Elle mobilisait toutes les forces de son âme pour dompter la révolte qui montait du tréfonds de son être. Elle s'occupait, se jetait sur n'importe quelle tâche, soignait Toutril, ramassait du bois, arrachait des branches récalcitrantes à des arbustes prisonniers dans la neige. Rinto l'observait, le regard en coin, vif, acéré, pénétrant. A plusieurs reprises elle sortit son journal mais ne put y tracer la moindre lettre.

Un soir, avant de dormir, Rinto lui tendit un pot d'écorce empli d'un liquide fétide qui puait l'urine.

— Bois, dit-il doucement.

Etonnée de sa propre docilité, Anna avala le contenu du pot. Contre toute attente, le breuvage resta dans son estomac. Bientôt elle se sentit la proie d'une somnolence envahissante. A ses oreilles résonna de nouveau, mais de plus en plus douce, la mélodie du soir de pleine lune. Anna eut le temps de remarquer qu'on la couchait dans un coin du polog parental.

Ce n'était pas un rêve, bien sûr. Un rêve ne pouvait être aussi coloré, détaillé, plein de bruits et d'éclats lumineux. Un rêve, surtout, avait la propriété de se perdre dans l'oubli à l'exception de quelques bribes. Elle éprouva d'abord la sensation de voler. Une sensation si réelle que les bords des nuages lui fouettaient le visage comme des pièces de linge mouillées étendues au vent, laissant sur la peau des marques humides et rouges. Ça faisait mal. Très vite, pourtant, elle s'éleva. Entre les étoupes nébuleuses se profilait la surface verte de la terre. Son père et sa mère apparurent d'un coup, là, tout près d'elle. Ils regardaient leur fille sans la moindre marque de surprise, comme s'il devait en être ainsi. Anna elle-même n'avait pas douté un instant de la réalité de ce qu'elle était en train de vivre. Ses parents planaient. De toute évidence la rencontre n'avait pas lieu sur terre, mais plutôt dans le monde où ils étaient partis, emportés par la famine, à Leningrad, dans le terrible gel de l'hiver quarante-deux. La maman considérait sa fille avec des yeux pleins de larmes. Elle dit soudain : "Tu es devenue une vraie Tchaoutchouvanaou à présent." Son père opinait : "Le kèrkèr de fourrure te va bien. Te sens-tu bien là-bas ? – Oui, très bien, répondit Anna. Je vais devenir une ènènyliyn. – Crois-tu vraiment ? dit son père dubitatif. Tu as pourtant été baptisée. Ta grand-mère t'avait conduite à notre insu à la cathédrale Saint-Vladimir." Puis ses parents disparurent et Anna se vit errant le long du canal Obvodny du côté de la gare de Moscou. Au buffet de la gare travaillait sa tante Olia qui, parfois, donnait des miettes et des quignons à sa nièce affamée. Cette fois encore, tante Olia lui tendit la main avec quelques miettes et lui dit : "Voilà, ma petite, il n'y a plus de pain. – De toute façon, je ne mange plus de pain maintenant, répliqua Anna joyeuse ; dans la toundra, on s'en passe. Je suis devenue une véritable Tchaoutchouvanaou et peut-être même que je vais devenir une ènènyliyn…" Soudain, Anna se vit entourée de plantes exubérantes aux feuillages luxuriants. D'épaisses racines sortaient de terre et s'enchevêtraient dans ses jambes. A y regarder d'un peu plus près, elle vit que ces "végétaux" n'étaient autres que de gigantesques attributs virils aux ogives brillantes comme des casques de métal. Elle y faisait péniblement son chemin, trébuchait, tombait, cherchait désespérément à sortir à l'air libre. Puis ces visions insolites cessèrent et Anna vit sa fille Toutynè. La petite marchait pieds nus sur des nuages dont les blanches étoupes se déposaient en duvet soyeux entre ses orteils roses et minuscules. Elle est morte sans avoir eu le temps d'apprendre à tenir sur ses jambes, songea Anna aussitôt illuminée d'une joie radieuse : depuis le temps qu'elle avait quitté la vie, l'enfant savait sûrement marcher et même parler maintenant. La fillette en effet lui tendit ses deux menottes et lui dit de sa petite voix haut perchée : "Comme je suis bien ici, maman…" Anna voulut la prendre dans ses bras mais ses mains la traversèrent comme un nuage. Toutynè s'éleva dans l'air. Sa voix fluette se mit à tinter : "Maman, retourne d'où tu viens ! Tu ne peux pas rester ici trop longtemps !" Elle s'évapora dans les nues, ne laissant d'elle que le tintement de sa voix délicate qui vibrait comme un moustique, cependant que sa mère, réjouie, se posait l'étrange question de savoir si elle lui avait parlé en russe ou en tchouktche… Les images défilaient. Les nuages disparurent, de nouveau surgirent des phallus géants qui éructaient un liquide blanc visqueux. Il lui coulait sur le visage et c'était désagréable.

Anna se réveillait lentement. Rinto craignait qu'elle soit tombée dans un sommeil trop profond. L'effet du vapak, ce champignon sacré macéré dans de l'urine d'homme, pouvait être néfaste. Il arrivait qu'en voyageant grâce à lui dans le Monde des Ombres, l'on n'en revienne jamais. Rinto versait de l'eau froide sur son visage blême et essuyait les gouttes qui coulaient derrière ses oreilles. Mais Anna respirait. Certes, sa poitrine se soulevait par à-coups et parfois même ne bougeait plus du tout. C'était alors au tour de Rinto de suspendre son souffle dans une anxieuse attente…

Enfin Anna ouvrit les yeux et demanda :

— Où suis-je ?

— Tu es ici-bas, répondit Rinto soulagé. Tu es de retour parmi nous.

— Et où suis-je allée ?

— Tu voyageais dans le Monde des Ombres, là où séjournent les morts… Les as-tu vus ?

— Oui… J'ai vu mes parents, j'ai vu Toutynè… Comme c'est étrange… Est-ce seulement possible ? N'était-ce pas un simple rêve ?

— Oui, les gens rêvent en effet de leurs proches disparus… Mais ce que tu viens de vivre, c'est autre chose. Grâce au vapak, le champignon sacré, tu es montée Là-Bas. Si les Forces supérieures t'ont ramenée dans cette vie, c'est qu'elles sont d'accord pour faire de toi une Elue…

— Comme j'ai soif, dit Anna faiblement.

— Je t'ai préparé de l'eau et du bouillon de renne.

Anna commença par boire avidement de l'eau plate, fondue à partir des glaces de la rivière, et se tourna ensuite vers le bouillon gras.

— Il n'y a pas d'eau là où tu as séjourné, dit Rinto avisé. Tous ceux qui en reviennent se plaignent de la soif.

Tout s'était passé comme prévu, à la grande satisfaction de Rinto : Anna revenait bien de Là-Bas. Sa soif inextinguible en était une preuve éclatante.

Lui-même y était allé plus d'une fois, bien qu'il soit devenu prudent avec les années : la défunte Guivèvnèou l'avait prévenu qu'il ne fallait pas abuser de ces voyages parce qu'ils détruisaient les hommes et risquaient de les emmener si loin qu'ils choisissaient alors de ne plus revenir ici-bas et de s'installer définitivement dans le Monde des Ombres.

Anna Odintsova mit deux jours à se remettre au cours normal des choses.

10

Anna ne put rouvrir son journal que deux semaines plus tard, encore fut-ce au prix de gros efforts. Elle réfléchit longtemps avant de tracer les premiers mots sur une page blanche de son cahier :

Sauf erreur de ma part, nous sommes en janvier quarante-neuf. Il y a longtemps que j'ai perdu le compte des jours et des mois. Mais à voir la lumière s'intensifier ces derniers jours, il paraît certain que décembre est passé. Ce que j'ai vécu ce dernier mois a chamboulé mon existence. Je crains d'être devenue une autre. Je manque de forces et de mots pour décrire l'expérience que je viens de vivre. A quoi bon ? Et pour qui ? Je ne me vois pas dans la grande salle de conférences du musée d'Ethnographie de Leningrad en train de raconter du haut d'une tribune ce que Rinto a fait de moi… D'abord, il y a peu de chances qu'on me croie. Ensuite, à quoi cela servirait-il ? Ah ! comme les investigations prétendument scientifiques semblent insignifiantes et dérisoires après cela ! La vraie motivation des chercheurs ? L'orgueil et l'ambition, même s'ils ne veulent pas le reconnaître à voix haute ! Ces études ne donnent rien à ceux qui s'y consacrent, quand bien même ils affirmeraient, péremptoires, qu'elles contribuent à l'enrichissement des connaissances humaines. Et après ? Les recherches de Mikloukho-Maklaï n'ont pas ajouté un gramme de compréhension ou d'estime à l'égard des malheureux Papous. La seule conviction acquise fut celle qu'ils étaient des êtres humains... mais pas tout à fait semblables aux Européens et aux autres spécimens du monde civilisé. Les Européens n'ont qu'une pensée : instruire, civiliser, inculquer les manières et les habitudes de l'homme moderne, cet "être de culture". Ce n'est là rien de plus que le désir d'un dresseur d'apprivoiser un animal exotique. Oui, c'est bien cela ! Du chamanisme, on ne souligne que le côté rituel, costumé. La sauvagerie ! Une sauvagerie terrifiante, débridée, qui brise toutes les convenances ! Et personne n'a voulu y voir un fond d'humanité, la volonté de préserver l'homme des forces maléfiques, de conjurer celles qui, de naissance, se nichent en chacun de nous... Je fais aujourd'hui ce constat : tout ce que j'ai consigné dans ce journal en essayant de systématiser les choses et de les comprendre, c'est du vent !... Pourquoi j'écris quand même ? Pour m'épancher. Même Rinto, le seul qui soit capable de m'entendre jusqu'au bout, ne se révèle pas toujours en mesure de suivre mes pensées. La raison en est que mon mode de pensée reste marqué par les séquelles de ma culture passée, par des considérations pseudo-scientifiques. Margaret Mead, par exemple, s'est-elle imaginée une seule seconde en train de faire un rapport d'étude aux doyens des îles Samoa plutôt qu'à l'éminent professeur Franz Boas ? Ils l'auraient prise pour une folle ! D'ailleurs, à coup sûr, ils la tenaient pour telle ! Pouvaient-ils la traiter autrement quand elle posait ses questions saugrenues sur les choses les plus évidentes auxquelles les gens normaux ne songeaient guère ? Même condescendance à mon égard, dans la yaranga, en réponse à mes explications maladroites sur le pourquoi de mon journal : avec ses manières de tanguitan, que voulez-vous... Ça lui passera tôt ou tard, avec le temps elle deviendra comme nous... Peut-être bien que je le suis devenue, en effet. Le déclic, ce fut mon premier doute quant à l'utilité de mes travaux prétendument scientifiques dans le campement de Rinto.

Le soleil montait déjà haut dans le ciel. Il y avait parfois des journées si douces, ensoleillées, sereines, qu'on aurait cru le printemps arrivé. Ces journées-là persistant, les pâtres pouvaient souffler un peu et passer plus de temps au camp près de leurs femmes, de leurs enfants. S'il y avait eu la peur d'être repérés, la vie aurait ressemblé à une véritable idylle.

Ce soir-là Rinto frotta longtemps son tambour avec de la neige, le porta au feu, le tapota doucement, pour le tester, l'oreille attentive à ses sons renaissants après une longue somnolence. Il demanda qu'on laisse les polog dehors pour faire plus de place à l'intérieur de la yaranga.

Il n'y avait rien de spécial à célébrer mais tout le monde savait que Rinto s'apprêtait à chanter et à danser. A cette occasion on saigna un renne. On prépara un bon repas. De la viande fraîche, bien sûr, mais aussi une panse de renne farcie de graisse et de viande hachée, un peu comme de la saucisse. Sans oublier, naturellement, les os à moelle.

Quand on eut bien festoyé et bu le thé avec le sucre, Rinto s'installa sur son rondin et prit son tambour. Il commença par une mise en condition timide, chantonnant pour lui-même, effleurant à peine de sa baguette en fanon de baleine la peau d'estomac de morse bien tendue de son instrument, traitée spécialement à cet effet. Les enfants l'accompagnaient à voix basse. Quand leur grand-père donna de la voix et que le son du tambour s'amplifia, ils s'avancèrent au centre du tchottaguine et se mirent à danser gauchement. Seule la fille aînée de Roltyt se mouvait comme une vraie danseuse et laissait paraître, même à travers son grossier kèrkèr, les formes gracieuses et déjà mûres de son corps de jeune femme.

D'un geste Rinto fit venir Anna et lui donna un tambourin de moindre grandeur. Elle avait toujours aimé la musique, ayant même fait partie en son temps du chœur de l'université. Aussi n'eut-elle aucune peine à s'accorder à la cadence de Rinto. A Ouelen, près de la Pierre sacrée, elle s'était déjà initiée à l'univers du chant tchouktche. Rinto surveillait sa belle-fille du coin de l'œil et l'invitait en silence à le suivre. Vèlvounè donna l'exemple. Elle possédait une voix superbe, étonnamment aiguë. Anna dut descendre d'une octave, mais le chant n'en prit que plus d'ampleur. Rinto esquissa un sourire approbatif. Les chants tchouktches ne brillaient guère par leur verve, l'essentiel étant le rythme et la danse. Celui-là célébrait la rencontre d'un renne mâle sauvage avec une femelle domestique.

Moi le mâle des toundras sauvages
A toi me suis frotté
A toi me suis frotté
Moi le mâle des toundras sauvages

Ces deux vers se répétaient indéfiniment mais l'essentiel tenait moins dans le sens des paroles que dans le jeu de la rencontre mimée par Katia et Tanat, en pleine pâture. Tanat secouait légèrement la tête comme pour s'habituer à l'immense ramure de ses bois de renne sauvage. Subrepticement, il s'approchait de Katia. Elle paissait tranquillement et faisait mine de ne pas le voir, mais tout en elle trahissait un langoureux besoin d'amour. Tanat-le-renne, puissant, intrépide, sauvage, ne s'en tenait pas moins sur ses gardes : le troupeau pouvait fondre sur lui à la rescousse de sa congénère. Quand Rinto se fut assuré qu'Anna maîtrisait bien la musique et les paroles, il confia le tambour à Roltyt qui révéla une belle voix de basse. Vèlvounè et Rinto entrèrent alors dans la danse qui se poursuivit à quatre. Anna se livra entière. Elle frappait le tambourin et chantait avec ferveur, poussant même des cris d'encouragement à l'endroit des danseurs. Enfin, n'y tenant plus, elle abandonna l'instrument dans les mains de Rinto essoufflé par la cadence endiablée de la danse et entra elle-même dans la ronde. Roltyt surgit devant elle. Agitant son invisible ramure avec des airs lubriques, le tyrkyliyn sauvage chargeait la femelle timorée ou s'en écartait par bonds farouches, cherchant ensuite à la saillir par-derrière. Anna avait assisté à de nombreux accouplements. Elle devina le manège de Roltyt et s'arrangea pour ne pas présenter sa croupe au mâle entreprenant. Mais le tyrkyliyn se montra plus adroit et plus rusé qu'elle. Sans qu'elle comprît comment, il se retrouva derrière elle et la couvrit. De Roltyt émanait une odeur forte d'homme en sueur et plein de désir. Ses efforts pour monter la femelle allaient plus loin que la danse et signalaient une véritable soif de possession. Anna ne put l'esquiver. Elle se sentit effleurée par une tumescence virile aussi dure qu'une pierre et lui offrit inconsciemment sa croupe, pétrifiée, dans la position exacte où se donne une renne prête à recevoir la semence.

Puis les enfants se mêlèrent de nouveau aux adultes, mais Anna, troublée, se sentait toujours dévorée des yeux par Roltyt.

Le lendemain matin, le campement fut réveillé par le hurlement d'un avion. De ses ailes pointues comme des couteaux, l'oiseau de fer semblait vouloir toucher le sommet des yaranga, des rochers et la crête crénelée des montagnes. Rinto sortit d'un bond, vêtu d'un seul caleçon de fourrure. Effarouché, il vit l'avion faire demi-tour dans le ciel et foncer droit vers lui. Il se laissa choir dans la neige, les paupières contractées, la tête dans les épaules. Il sentit alors le souffle chaud de l'engin ailé qui s'enfila en vrombissant dans la vallée, reprit de la hauteur, vira de bord et, une fois de plus, fondit sur lui. Une chose était sûre : ceux qui volaient à l'intérieur de la machine distinguaient parfaitement les hommes au sol, connaissaient leur peur et cherchaient à les effrayer davantage encore. Rinto se retira dans le tchottaguine. Face à l'oiseau de fer, il n'y avait point de salut. Il en était conscient. La seule raison d'espérer restait l'incapacité de l'avion d'atterrir dans une vallée aussi étroite, courte et de surcroît escarpée. Plus à l'est, la toundra était sculptée de ravins, de congères hérissées d'arbres nains, d'innombrables lacs aux rives accidentées. Peut-être avaient-ils cherché à se poser mais, en l'absence d'endroit propice, s'étaient mis à faire peur aux gens du campement.

Enfin, l'avion pétarada une dernière fois au-dessus des yaranga en les arrosant d'air tiède, puis s'éleva et mit le cap sur l'ouest en direction d'Anadyr, la capitale du Territoire national des Tchouktches.

Rinto rejoignit son troupeau à la hâte. Ses fils rassemblaient déjà les animaux dispersés. Il y avait des rennes blessés, aux pattes brisées, qu'il fallait achever et écorcher sur-le-champ tant que leur peau encore chaude se laissait retirer. La neige rutilait de sang frais. Le soleil en rasant l'horizon y rajouta des reflets pourpres. Rinto aida à réunir les rennes, fit rapprocher le troupeau du camp, préleva une omoplate sur l'une des carcasses et s'en fut dans la yaranga en disant à ses fils :

— Nous allons migrer.

Une fois dans le tchottaguine, Rinto sortit l'omoplate de renne qu'il avait écharnée en toute hâte et la mit dans le feu. Immobile, il attendit. L'omoplate s'enfuma, brunit, crépita. Quand elle fut enveloppée d'une fumée grasse et blanche, Rinto la tira du feu avec d'épaisses moufles de renne pour ne pas se brûler les doigts, courut au-dehors et la déposa dans la neige. L'omoplate grésilla.

Oui, la décision était juste : il fallait migrer en direction de la péninsule. Les autres, dans leur oiseau de fer, le croiraient parti plus loin à travers les montagnes, au-delà des crêtes, comme sans doute Arento. Or lui, Rinto, conduirait son monde et son troupeau par d'étroites vallées où il n'y avait pas un carré de neige où poser un avion. Et si les autres tenaient tant à le rattraper, ils n'avaient qu'à venir en traîneaux à chiens plutôt que dans un oiseau de fer vrombissant.

La caravane s'ébranla bien avant l'aube dans la direction donnée par l'oracle – les craquelures creusées par le feu sur l'omoplate de renne. Rinto marchait devant, suivi de Toutril juché sur son petit traîneau de voyage, puis des autres enfants. Les femmes fermaient la marche en surveillant les traîneaux chargés de perches et de peaux, qui allaient cahotant au gré des caprices du terrain. Le troupeau filait loin devant, poussé par Tanat et Roltyt. On marquait parfois de courtes pauses pour permettre aux bêtes de se repaître un peu d'un fourrage indigent mais vierge. Les rennes devaient creuser profondément pour atteindre un lichen qui souvent paraissait n'avoir jamais été brouté.

Quand l'horizon s'embrasa de rouge, Rinto fit signe à l'arguich* de s'arrêter. Les traîneaux se mirent en cercle, ne laissant qu'un étroit passage. Au milieu, on alluma trois feux de camp. On mit l'eau du thé à bouillir. Comme toujours, le repas du soir était constitué de viande gelée pilée au mortier et de plantes marinées, conservées dans des cristaux de glace. On mangeait froid mais, après une grande tasse de thé fort accommodé d'herbes toniques, personne ne se sentait grelotter. Au contraire, tout le monde paraissait d'attaque. On avait beaucoup marché. Rinto veillait à avancer d'un pas mesuré pour ne pas fatiguer les femmes et les enfants, et pour que les rennes trouvent le temps de pâturer.

On ne planta les yaranga qu'au soir du troisième jour. Rinto arrêta son choix sur un petit vallon encaissé qui présentait une déclivité assez douce pour ne pas accumuler de neige en porte-à-faux susceptible de s'abattre d'un coup sur le camp au moindre mouvement d'air.

Rinto ficha son bâton dans la neige pour marquer l'endroit de la yaranga principale et fit venir Anna.

— Tu vas prier les Dieux.

— Mais… je ne sais pas faire, s'effraya Anna.

— Tu commenceras par répéter après moi :

O Dieux, Forces supérieures !
Gardez-nous de ceux
Qui nous poursuivent.
Mettez-les sur une fausse piste
Qui les conduise vers le sud.

* Caravane de rennes.

Anna répétait d'une élocution hésitante et s'étonnait de la simplicité des paroles. Mais la voix de Rinto qui les récitait n'était pas la même qu'à l'accoutumée.

Soudain, sa vue tomba sous l'emprise d'un étrange phénomène : elle paraissait s'être tournée du dehors vers le dedans... Ces mots des plus banals s'emplissaient d'une importance particulière. Ils s'alourdissaient. Même leur prononciation devenait plus laborieuse. Anna avait l'impression qu'elle les voyait s'envoler de sa bouche, tels de grands oiseaux blancs. Elle-même acquérait une curieuse sensation d'apesanteur. Elle avait l'impression de s'élever dans les airs. Surprise, elle baissa les yeux et vit à ses pieds ses propres torbaz aux bords saillants frangés de neige. Vèlvounè apparut avec le plat à offrandes – un petit tas de viande hachée de renne entrelardée de graisse. Anna en éparpilla des pincées aux quatre vents, puis reprit ses prières. Bientôt, sans qu'elle sût comment, elle se retrouva seule. Au loin brillait une lumière jaune qui se reflétait sur la neige par l'entrée béante de la yaranga. Elle entendait des voix d'enfants, des conversations feutrées d'adultes.

En même temps qu'elle recouvrait ses sens, une impression d'apaisement, de quiétude immense, d'amour de tous s'emparait d'elle. Des sensations lui revenaient de son enfance – son appréhension du monde, de ses nuances les plus fines, la faculté de discerner les subtilités des lumières et des couleurs, une ouïe affûtée, une vue perçante. Tout le reste lui paraissait refoulé dans un brouillard lointain et diffus. Le sentiment de renouveau et de renaissance parlait si fort en elle qu'elle dut se raisonner pour ne pas rentrer à la yaranga en sautant de joie. Elle avait envie de sourire, de prodiguer des gentillesses. En fin de soirée, quand tout le monde songea à se coucher après une journée longue et difficile, elle se mit à chantonner doucement d'abord, puis de plus en plus fort :

L'herbe a poussé sur les chemins
Où nous marchions main dans la main,
Partout l'herbe verte grandit
Sur les traces de mon chéri...

Avant la guerre, les soirs de fête, la famille et les collègues d'usine de son père se réunissaient dans la grande pièce de l'appartement communautaire, quai du canal Obvodny. Les premiers verres bus, quand les cœurs étaient chauds, on poussait la chansonnette. Sa maman commençait presque toujours par cette chanson qu'Anna connaissait depuis sa plus tendre enfance.

Rinto mit le nez hors du polog, suivi de Vèlvounè, puis de Katia. Même le petit Toutril cessa de pleurnicher, l'oreille intriguée par un chant aussi insolite. Quand Anna eut chanté le dernier couplet, Rinto dit doucement :

— Quelle jolie chanson... De quoi parle-t-elle ?

— Elle parle d'amour, répondit Anna.

— C'est une chanson très jolie, répéta Rinto. Si j'ai bien compris, les Russes ont beaucoup de chansons d'amour.

— Pour ça oui ! acquiesça Anna.

Elle cherchait dans son cœur des restes de tendresse pour Tanat et n'en trouvait pas. Ses rapports avec Rinto n'y étaient pour rien. Mais ce sentiment avait disparu comme un nuage au vent, comme une neige au printemps, tout simplement. Quand Tanat se serrait contre elle et que Katia ne pouvait pas, elle se donnait à lui comme une femme à son mari, par devoir. Tanat lui-même, à l'évidence, n'éprouvait plus la même attirance pour elle, et ne la prenait plus que par défaut.

Après quelques jours de repos, le campement se remit en route, plus avant vers le nord-est.

On ne rencontrait plus de rivières aux rives hérissées d'arbustes. Maintenant, pour trouver du bois, il fallait creuser la neige, et parfois profondément. En revanche, pas un avion. Une seule fois, un jour de beau temps, on vit pointer à l'horizon quelque chose de vrombissant qui prit la forme d'un avion, mais qui passa son chemin haut dans le ciel en direction de la baie de Gouvrèl où se trouvait le port arctique de Providenia, la Providence.

Jugeant risqué de s'aventurer plus avant dans la péninsule, Rinto se fixa sur la ligne de partage des eaux. A l'ouest se dressaient les contreforts de la chaîne d'Or. En cas de danger, on pouvait toujours se mettre à l'abri dans des gorges étroites.

Les journées rallongeaient. Le temps était parfois si clément qu'il laissait un peu de chaleur se poser sur les joues des hommes. Les visages se couvraient d'un hâle neuf, frais, plus tendre et plus charnel que celui des grands gels qui finissait par peler.

Anna fit aux Dieux ses invocations pour que le ciel protège du blizzard, des tempêtes et de la bise les femelles qui étaient pleines. Vinrent ensuite des journées maussades qui virent tomber tant de neige poudreuse et molle que l'homme y nageait plus qu'il n'y marchait.

Le plat à offrandes dans les mains, Anna Odintsova s'éloignait du campement dans la toundra. Elle portait une longue tunique de peau qui, disait Rinto, avait servi à plus d'une génération d'ènènyliyn. Son âme débordait de quiétude. Elle marchait d'un pas mesuré, paisible, de peur d'éventer un tel sentiment. A peine avait-elle clos les paupières que les incantations venaient d'elles-mêmes. Elles coulaient du fond de l'âme tout en venant d'Ailleurs, comme l'écho d'une voix supérieure à l'éphémère corps de l'homme.

"Te voilà une vraie ènènyliyn", songea Anna en regagnant la yaranga.

Elle ne souriait pas, pourtant.

11

En s'extirpant de l'avion, Atata trébucha et faillit bien plonger la tête la première dans une congère. De méchante humeur, il était prêt à déverser sa colère sur le premier venu. Mais ce premier-là ne fut autre que le camarade Otke, président du comité exécutif du Territoire national des Tchouktches, qui arrivait de Moscou.

Le bâtiment de l'aérodrome se dressait au bord de la piste qui s'étirait sur un petit plateau. C'était une construction en bois composée d'un étage unique, et surmontée d'une tourelle – la tour de contrôle. Un poêle ronflait tant qu'il pouvait dans une vaste pièce : à quelques kilomètres de là se trouvait un gisement de charbon aux qualités calorifiques remarquables, à peu de profondeur.

On y avait déjà dressé la table dans l'attente des passagers de marque : de l'alcool accompagné des spécialités locales – chair de saumon, viande de baleine, tchir* en lamelles congelées, langues de renne bouillies.

Au premier verre vidé, Otke demanda à Atata :

— Quoi de neuf sur le front de la collectivisation ? N'oublie pas que j'ai promis au Comité central du parti et au gouvernement que, cette année, les confins extrême-orientaux de la grande Union soviétique deviendraient une terre de collectivisation totale.

* Salmonidé sibérien.

— Nous avons repéré deux campements, dit Atata. L'un d'eux, apparemment, est celui de Rinto qui s'est échappé de la péninsule. L'autre, c'est celui d'Arento de la toundra de Kantchalan. Nous n'allons pas tarder à lui mettre la main dessus. Les attelages de chiens sont prêts, et le vieux n'ira pas loin avec ses rennes. Quant à Rinto, je pense que nous tomberons sur lui avant l'été.

A ce moment l'aviateur Dmitri Tymnet fit entendre sa voix :

— Rinto n'est pas un ennemi de classe. Je le connais bien. C'est le meilleur chanteur et danseur de la toundra. Quand il se mesure aux Esquimaux américains, il les bat souvent. C'est un vieil homme qui ne comprend pas ce qu'est le pouvoir soviétique. Il faudrait lui expliquer, tout simplement.

Grozine entra alors dans la conversation. Le teint jaune, les traits émaciés, le premier secrétaire du comité régional du parti était jusque-là resté silencieux, fumant plus qu'il ne buvait ou ne mangeait.

— Camarade Tymnet, comment allez-vous expliquer à votre cousin qu'il doit céder ses propres rennes à la jouissance d'une exploitation collective ? Que vous dira-t-il quand vous lui déclarerez qu'il n'est plus le maître, mais l'égal de ses journaliers pâtres ?

— Mais il n'a pas de journaliers ! répliqua Otke.

— Peut-être, mais c'est un koulak, un propriétaire, rétorqua Grozine. J'ai un rapport de l'antenne tchouktche du ministère de la Sûreté d'Etat.

— C'est un propriétaire, en effet, consentit Otke troublé par la réplique de Grozine. Pourtant, si mes renseignements sont exacts, il ne fait pas travailler de journaliers pâtres. Il garde ses rennes avec ses deux fils. Ses belles-filles aussi sont là pour l'aider. Et personne ne lui a jamais demandé s'il acceptait de devenir un simple pâtre.

— Mais il a fui ! s'exclama Grozine.

— Oui, et loin ! renchérit Atata. On ne pensait pas le trouver par là-bas. On est tombés dessus en cherchant Arento.

— Si je comprends bien, la dékoulakisation totale est pour bientôt ? demanda Grozine.

— Dans le secteur, oui, précisa Otke. Mais après les districts d'Anadyr et de la Tchoukotka maritime, resteront ceux de Markovo, des Toundras-Est et de Tchaoun.

— Quel immense territoire !... fulmina Grozine.

Atata aussi était furieux. En avion, ce jour-là, il n'avait repéré que le campement d'Arento. Celui de Rinto avait disparu dans la nature.

Que l'avion soit piloté par Dmitri Tymnet, natif d'Ouelen, satisfaisait Atata. Le garçon avait fait son baptême de l'air à Anadyr. De retour en Tchoukotka après la guerre, il s'était vu confier une Annouchka, doux sobriquet prêté à l'Antonov-2, un biplan à toute épreuve capable de se poser sur le moindre carré de terrain. Munis de patins l'hiver, il volait sur roues l'été. Les vols d'hiver étaient les moins dangereux, l'Antonov pouvant atterrir sur n'importe quelle surface enneigée. Du moins selon Atata. Tymnet, de son côté, n'avait nullement l'intention de prendre des risques. Atata pestait. Il lui citait l'exemple de Vodopianov, le fameux aviateur polaire.

— Il s'est posé au pôle Nord alors que tu n'es même pas fichu d'atterrir dans la toundra de Kantchalan ! fulminait-il en balayant le morne paysage enneigé de ses yeux perçants.

— Au pôle Nord, les choses sont claires, se défendait Tymnet. Sous la neige, là-bas, il n'y a que de la glace. Ici, il peut y avoir toutes sortes de bosses, on ne sait jamais.

Sans le dire, Atata jalousait Tymnet, cet enfant chéri d'Anadyr. Atata aussi jouissait d'une certaine estime, mais il se savait craint. Les gens redoutaient l'institution maléfique et secrète qu'il représentait.

A son retour de Leningrad, juste avant la guerre, Atata était loin d'imaginer que le sort le conduirait au ministère de la Sûreté d'Etat. Il avait passé une année de convalescence à chasser avec son père. Sa tuberculose, contractée dans une ville humide et hostile, était passée comme par miracle. Il ne toussait plus, ne transpirait plus la nuit, se sentait alerte et fort. La guerre touchant à sa fin (les troupes soviétiques se trouvaient déjà en Europe), l'on vit apparaître de plus en plus de militaires en Tchoukotka. Ils parlaient du caractère agressif et perfide d'un ancien allié, les Etats-Unis d'Amérique. Mais peu de gens acceptaient de croire, à Ounazik, que les frères, les sœurs, les cousins, les parents plus ou moins proches de l'île Saint-Laurent et de Sivoukak aient pu devenir d'un seul coup des ennemis jurés pour la seule raison qu'ils vivaient en dehors des frontières d'un Etat socialiste. Il y avait aussi des officiers qui écoutaient plus qu'ils ne parlaient eux-mêmes. Ils posaient beaucoup de questions. Les gens les plus avisés les identifièrent comme des hommes du NKVD, mais il s'avéra que l'institution avait été remplacée par le ministère de la Sûreté d'Etat.

On recrutait alors beaucoup de gens sachant lire et écrire parmi la population de souche, et capables d'occuper des fonctions pour lesquelles on manquait de Russes. On considérait en effet les recrues locales comme l'illustration la plus éclatante de la politique des nationalités menée par Staline, grâce à laquelle même des tribus aussi attardées que les Esquimaux fournissaient des responsables politiques dignes de leur temps. Atata fit donc une année d'études à Petropavlovsk-Kamtchatski, d'où il fut envoyé en stage dans le district des Koriaks. Ayant produit des preuves de dévouement et de zèle, il fut ensuite affecté en Tchoukotka. Là, il dékoulakisa brillamment l'élevage de Tonto. Qu'il y ait eu des morts fut apprécié des chefs : c'était donc que la mission avait été accomplie avec une ferveur révolutionnaire impitoyable. Et qu'Atata avait bien appris ses leçons. Grozine ne se lassait pas de répéter qu'en raison de son éloignement géographique, la Tchoukotka accusait plusieurs décennies de retard sur les régions centrales. Surtout en matière de collectivisation. Il jugeait inadmissible la présence d'"exploitations féodales" en territoire soviétique. "C'était comme s'il restait des fiefs seigneuriaux dans la région de Moscou", avait-il déclaré lors d'une réunion.

Les deux mushers d'Atata vivaient dans une vieille baraque bancale à la périphérie d'Anadyr, sur la rive gauche de la Kazatchka, rivière de toundra, derrière la prison du district enfoncée dans le sol jusqu'à hauteur des fenêtres. Ils étaient venus du golfe de la Croix avec des attelages et une sélection de chiens de trait choisis parmi les plus robustes. Une fosse avait été creusée près de la cabane, semblable aux ouvèran dans lesquels on entreposait le kopalkhen sur le littoral tchouktche. Atata avait renoncé au youkola, ce saumon séché réservé à la nourriture des chiens, mais qui ne valait pas la viande et la graisse de morse dont même l'homme pouvait se nourrir. Certes, les tanguitan disaient que le kopalkhen dégageait une odeur pestilentielle, mais Atata considérait qu'il devait s'en remettre à ses propres goûts et non à ceux des tanguitan dont la présence, d'ailleurs, n'était pas prévue dans l'expédition. Il consulta Grozine qui lui donna raison sur ce chapitre : "C'est une bonne décision. La meilleure preuve que la fougue révolutionnaire n'est pas insufflée de l'extérieur, mais qu'elle germe au sein de la population de souche."

Les deux mushers, Gatle et Ipèk, dormaient voluptueusement dans leur cabane. Une bouteille vide et des restes fondus de kopalkhen traînaient sur une table. Un air puant prit Atata à la gorge. Quand il eut repris son souffle, il réveilla les dormeurs. Les hommes certes avaient bien bu, mais moins que certains ivrognes d'Anadyr qu'on voyait souvent rouler par terre en pleine rue. Gatle et Ipèk avaient le sens de la mesure et craignaient Atata, toujours prompt à donner du bâton.

Attachés à une longue chaîne, les chiens étaient blottis dans la neige. Le pelage luisant, le regard somnolent, rendus paresseux par une si longue attente. Certains bâillaient en geignant, la plupart accompagnaient leurs maîtres d'un œil indifférent, à demi clos. Atata vérifia le matériel, les harnais de rechange, les couvre-pattes qui ressemblaient à de minuscules torbaz en peau de renne et de phoque noués de cordons, la tente de toile, les réserves de pétrole et de bougies de stéarine. Tout le reste, thé, farine, sucre, tabac, armes et alcool, était stocké chez lui.

— Départ après-demain ! lança-t-il aux mushers.

Au petit matin, une longue caravane de trois attelages quitta la capitale du Territoire national des Tchouktches en direction de Kantchalan. Les chiens hardis griffaient une neige vierge aplanie par des vents violents. Gatle, le musher le plus expérimenté, ouvrait la piste. Atata conduisait le traîneau du milieu. Ipèk fermait le convoi avec un attelage de quatorze chiens et une charge supplémentaire à la remorque – une demi-carcasse de renne et des réserves de kopalkhen. Le reste du chargement était réparti d'une façon équilibrée entre les traîneaux. Un fardeau considérable. La caravane avançait lentement, mais Atata ne pressait pas ses hommes : le voyage serait long. Les premiers jours furent consacrés au rodage des attelages et du matériel. Pour l'instant, tout allait bien. Aussi Atata arrosa-t-il largement sa première halte dans le village tchouktche de Kantchalan en compagnie du président du soviet rural, le Tchouvan Kourkoutski.

Kourkoutski était le parent d'un militant du premier comité révolutionnaire de la Tchoukotka, fusillé par les hommes de Koltchak au début de l'année dix-neuf. Une telle parenté présentait un gage suffisant pour qu'il soit considéré comme un fidèle serviteur du pouvoir soviétique et qu'il occupe de hautes fonctions dirigeantes. Eût-il été plus sobre et plus instruit qu'il serait maintenant à Anadyr, assis derrière un bon bureau. Mais ici, à Kantchalan, le soviet siégeait dans une isba immonde où charbonnait un mauvais poêle. Au mur pendait, couvert de givre, le portrait du camarade Staline en uniforme de généralissime.

Fieffé militant de la dékoulakisation dans la région d'Anadyr, Kourkoutski devait son fauteuil de président du soviet à ses anciens mérites. Atata lui demanda comment marchait le kolkhoze d'élevage de rennes qui venait d'être créé sous le nom de *Vie nouvelle*.

L'autre gratta les rares poils de sa barbe et se lamenta :

— Petitement par contre... Les rennes sont à l'abandon. La moitié du troupeau est perdue.

— Pourquoi ?

— Parce qu'il n'y a plus de vrai patron, répondit-il benoîtement. Le nouveau président du kolkhoze est un ancien journalier qui travaillait pour Kymyet. Maintenant qu'il est le chef, il ne touche plus à rien.

— Qu'est-ce qu'il fait alors ?

— Il boit, par contre.

— Où trouve-t-il à boire ? Les livraisons d'alcool sont interdites dans la toundra.

— Il fabrique ça lui-même, par contre. Un artiste ! Quand on a bu une chope de sa gnôle, on s'écroule. C'est pire qu'une salve du croiseur *Aurore*.

Atata savait que de nombreux kolkhozes ne marchaient pas bien : pertes importantes, attaques de loups, débandade dans le blizzard, mortalité élevée en période de vêlage. Il s'en affligeait, mais se disait qu'avec le temps, les kolkhozes connaîtraient ce bonheur que vivaient les paysans russes, comme le montraient les nombreux films qui arrivaient en Tchoukotka sur l'heureuse vie des kolkhoziens.

Atata songea un moment à se rendre chez Kymyet, mais le Tchouktche avait poussé son troupeau plus au sud, du côté de chez les Koriaks, comme s'il avait pressenti les sévères remontrances des autorités.

Il lança donc sa caravane vers l'ouest sur les traces d'Arento. C'était par lui qu'il espérait mettre la main sur Rinto, sa cible principale. Chaque fois qu'il pensait à Rinto, il imaginait le visage d'Anna Odintsova, étonnamment bronzé pour une tanguitan, avec ses yeux couleur de ciel. Il entendait même le son de sa voix, se rappelait ses réponses insolentes et lapidaires. Elle disait avoir sympathisé avant la guerre avec les étudiants de l'Institut des peuples du Grand Nord, à Leningrad. Mais pourquoi ne l'avait-il pas rencontrée là-bas ? Comment avait-elle pu échapper à son attention ? Elle avait évoqué Vykvov, Tynètèguine, d'anciens enseignants comme Piotr Skorik ou Guéorgui Menovchtchikov. Celui-ci avait travaillé un temps à Ounazik. Atata gardait de lui le souvenir d'un homme sévère, intraitable à l'égard des fumistes. Au début de son séjour à Leningrad, Atata avait été effrayé par l'immensité de la ville, l'importance de la foule, l'étrangeté des odeurs qui le poursuivaient partout. Le village d'Ounazik se trouvait sur un long banc de galets tendu loin vers la mer. D'où que vienne le vent, il apportait toujours un souffle frais, pur, marin. Or là, à Leningrad, il y avait sans cesse des relents rebutants – métaux surchauffés, gaz d'échappement d'automobiles, sueur humaine, urine, excréments, bien que les gens aillent aux bains au moins une fois par semaine et qu'ils fassent leurs besoins dans des locaux séparés. Sans qu'on sache comment, des bouffées malodorantes montaient de partout, emplissaient les maisons, les rues, les tramways. Atata s'était mis à tousser dès le premier jour, et avait souffert d'étouffements jusqu'à son retour à Ounazik. Beaucoup d'étudiants de l'Institut des peuples du Grand Nord rentraient au pays avant même d'entamer leur deuxième année. Quand le médecin avait dit qu'Atata devait rentrer chez lui, on l'avait envié.

Peut-être Anna Odintsova avait-elle fréquenté l'Institut après son départ. Sans doute. Sinon il se serait souvenu d'elle.

On passa la première nuit de bivouac au pied de la chaîne d'Or sur la rive haute d'un cours d'eau enfoui sous les neiges. On planta la tente et on y alluma un réchaud à pétrole sur lequel on posa une bouilloire bourrée de morceaux de glace prélevés à la rivière.

Une flamme siffla, qui diffusa aussitôt sa chaleur à l'intérieur de la tente. Atata ôta ses vêtements de campagne – une kamleïka de toile et une koukhlianka taillée dans la fourrure d'un renne d'un an. On nourrit généreusement les chiens, on mangea et on se glissa dans les sacs de couchage confectionnés sur commande spéciale d'Atata. Rien ne valait pour cela les peaux de renne, il le savait d'expérience. Elles perdaient peut-être leurs poils, mais elles ne prenaient jamais l'humidité et tenaient chaud jusqu'au matin sous une tente glacée où l'eau gelait en bloc dans la bouilloire, et où le côté intérieur de la toile se couvrait d'une croûte de glace de l'épaisseur d'un doigt due à la respiration de trois hommes de saine corpulence. Les chiens passaient la nuit dehors, ensevelis sous la neige, saupoudrés de flocons. On les retrouvait parfois grâce à la vapeur de leur haleine qui s'échappait d'une congère.

On marquait de courtes haltes pour boire le thé. On retournait les traîneaux dont on frottait les patins à l'aide d'une peau d'ours imbibée d'eau. Une fine croûte de glace se formait alors qui rendait la glisse plus facile.

Au sixième jour, Atata avisa sur la neige des crottes noires de renne. Elles avaient durci mais fondaient dans la main en salissant. Elles étaient donc relativement récentes.

Atata sentit se réveiller en lui ses instincts de chasseur. Un sentiment familier depuis l'époque où, enfant, il traquait avec son père les animaux marins ou les bêtes à fourrure dans les vallées et les creux des monts Kivak dont les pentes abruptes tombaient dans la mer de Béring.

Il était facile désormais de pister un troupeau beaucoup plus lent que les chiens de trait. Les rennes s'arrêtaient souvent pour pâturer. Toutefois, avant d'entamer la poursuite, Atata grimpa sur la cime la plus proche, ce qui lui prit presque une demi-journée, et scruta longuement les environs avec une paire de jumelles puissantes. Il essayait de reconstituer la logique des fuyards, optait pour certains itinéraires, en réfutait d'autres. Le soir, au bivouac, il consulta ses mushers en déroulant sous la tente une carte de la Tchoukotka à la lumière d'une bougie de stéarine.

— Croyez-vous qu'ils sont passés par là ? (Atata pointait le doigt sur un petit vallon.)

— Non, dit Gatle en suivant le mouvement du doigt. A leur place j'aurais pris cette vallée-là.

Atata vérifia. C'était logique. La deuxième vallée était plus large et moins abrupte.

— Dans ce petit vallon, les rennes auraient manqué de place, s'expliqua Gatle. Ils doivent chercher les passages les plus larges possible pour s'enfoncer dans les montagnes.

Atata écouta attentivement ses camarades. Il veillait à ce qu'ils se sentent partie prenante d'une mission aussi importante.

— Nous sommes des soldats du parti des bolcheviks, leur avait-il annoncé au départ.

— Moi, je suis un sans-parti, s'était défendu Gatle.

— Ce n'est pas grave, l'avait rassuré l'autre. Staline nous a appris une chose : la lutte des classes s'exacerbe à mesure que nous progressons vers le communisme. Nos ennemis deviennent de plus en plus hargneux et perfides.

— Dans ce cas, Arento doit être fou de rage, commenta le deuxième musher. Il ne sera pas facile à maîtriser.

Atata avait un pistolet Walter, trophée allemand muni d'une cinquantaine de cartouches, et deux carabines japonaises Arisaki avec un stock suffisant de munitions. Les deux mushers – des chasseurs d'animaux marins – connaissaient bien le maniement des armes à feu, auquel ils s'étaient exercés à Anadyr. Ce qui n'empêchait pas Atata de garder les armes près de lui, sur son propre traîneau.

Le lendemain matin, on aperçut un campement du haut d'une colline. Deux yaranga se dressaient au pied d'un rocher, qui seraient passées inaperçues du haut d'un avion.

Atata scinda son groupe en trois, ordonnant à chacun d'approcher le campement d'un côté différent. A la méfiance des chiens, il comprit que le troupeau n'était pas loin. Il essayait de les retenir en criant et en actionnant le levier du frein dont la pointe métallique mordait la neige en profondeur. Juché sur son traîneau, il voyait bien le camp. Des silhouettes humaines s'agitaient d'une yaranga à l'autre. Atata sortit une carabine et la chargea. Il se tendit dans la crainte d'un coup de feu venant du campement, mais tout semblait calme pour le moment. Il entendait déjà des voix inquiètes. Des voix de femmes.

Les deux autres attelages arrivèrent un peu plus tard. Sur place, on ne trouva en effet que des femmes. Elles réservèrent à leurs visiteurs un accueil plein de retenue.

— Où sont les hommes ? demanda Atata d'une voix sévère sans lâcher sa carabine.

— Avec le troupeau, répondit la plus âgée des femmes.

— Et Arento ?

— Il est là-bas lui aussi.

— Eh bien, attendons-les ! conclut-il.

Il fit attacher les chiens et ordonna qu'on leur donne à manger. Sans quitter sa carabine, il pénétra en se baissant à l'intérieur d'un tchottaguine enfumé. Chaque fois qu'il entrait dans une yaranga, il ressentait une étrange émotion. C'était comme s'il revenait par miracle dans son enfance, sur les galets d'Ounazik. Son désir le plus cher était certes de vivre à la façon d'un officier russe, mais ses souvenirs d'enfance le mettaient en émoi. Il éprouvait une forte nostalgie à l'idée que toutes ces choses allaient se perdre à jamais, et que les enfants qu'il aurait peut-être un jour ne verraient pas de yaranga, ne humeraient pas l'odeur de ranci, de peau tiède, de graisse de phoque en fusion dans la lampe à huile, sensations malgré tout si chères à son cœur.

La maîtresse de la yaranga lui offrit aussitôt de la viande bouillie encore chaude et une tasse de thé.

Quand Atata y trempa les lèvres, il y discerna une infusion de vrai thé, rallongée de plantes de la toundra comme c'était l'usage.

— D'où vient le thé ?

— Des voisins nous en ont fait profiter.

— Quels voisins ?

La femme se mordit la lèvre, consciente d'avoir trop parlé.

— Quels voisins ? répéta Atata. Nous n'avons vu personne autour du campement.

— L'automne dernier, nous étions près d'un village, répondit la femme d'un ton hésitant, heureuse de voir entrer Arento à ce moment-là.

Son regard croisa celui d'Atata. Tel était le regard du renne sur le point de recevoir en plein cœur la lame pointue d'un couteau et conscient de quitter la vie à jamais. Le vieux posa son séant sur un rondin et prit en silence une tasse de thé.

— Avez-vous bien voyagé ? demanda Atata d'un ton courtois.

C'était une question quasi rituelle, mais qui dénotait des accents sournois.

— Oui, bien voyagé, répondit Arento.

— Tu as compris, j'espère, que tu ne m'échapperais plus ?

Atata ne haussait pas la voix. Il s'efforçait toujours de parler doucement, sachant que ses paroles n'en prenaient que plus de poids.

Le pauvre Arento ne fit qu'acquiescer en avalant son thé froid par gorgées convulsives.

— Nous autres bolcheviks gagnons toujours, continua Atata. Retiens bien notre mot d'ordre : si l'ennemi ne se rend pas, nous l'exterminons.

— Mais je me rends ! s'empressa de dire Arento. Là-dessus sa tasse glissa d'entre ses doigts, heurta le sol de terre gelée et se brisa en mêlant ses éclats aux restes de neige tombés des semelles.

— Non ! répondit Atata qui cette fois éleva le ton. Tu ne te rends pas ! C'est moi qui te rattrape ! Je t'ai traqué comme un glouton qui cherche à déjouer le trappeur. Maintenant, je te tiens dans mon collet. Je ne te conseille pas de faire le moindre geste !

Plantés dans l'entrée, les fils d'Arento observaient un mutisme impuissant. Ils faisaient écran à la lumière du jour.

— Sortez de la lumière ! ordonna Atata. Allez saigner des rennes pour nourrir mes chiens et nous faire à manger. Et vite !

Les hommes déguerpirent. Arento voulut les suivre mais Atata l'arrêta net :

— Et toi, où vas-tu ? Reste ici. Je n'ai pas fini de te parler.

Arento se laissa choir docilement sur son rondin. Atata se sentait grisé par le pouvoir qu'il possédait sur ces gens effarouchés. C'était autrement plus fort et jouissif que l'ivresse procurée par l'eau-de-gaieté. Il ne tenait qu'à lui d'éliminer d'un coup ce vieux Tchaoutchou. Personne ne lui dirait rien. Au contraire, le premier secrétaire Grozine le féliciterait pour son sens implacable de la lutte des classes, pour son intransigeance révolutionnaire. Mais qu'aurait-il fait d'Arento mort ? Il aurait toujours le loisir de l'achever à tout moment. L'essentiel, pour l'heure, était de savoir où marchait Rinto avec sa belle-fille tanguitan qui restait gravée dans sa mémoire et qui venait le visiter en rêve même en voyage, quand il se glissait dans son sac de couchage en peau de renne.

— Connais-tu quelqu'un du nom de Rinto ?

— Qui ne le connaît pas ? répondit Arento d'une voix qu'il voulait tranquillle.

— Sais-tu où il se trouve en ce moment ?

— Je suis incapable de le dire.

— Il était par ici ?...

— Oui, mais je suis parti avant lui. Nous n'allons pas par les mêmes chemins.

— Pourquoi ?

— Etant d'Ouelen, il penche plutôt du côté des Aïvanalines.

— Moi, par exemple, je suis un Aïvanaline. Veux-tu dire qu'il penche de mon côté ?!

Arento se tut. Il ne savait quoi répondre.

Il ne quittait pas des yeux la carabine qu'Atata gardait entre ses mains. Des gens qui savaient tout lui avaient dit que les chasseurs de koulaks faisaient souvent parler la poudre. En toute impunité. Tendu comme il était, Atata paraissait à deux doigts de tirer. Quelle stupide illusion que de vouloir échapper au pouvoir soviétique ! Stupide et impossible. On ne pouvait qu'aggraver son cas. Que ce soit en traîneau à chiens ou en avion, on lui serait tombé dessus de toute façon.

— Retiens bien une chose, Arento. Ni toi ni Rinto ne pouvez prétendre être proches de moi. Parce que nous ne sommes pas de la même classe. Vous êtes des exploiteurs, des spoliateurs de la masse laborieuse. Est-il juste que tu possèdes plusieurs milliers de rennes à toi tout seul pendant que d'autres n'ont rien du tout, ou seulement quelques dizaines de têtes ? Alors ? Tu ne dis rien ? Est-ce que c'est juste ? Je te pose la question…

Arento savait que l'objectif des bolcheviks était de confisquer les biens de gens comme lui pour les redistribuer aux pauvres. Il avait l'intime conviction que c'était injuste. Pour rassembler un troupeau comme le sien, ses ancêtres avaient dû passer des dizaines d'années à dorloter les rennes un par un. Et son troupeau ne nourrissait pas que sa propre famille. Arento aidait les éleveurs les plus démunis, leur donnait de la viande et, en cas de coup dur, offrait même des peaux à ceux qui ne pouvaient se permettre de saigner un jeune renne sans nuire à la survie du cheptel. Tous les éleveurs de rennes de la région, riches ou pauvres, tenaient Arento en estime et ne pouvaient rien dire de désobligeant sur son compte. Un spoliateur, lui ? Il savait depuis longtemps combien il était inutile et dangereux de contredire un tanguitan bolchevique. Maintenant, il constatait que c'était pire encore avec un enfant du pays en charge d'une fonction de tanguitan.

— Donc, tu refuses de me dire où se trouve Rinto ? s'emportait Atata.

— Je n'en sais rien, fit Arento d'un geste désolé. J'ai levé le camp avant lui. Il était encore dans la vallée de l'Ionivèèm quand je suis parti.

— Admettons. Mais quand tu parlais avec lui, te faisait-il part de ses intentions ?

Voilà bien une chose qu'Arento n'avait pas demandée à Rinto, et l'autre assurément s'était gardé de lui dévoiler ses plans. Les deux hommes appartenaient peut-être à la même terre et au même peuple, mais une fine pellicule de glace avait subsisté entre eux jusqu'au moment des adieux.

— Tu peux me croire, nous n'en avons jamais parlé. (Arento faisait tout pour s'exprimer sur le ton de la sincérité, de la confiance.) Peut-être qu'il se méfiait de moi.

— Je ne veux pas croire que deux contre-révolutionnaires, deux traîtres au pouvoir soviétique, deux koulaks exploiteurs n'échangent pas leurs intentions.

— Et pourtant c'est vrai ! Tu peux ne pas me croire, mais les faits sont là.

— Soit. (Atata changea de ton.) Mais tu dois savoir où il est parti. Pourquoi ne le voit-on plus d'avion ? Où se cache-t-il ?

— Koo, soupira Arento en signe d'impuissance, l'œil craintif rivé sur la carabine toujours couchée sur les genoux d'Atata.

Il avait cru jusqu'à ce jour qu'on ne pouvait utiliser une arme pareille qu'à la chasse aux bêtes sauvages. Ou bien à la guerre contre les fascistes, qui avait eu lieu si loin de la terre tchouktche.

A voir la mine terrorisée d'Arento, Atata savait que le vieux ne jouait pas la comédie. S'il disait non, c'était non : il n'avait ni la présence d'esprit ni la ruse pour tramer quoi que ce soit.

— Bien, dit Atata. Assez parlé pour l'instant. C'est trop pénible. J'espère que tu sais ce qui t'attend : tu vas pousser ton troupeau vers la toundra de Kantchalan où tu seras livré au kolkhoze *Vie nouvelle*.

— J'entends, fit Arento résigné, qui commençait à croire qu'Atata s'abstiendrait de tirer. Je conduirai mon troupeau où tu diras.

— Mais nous reparlerons ce soir. Je veux savoir où a filé Rinto ! proféra Atata menaçant.

Les mushers s'installèrent dans leur tente qu'ils plantèrent au beau milieu du tchottaguine d'Arento. On fit bouillir une pleine marmite de viande fraîche servie aux visiteurs sur un énorme plat en bois. La maîtresse des lieux sortit le prèrèm, un saucisson de renne réservé aux grands jours, et accommoda des herbes crues de graisse fondue.

Atata fit fondre un peu de neige pour y dissoudre de l'alcool pur. Il but d'abord, fit boire ensuite ses mushers, puis tendit une tasse à Arento.

— C'est pour moi ? demanda le vieux qui n'en croyait pas ses yeux, la voix tremblotante.

— C'est pour toi, dit Atata d'un ton rassurant.

Quand Arento, plissant les paupières, eut vidé sa tasse et qu'il eut laissé, immobile, l'eau-de-feu s'infuser jusque dans son ventre, Atata déclara :

— C'est peut-être la dernière fois que tu bois de la mauvaise eau-de-gaieté.

— Que va-t-on faire de moi ? demanda l'autre, effrayé.

— Ce qu'on fait des ennemis du peuple, répondit rudement Atata.

Arento avait entendu dire que les ennemis du peuple étaient soit fusillés, soit déportés loin de leur terre natale.

Lorsque tout le monde fut calmé et couché, Arento s'extirpa discrètement du polog et sortit. Dehors régnait un silence annonciateur du printemps. Devant la pleine lune flottait un nuage léger, si tendre et si fin qu'il tamisait à peine la lumière argentée et laissait transparaître le scintillement des étoiles. Tout cela désormais brillerait sans lui. Ainsi pensait Arento en tirant le cordon de son pantalon de pyjik.

Il fit le tour de la yaranga et s'arrêta du côté exposé aux rochers de la montagne. Là, il libéra l'extrémité d'une sangle de lakhtak qui empêchait les vents d'emporter le rètèm. Il fit un nœud auquel il passa le bout de son cordon, puis plaça un petit traîneau au pied de la tenture. Il n'était pas pressé de se couler le cordon autour du cou : le temps serait encore long d'ici à l'aube, et il voulait goûter à la splendeur de la toundra par cette nuit de printemps. Combien avait-il manqué de ces nuits, absorbé qu'il était par le souci des rennes, incapable de souffler un moment pour admirer le ciel étoilé, la lune voilée d'un léger nuage, pour écouter le grand silence blanc des neiges ! Quel dommage que cela ne vienne qu'à la fin de sa vie, en ces instants ultimes où il regardait pour la dernière fois le monde les yeux ouverts !

Pourvu qu'il ait la force de ne pas arracher le nœud au moment décisif ! Arento se passa le cordon autour du cou, le cacha sous son col de fourrure, leva une dernière fois les yeux au ciel et se laissa glisser lentement sur le traîneau. Le cordon s'enfonça dans la peau, et ce fut l'instant le plus douloureux. Ceci enduré, il sentit sa conscience partir en brume. Quand ses yeux s'emplirent de noir, il s'écroula.

Le musher Gatle réveilla Atata :

— Arento s'est pendu.

— Comment ça ? fit Atata hagard, la tête encore lourde des libations de la veille.

— Il s'est pendu à la ceinture de corde de son pantalon de fourrure, précisa Gatle.

— Quel mauvais homme ! s'exclama Atata, et c'était la pire injure qui puisse être en langue tchouktche. Quel sale tour il vient de me jouer !

Atata se sentit comme un chasseur à qui sa proie venait d'échapper. C'était bien le cas : l'essentiel à ses yeux consistait moins à grossir le cheptel du kolkhoze *Vie nouvelle* de quelques milliers de têtes qu'à livrer aux autorités un ennemi du peuple supplémentaire. Ces hauts faits-là valaient à leurs auteurs les plus grandes distinctions officielles. Or Atata avait bien l'intention de décorer d'une médaille son bel uniforme. De quelle utilité pouvait être ce cadavre ?

Interdiction formelle fut faite à la famille de procéder aux obsèques. Même mort, Arento devait être présenté aux instances dirigeantes du Territoire national des Tchouktches comme une preuve tangible des succès de la politique des nationalités menée par Staline.

Le retour fut terriblement long. Le troupeau avançait à peine, les traîneaux se mouvaient difficilement, surtout celui qui transportait, enveloppé dans une peau blanche de renne, le corps de l'homme qui avait compté parmi les maîtres de la toundra de l'Anadyr.

Atata voyageait au milieu de la caravane, abandonné à ses tristes pensées. Sa victoire sur Arento avait été trop facile pour qu'il puisse s'en vanter. A la place d'un ennemi du peuple bien vivant, qu'on aurait pu juger au grand jour et condamner à mort ou à une longue peine de camp, il convoyait un cadavre muet.

Il essayait de penser à autre chose. Au campement de Rinto, par exemple. C'était pour lui la cible principale de l'année. A ce moment il crut voir devant lui Anna Odintsova. Telle qu'il l'avait connue à l'école d'Ouelen. Même vêtue d'un kèrkèr et hâlée par la toundra, elle resplendissait. Il y avait quelque chose en elle que les mots étaient impuissants à traduire. Et qui mettait le cœur d'Atata en émoi. Plus d'une fois il s'était imaginé en train de la serrer dans ses bras et de couvrir de baisers tanguitan ses yeux singuliers qui irradiaient de la lumière, son nez, ses joues qui cachaient une tendre chaleur sous un voile rouge et hâlé. Oui, une vraie femme à faire rêver les hommes ! Feignait-elle de l'ignorer, savante, instruite et intelligente comme elle l'était ? Ah ! si seulement elle daignait le remarquer… Il était prêt à tout abandonner pour se mettre avec elle !

Là-dessus, Atata prit peur de ses propres pensées. Pas question pour lui, bien sûr, de trahir la grande cause révolutionnaire qui consistait à purger la Tchoukotka des ennemis du peuple et des éléments rétrogrades hostiles à la marche du progrès.

Il fallut s'attarder quelques jours à Kantchalan pour remettre le troupeau confisqué au kolkhoze *Vie nouvelle*. Le corps d'Arento fut placé dans un local à charbon glacé, et ses fils se virent enfermés dans une étuve désaffectée sous la bonne garde de Gatle. Atata ne savait que faire des femmes. Après concertation avec Kourkoutski, la décision fut prise de les laisser à la disposition du kolkhoze.

— Par contre, le kolkhoze ne pourra jamais faire paître autant de rennes, se plaignit le bonhomme. Les bergers du kolkhoze sont paresseux. Et si tu nous laissais les fils d'Arento ?

— Ils sont de la famille d'un ennemi du peuple, commenta Atata d'un ton rude. Je ne peux donc pas les relâcher. Aux autorités d'Anadyr d'en décider.

Atata savait combien la situation était peu enviable dans les nouveaux kolkhozes d'élevage créés à partir des anciens troupeaux de koulaks ou prétendus tels. Les animaux se perdaient, on tuait sans discernement les mères et les mâles reproducteurs, on négligeait d'écarter les loups. L'idée avait percé dans les instances dirigeantes du Territoire de remettre une partie du cheptel entre les mains de particuliers. Et ce pour encourager les nouveaux éleveurs à mieux surveiller les rennes du kolkhoze en même temps que les leurs. Ce fut pis encore. Les animaux de la collectivité tombaient sous les crocs des loups, s'égaraient dans la toundra, succombaient aux maladies. Les effectifs dégringolaient. Naturellement, l'idée mûrissait secrètement de rendre carrément les rennes à des éleveurs privés. Quant à la formuler à voix haute... Seul un fou s'y serait risqué, ou un suicidaire, ou un ennemi de la politique menée par Staline pour la collectivisation totale de l'Union soviétique.

Telles étaient les mornes pensées d'Atata quand, venant de Kantchalan, il dirigea ses chiens vers les deux grandes antennes radio d'Anadyr, capitale du Territoire, qu'on voyait pointer de loin dans un paysage monotone de collines enneigées.

Juché sur le cadavre gelé de l'ennemi du peuple Arento, Gatle harcelait ses chiens fatigués.

12

— Pendant que le ciel est encore noir, tu dois étudier la disposition des étoiles et leur mouvement. Les étoiles parlent et suggèrent. Quand on les regarde, on a parfois l'impression d'entrer au fond de soi. La Réalité, Vaguyrguyt : telles sont les étoiles et la vie qui les entoure…

Anna possédait de bonnes notions d'astronomie apprises en son temps à l'école. Mais elle était loin d'imaginer avec quelle aisance Rinto s'orientait dans la carte des étoiles !

— A première vue, il peut sembler impossible de se repérer dans la multitude des astres et de comprendre leurs mouvements, continuait Rinto. Pourtant, rien n'est plus simple. Regarde au zénith. Tu vois une étoile de taille modeste, mais lumineuse. C'est l'étoile principale de notre ciel. Elle s'appelle Ounpènèr*. Un vrai oupnyn, en effet, c'est-à-dire un corps immobile. Autour d'elle se meut la multitude des autres corps. Imagine qu'on ait planté un grand pieu de bois dans la toundra enneigée et qu'on y ait attaché le Renne Majeur. Autour de lui tournent les autres rennes-astres et corps célestes. Parmi les étoiles importantes, il y a aussi les Levytti-Têtes.

Anna reconnut sans peine Arcturus et Véga appelées respectivement en langue tchouktche la Première Tête et la Deuxième Tête. Les Pléiades, c'était le Groupe des Jeunes Filles en Attente. Il y en avait six.

* Etoile Polaire.

Elles attendaient leurs maris. Ryltènnin le Bossu, qui se profilait dans Orion, avait bien tenté des épousailles mais s'était vu répudié en raison de la grandeur exagérée de son membre viril. Près de là se dessinait une constellation qui se présentait comme le javelot de cuivre de Ryltènnin. Plus loin se trouvait le Voyageur sur un traîneau attelé de deux rennes. Des chasseurs faisaient fuir deux élans, Castor et Pollux. La tête et les nageoires hors de l'eau, un phoque allait vers la Rivière de Sable – la Voie lactée. Au beau milieu de la rivière, cinq rennes mâles se dressaient dans la constellation de Cassiopée.

Les yeux levés vers les étoiles, Anna sentit tout à coup les formes familières de la toundra se projeter dans la toile céleste.

L'univers se révélait si simple, accessible... La vie se prolongeait partout, dans tous les sens, emplissant l'espace aussi bien visible qu'imaginaire. Il y avait même une place dans le ciel pour les défunts de la vie terrestre. Dans leur conception de l'espace, les Tchouktches plaçaient le Monde des Démons au-dessous de la surface de la terre. Toutefois, comme l'expliquait Rinto, il s'agissait non pas d'un emplacement souterrain au sens littéral, mais plutôt d'un monde obscur privé de la lumière du soleil et de la lune. C'était le monde du mal, des calamités, de toutes les adversités possibles. L'homme devait se tenir sur ses gardes, soit pour prévenir les agissements des Démons, soit pour gagner leurs faveurs et empêcher leurs malfaisances en leur concédant des sacrifices ou en les exhortant à force de Paroles Sacrées.

La première leçon d'astronomie tchouktche dura plusieurs heures. On s'était certes habillés comme il fallait, mais Anna n'en sentit pas moins ses doigts s'ankyloser. Rinto s'en aperçut et dit en souriant :

— Je commence moi-même à me sentir gelé. Nous poursuivrons notre initiation au monde céleste la nuit prochaine.

Avant d'entrer dans la yaranga, Anna montra Vénus qui rayonnait :

— Elle porte un nom ?

— Elle s'appelle la Bien-Vêtue, répondit Rinto. Elle change souvent de couleur avec des jeux de lumière irisée. On dirait qu'elle passe sans cesse d'une robe à une autre. D'où son nom.

La vie des étoiles ne différait guère de la vie sur terre. Il y avait là-haut des lemmings, des isatis, des ours, des perdrix, des gloutons, des animaux marins – phoques, baleines… tout ce monde vivant au quotidien à l'image des hommes. Même leur habitat faisait penser aux yaranga humaines. Pour cette raison, les souris comme les ours étaient désignés dans la langue courante par le vocable respectueux de "peuple". Les contes magiques et les légendes des temps passés, qui tenaient lieu de chroniques orales, présentaient souris, ours, baleines et morses comme des êtres doués de parole et dont le comportement revêtait un caractère parfaitement humain. Pour l'oreille d'un Tchouktche, la phrase : "La souris coiffa sa toque et prit son bâton…" ne comportait rien de surnaturel, d'illogique. Même chose s'il était question d'un oiseau portant des bottes de fourrure éculées…

Les leçons d'étoiles durèrent plusieurs nuits.

Dans ce coin de toundra, les rivières et les lacs dissimulés sous les neiges épaisses restaient des inconnus aux yeux de Rinto. Il s'en affligeait.

— Cette terre ignorée cache beaucoup de surprises et de dangers. Ah ! si seulement je connaissais le nom des maîtres des lieux…

— Parce qu'ils appartiennent à quelqu'un ? s'étonna Anna.

— Chaque lieu a son maître-kèly, expliqua Rinto. Toute la terre est partagée entre eux. Mais quand je fais un sacrifice au maître invisible des pâtures où nous sommes, je ne suis pas sûr de m'adresser à qui il faut. Peut-être que je froisse l'amour-propre d'un autre kèly. Chez nous, dans la toundra d'Ouelen, je les connaissais bien et leur parlais comme à de vieux amis. Bien sûr, certains sont capricieux et désagréables, mais on trouve toujours le moyen de s'arranger.

— A quoi ressemblent-ils ? demanda prudemment Anna.

— Ils peuvent revêtir n'importe quelle forme. Le plus souvent, ils ont l'aspect d'un animal. A Ouelen, je peux les identifier tout de suite. Je sais si la bête que je vois est un simple renard ou bien le maître de la rivière Tèiouvèèm. Il y a là-bas un lac nommé Elelyly. Son maître aime se transfigurer en corbeau. Mais je le reconnais facilement d'entre les autres corbeaux qui nichent au bord de ce lac.

Rinto, de toute évidence, s'ennuyait de sa contrée natale. Mais il savait que le plus grand danger se trouvait là-bas. Des côtes du Pacifique à celles de l'Arctique, la distance n'était pas insurmontable. Et dans les terres basses de la baie Kolioutchinskaïa gouba, on aurait tôt fait de repérer n'importe quel troupeau de rennes.

Anna avait remarqué que Rinto paraissait pressé de lui transmettre son savoir. Beaucoup de choses jusqu'alors avaient échappé à son attention. Il s'avéra que le chef du campement possédait un grand nombre d'assistants-kèlet qui se manifestaient de diverses façons. Les plus utiles dans la vie courante étaient accrochés au fond du polog, à l'abri des regards ; mais à voir leurs faces de cuir, de bois ou d'os imprégnées de graisse ou de sang coagulé, on devinait qu'ils avaient la préférence de Rinto.

— Pourquoi leurs traits sont-ils aussi flous ? demanda Anna.

— Parce qu'eux-mêmes sont flous, répondit Rinto. Ils se manifestent d'une façon diffuse, incertaine. Ils changent facilement d'aspect. Je les traite un peu comme des serviteurs. S'ils m'aident beaucoup, je leur manifeste tous les égards. Sinon, ils ont droit à une bonne correction.

— Laquelle ?

— Je les prive de nourriture. Ou alors je les bats, répondit Rinto sans ambages.

Cette révélation troubla quelque peu Anna. Devrait-elle à son tour, quand elle serait devenue une ènènyliyn à part entière, recourir à ce genre de méthodes persuasives à l'égard de ses kèly ?

— Peut-être y a-t-il différentes manières de procéder entre les femmes et les hommes ènènyliyn ? se hasarda-t-elle à demander.

— Aucune, répondit Rinto ; toutefois, après un temps de réflexion, il ajouta : La grand-mère Guivèvnèou ne m'en a jamais parlé, mais je pense qu'il doit y avoir tout de même certaines différences. Tout dépend de la personne elle-même. Car en devenant ènènyliyn, on est entièrement tributaire de ses rapports avec le monde extérieur. On ne peut plus recevoir de conseils ou d'injonctions de quiconque.

Quand elle était seule, Anna s'exerçait à reconnaître en elle-même les signes d'une nouvelle perception de la réalité, les traces de la fameuse pensée magique si éloquemment évoquée par les sommités européennes de la science ethnographique. Elle essayait en pensée, au moins pour débuter, de peupler la nature de "maîtres", de kèly, d'entendre leurs voix imperceptibles à l'ouïe du commun des mortels. Il lui semblait parfois qu'elle sentait vraiment quelque chose.

Surtout par les douces nuits étoilées de pleine lune. Quand rien ne troublait l'immense silence blanc qui enveloppait tout – les yaranga, les montagnes et les collines enneigées, les torrents et les rivières, les versants des vallées, les neiges piétinées par les sabots des rennes dans les pâturages, les arbustes émergeant des congères, les traîneaux appuyés contre les tentures...

Anna se postait à l'écart et tentait de se fondre à cette infinie quiétude, ses pensées tendues là-haut vers le zénith où habitaient les Tout-Puissants à différents étages des différents cieux. Elle mettait du temps à se concentrer. Elle pensait de plus en plus à l'immense distance qui la séparait de Leningrad, de sa contrée natale. Distance physique, mais aussi temporelle. Parce que le mode de vie qu'elle partageait désormais avec sa nouvelle famille s'était conservé sous une forme presque intacte depuis le néolithique, plusieurs millénaires durant. Ainsi vivaient les hommes dans la vallée du Nil bien avant les pharaons, bien avant la naissance de Jésus-Christ, la fondation de l'Empire romain… C'était comme si elle avait inversé la marche du temps par sa propre volonté, en réalisant un vieux rêve de l'humanité, celui de la machine à remonter le temps.

Une étoile filante stria un coin du ciel. Anna crut entendre une sorte de craquement. Le bruit de l'étoile dans sa chute ?

Le craquement pourtant se faisait de plus en plus distinct. Elle avisa bientôt quelqu'un qui marchait dans sa direction. De loin, elle reconnut Roltyt. Sans doute avait-il laissé le troupeau sous la surveillance de son frère cadet, comme à son habitude, pour regagner sa yaranga.

— Tu ne dors pas ?

— Eh bien non, répondit Anna. J'écoute le silence.

— Le silence, ça s'écoute ? persifla Roltyt. On peut écouter le bruit de l'eau et du vent, le hurlement d'un loup, un renne qui renâcle, un enfant qui pleure ou même un homme qui respire… Mais le silence, ça non !

— Quand on écoute le silence, on entend des pensées non dites.

Roltyt, méfiant :

— Celles des autres aussi ?

— Parfois, oui.

Roltyt jeta un œil craintif sur Anna Odintsova. Outre le désir charnel qu'il ressentait à chaque rencontre, il éprouvait un trouble étrange, le sentiment d'un danger mystérieux qui émanait de cette femme tanguitan toujours aussi énigmatique à ses yeux.

— Mes pensées aussi ?

— Crois-tu vraiment qu'elles soient indéchiffrables ?

Il n'échappait à personne que Rinto avait jeté son dévolu sur Anna pour sa succession et qu'il était en train de l'initier. Ce choix contrariait tout le monde mais nul n'osait le dire à voix haute. Seul Roltyt lançait des piques à son frère en gardant le troupeau, cependant que Tanat ne sortait pas de son mutisme, ce qui avait le don d'exaspérer l'autre. Certes, il ne prétendait pas au titre de chaman, sachant parfaitement le fardeau et la responsabilité qui en découlaient. Mais de là à désigner une femme tanguitan d'un autre peuple, d'une autre tribu… Roltyt n'avait jamais entendu de choses pareilles, même dans les contes les plus anciens. "Ecouter le silence" faisait peut-être partie des leçons de chamanisme ? Allez savoir ! Et qu'adviendrait-il quand Anna aurait vraiment le pouvoir dans le campement, et donc sur Roltyt et sa famille ? Cela faisait frémir ! Comme la vie était belle avant son arrivée ! On vivait en paix. L'avenir était clair : Tanat partait faire ses études à Anadyr, Roltyt devenait le deuxième personnage du clan. Peut-être même aurait-il pu alors s'initier à certains rites. D'ailleurs, il savait déjà comment immoler un renne sauvage ou domestique et quels sacrifices faire à quelle saison. Sans parler du monde des étoiles où il avait appris à s'orienter dès l'enfance. La seule chose manquante, c'était qu'il n'avait jamais fait le long voyage vers les autres mondes à l'aide du vapak, champignon magique. Cet honneur était réservé à quelques Elus seulement, inspirés d'en haut. Pourquoi avoir quitté la toundra d'Ouelen en fuyant vers des terres inconnues ? Les autres éleveurs ne vivaient-ils pas normalement dans les kolkhozes ? Ils mettaient leurs rennes dans le troupeau commun et signaient des papiers officiels, mais n'en restaient pas moins en pratique les vrais maîtres de leur cheptel, ce dont personne alentour ne doutait.

Ah ! si seulement cette femme tanguitan n'existait pas… Avait-elle déjà acquis l'invincibilité du corps dont jouissent les vrais ènènyliyn ? Il serait alors impossible de la tuer, de la saigner au couteau ou au javelot, même une balle ne pourrait l'atteindre.

— Et entends-tu mes pensées ? demanda Roltyt en suspendant son souffle.

— Bien sûr que oui, répondit Anna.

— Mais une chose est de penser, autre chose est de faire…

— La pensée devance toujours l'action.

— Mais jamais je ne commettrai ce à quoi je pense ! clama-t-il soudain d'un ton suppliant. Ce n'est pas mon caractère… Ne pense pas de mal de moi…

— Je ne pense pas de mal de toi, dit lentement Anna.

Il lui parut soudain agréable que cet homme se trouvât de fait à sa merci. Cela signifiait-il qu'elle était d'ores et déjà investie de cette fameuse force dont Rinto lui avait parlé ? Et qu'elle pouvait gouverner les êtres humains, les commander, lire leurs pensées ? Elle-même ne ressentait rien de spécial en son for intérieur, mais la preuve était bien là : Roltyt rampait à ses pieds. Donc…

Un état d'impuissance totale s'empara tout à coup de Roltyt. En un clin d'œil son corps se vida de ses forces, se purgea de son sang chaud. Ses muscles d'ordinaire si souples et puissants se changèrent en un tissu amorphe. Il tomba à genoux, secoué de sanglots.

— Lève-toi, Roltyt ! ordonna Anna. Que ce à quoi tu as pensé sorte à jamais de ta tête et n'y revienne plus !

— Mais je n'ai plus de force ! pleurnicha Roltyt. Rends-moi mes forces !

Anna elle-même fut surprise de s'entendre prononcer d'une voix forte et solennelle, la tête haute :

— Je te rends tes forces ! Lève-toi maintenant !

Par ses lectures ethnographiques, elle savait que les chamans usaient de techniques hypnotiques mais elle n'aurait jamais soupçonné posséder une telle capacité. Peut-être cela lui était-il venu dernièrement ? A moins que Rinto ne lui ait insufflé ce pouvoir à son insu ?

Roltyt se leva lentement et fit quelques pas.

— Merci, Anna ! fit-il d'un ton pénétrant et obséquieux. Je serai ton serviteur. J'exécuterai tous tes ordres !

Il se retourna et s'en fut vers sa yaranga, d'un pas d'abord lent, puis de plus en plus pressé, qui bientôt tourna à la course.

Anna le regardait, médusée.

Un jour, en rangeant ses affaires, elle prit le dernier cahier de son journal. Elle le garda quelques instants dans ses mains, comme pour le soupeser ; puis le reposa : elle ne pouvait imaginer d'écrire ce qu'elle était en train de vivre d'une façon impartiale, détachée. C'était inutile. Cela n'aurait fait que la gêner pour assimiler de nouvelles connaissances, de nouvelles notions du monde environnant.

Il lui semblait parfois que ces quelques mois l'avaient vieillie de plusieurs dizaines d'années. Elle voyait les choses d'un œil assagi par l'expérience, comme quelqu'un qui avait beaucoup vécu. Devant Tanat, désormais, elle se comportait en mère plutôt qu'en épouse. Dans leurs rares moments d'intimité physique, elle le caressait comme un enfant et prêtait même parfois à son prénom, sans le vouloir, des formes diminutives affectueuses.

Tanat, de son côté, interpréta ce changement de caractère et de comportement comme le passage d'Anna à l'état d'une authentique Tchaoutchouvanaou, comme son acceptation totale de la réalité.

Dans le troupeau, les ventres féconds des mères gonflaient d'une façon encore imperceptible. La vie suivait son cours comme au temps des ancêtres. Il n'y avait plus un vrombissement d'avion dans le ciel.

Mais Rinto savait que la trêve serait de courte durée. Les vols allaient reprendre avec les jours rallongés et il faudrait de nouveau fuir les poursuivants.

Assis à l'entrée de la yaranga, il réparait les traîneaux. Ceux-ci, fabriqués sans le moindre clou, nécessitaient parfois de petits travaux d'entretien : les sangles se relâchaient par l'effet de l'humidité et il fallait les resserrer d'un cran. Assise sur l'un des traîneaux réparés, Anna l'écoutait :

— Il y a une multitude de mondes dans l'univers, expliquait Rinto. Et les cieux ne sont pas seulement ceux que nous voyons à l'œil nu. Ils sont disposés par couches les uns au-dessus des autres, de la même façon que plusieurs niveaux s'étagent dans le monde souterrain. Tous sont habités. Non seulement par les morts, mais aussi par les kèly et leurs différentes émanations. Même un mulot de la toundra peut revêtir plusieurs aspects, sans parler bien sûr des oiseaux et des autres bêtes. Ils peuvent rapetisser dans des proportions infimes tout comme ils peuvent grandir de telle sorte que nous ne sommes plus que des mouches à côté d'eux. Une légende rapporte comment un kèly nommé Pitchvoutchine est venu à la rescousse de chasseurs surpris par la tempête en pleine mer. Il s'est contenté d'entrer dans les flots en furie, qui ne lui montaient qu'à hauteur des genoux, de recueillir soigneusement le canot avec ses naufragés et de le glisser dans sa propre manche. Une fois à terre, il s'est couché après avoir écimé une montagne voisine pour se faire un repose-tête. Au matin, une fois la mer calmée, il a remis le canoë à flot et a soufflé sur les voiles qui se sont gonflées de vent…

Anna écoutait, attentive, pleine du désir de croire aussi fort que Rinto à tous ces miracles – l'organisation de l'univers, cette foule d'incarnations vivantes, l'existence des "maîtres" des rivières, des montagnes, des rochers, des vallées, des arbustes. Mais elle sentait que pour se fondre à son nouvel état, il lui fallait renier tout ce qu'elle avait appris à l'école, à l'université, à commencer par la fameuse interprétation scientifique et matérialiste des réalités dont sa tête avait été bourrée dans un passé encore si proche. Que d'invraisemblance et de fantaisie, pourtant, dans ce monde qui se cachait sous les apparences ! En même temps, il apportait à chaque instant la preuve de sa présence par des phénomènes que Rinto savait expliquer d'une façon simple et facile, au-delà de leur caractère énigmatique. Son beau-père se sentait parfaitement à l'aise dans ce monde-là, sûr de sa foi, sûr de la philosophie qu'il tirait de sa propre expérience comme de celle qu'on lui avait léguée. Anna savait que la force de l'ènènyliyn tenait tout entière dans cette foi. Aussi s'efforçait-elle de s'isoler autant que possible pour se plonger dans ses méditations.

— Je n'arrive pas à me délivrer des souvenirs de mon passé, de mon enfance, de ma vie à Leningrad, se plaignait Anna. Dès que je me concentre pour me fondre dans la nature environnante comme tu me l'as appris, ces souvenirs reviennent… C'est plus fort que moi.

Rinto connaissait le moyen d'effacer à jamais la mémoire de quelqu'un. Il fallait conduire la personne au bord d'un abîme et lui laisser voir la profondeur du gouffre où elle pouvait choir. Oui, mais ce qu'il avait fait en pénétrant cette femme et en déchirant les liens de la fidélité conjugale n'avait pas suffi. Sortie intacte du choc, sa conscience avait vite repris le dessus. Son voyage dans le Monde des Ombres à l'aide du vapak, champignon sacré, n'y avait rien fait non plus. On pouvait recommencer, bien sûr, mais un nouveau voyage risquait alors d'être le dernier… Il arrivait que le voyageur, même revenu à terre, perde à jamais la raison. Rinto en vint à la conclusion que seul le temps pourrait transformer Anna.

— Il y a aussi l'épreuve par les armes, lui rappela-t-elle.

Il s'agissait de piquer le sujet avec un javelot, de le lacérer au couteau ou même de lui tirer une balle. S'il restait indemne, c'était qu'il possédait bel et bien les vertus d'un véritable ènènyliyn et qu'il pouvait tenir tête à toutes les adversités, à la différence d'un simple mortel.

— Et si cette épreuve est fatale ? demanda Rinto.

— Au destin de trancher, dit Anna, soumise.

— Attendons un peu, suggéra Rinto. Nous ne sommes pas pressés. Tu es encore jeune, tu as de nombreuses années devant toi et un grand désir de devenir un vrai ènènyliyn.

— Que faire de mes souvenirs du passé ?

— Ne les chasse pas, lui conseilla-t-il. Mets-toi plutôt à leur écoute et cherche les signes qui traduisent la présence des Forces supérieures.

Anna suivit son conseil : elle se replongea dans son enfance, sa jeunesse, les pénibles souffrances des années de guerre, la perte irréparable de ses parents. Il lui semblait que le coin le plus douillet de la terre était la grande pièce de l'appartement communautaire du quai Obvodny, à Leningrad, meublée par les mains de son père, avec, royal, le grand buffet de chêne sombre et poncé qui occupait tout un mur, la machine à coudre Singer qu'elle rêvait tant de faire marcher, le large rebord de la fenêtre où il faisait si bon s'allonger pour observer le bord du canal. C'étaient des souvenirs colorés, d'une précision minutieuse comme s'ils dataient de la veille et n'avaient pas eu le temps de se dissiper. En même temps, l'idée lui venait chaque fois que tout cela s'éloignait d'une façon irréversible et qu'elle était désormais beaucoup plus proche des espaces nouveaux dont Rinto lui avait parlé, voire du Monde des Ombres où elle s'était rendue. Enfin, Anna se rendit compte que même en rêve elle ne parlait plus que le tchouktche. Son dernier lien avec la langue russe – écrite – passait par son journal qui avait perdu tout intérêt à ses yeux.

Les ventres des mères gonflaient toujours. Il fallut scinder le troupeau en deux.

Anna Odintsova se tourna vers le zénith :

Ecoutez, ô Vous qui habitez les Mondes supérieurs
Vous qui nous voyez à travers les nuages :
Que ceux qui nous envoient le vent et la neige en tempête
Entendent mes paroles et fassent preuve de clémence…

Elle éparpillait des miettes en offrande aux quatre points cardinaux, à tous les vents de la nature, livrée entière à sa prière, le corps tendu.

L'oraison faite, elle se dirigea lentement vers la yaranga où Katia, du côté sud, faisait le feu sacré à la manière traditionnelle. Près d'elle, à même la neige, Toutril jouait à la balle, vêtu de sa double combinaison de fourrure. La balle, cousue d'une peau blanchie de phoque si rare en pleine toundra, représentait le soleil. Un petit astre brodé figurait sur chacune des quatre faces, avec en guise de rayons de longs poils blancs arrachés à un renne mâle. Apercevant Anna, le garçon sourit et lui tendit les bras.

L'âme heureuse, Anna songea à l'animosité qu'elle éprouvait encore récemment pour Katia sa rivale. Quelle stupidité ! La vie était autrement riche et complexe qu'une simple rivalité de femmes. L'essentiel se jouait à l'intérieur de soi, dans la confrontation des sentiments et des pensées, dans la révélation des forces qui, du dedans et du dehors, présidaient au comportement des hommes. D'entre tous ces sentiments, la jalousie et l'envie se trouvaient à la marge des choses essentielles. Elles faisaient penser à des objets usuels qu'on avait toujours sous la main ou qui sautaient aux yeux en cas de besoin.

Anna regardait l'enfant. Elle imagina un instant son avenir : il se déroulerait ici même, dans la toundra, sur ces pentes rocheuses chichement couvertes de lichen ou de touffes d'herbe dure, parmi les torrents cristallins et les eaux croupies, mais surtout au milieu du grand silence blanc des neiges. Peut-être le garçon serait-il désigné pour recueillir les connaissances qu'elle accumulait à présent, les coutumes et les usages destinés à faciliter la vie des hommes en ce monde.

Quel bonheur que de voir l'avenir d'au moins un être humain !

13

De son coin, l'aviateur Tymnet regardait d'un air amusé les mushers s'escrimer à charger les chiens récalcitrants dans le ventre métallique de l'appareil. Les chiens hurlaient, montraient les dents, les mushers lâchaient des jurons russes.

Cette fois, Atata avait décidé de partir du golfe Kytryn pour se lancer à la recherche du campement en fuite. Selon lui, Rinto n'avait pu se réfugier que par là, pour se rapprocher des estives habituelles. C'était logique. Dans son raisonnement, Atata s'était imaginé à la place de Rinto.

— Si tes chiens font des saletés dans l'avion, prévint Tymnet, tu nettoieras toi-même.

Exprès, les chiens n'avaient pas été nourris dans la perspective de ce singulier voyage, et Atata était sûr que ces choses-là ne se produiraient pas. A tout hasard, il emportait une pelle. L'aviateur polaire Dmitri Tymnet avait transporté de tout dans sa vie, mais des attelages de chiens, jamais. Il se sentait un peu contrarié, un peu froissé par un tel usage de l'aviation. En rentrant dans sa Tchoukotka natale avec son brevet d'aviateur professionnel, il avait rêvé de piloter des passagers, de secourir des naufragés, d'évacuer des malades, de transférer des géologues, des gardes-frontières, de guider des navires à travers les glaces, d'acheminer des plis officiels urgents ; quant à traquer des éleveurs de rennes en fuite et à semer la débandade dans leurs troupeaux, il voyait là une mission indigne. Impossible, pourtant, de se défiler. La seule chose qu'il pouvait faire était de montrer des signes de mécontentement.

Comme à son habitude, Atata s'installa à la place de droite qui restait libre : en sa qualité d'ancien pilote de guerre, Dmitri Tymnet avait le droit de voler sans copilote.

Le moteur hurlant, l'appareil courut le long de la piste et s'envola d'un coup, comme happé par le vent contraire. De l'intérieur, on sentait bien l'élasticité de l'air. On se croyait porté par une grande main molle.

On quitta le liman de l'Anadyr, avec en son milieu la tache foncée de l'île Alioumka inhabitée. Trente minutes plus tard parut le golfe de la Croix. L'avion le coupa en diagonale et mit le cap sur l'ouest. On fit une escale d'une demi-heure pour compléter le plein de carburant dans la baie de la Providence à la base navale polaire. Tymnet y fut accueilli comme quelqu'un de la famille, avec un bon repas. Ses compagnons de route ne furent pas oubliés.

On repartit ensuite pour Kytryn, à près d'une heure de vol. Atata scrutait les lieux familiers de son enfance : le cap Kivak qui avait abrité jadis un village esquimau de chasseurs des mers abandonné depuis longtemps. A droite se profilait distinctement le long banc de galets d'Ounazik avec, à l'extrémité, des yaranga et des maisonnettes éparses. Ce village l'avait vu naître et grandir. Gamin, Atata avait parcouru l'endroit dans tous les sens. Plus à l'est émergeait d'un amoncellement de glace l'île Saint-Laurent qui appartenait à l'Amérique. Là-bas vivaient, à Sivoukak, des cousins d'Atata – une tache noire dans son dossier de tchékiste. Peu de temps avant son départ pour Leningrad, à l'Institut des peuples du Grand Nord, il s'y était rendu avec ses parents. Il avait pêché et chassé les oiseaux avec les garnements du coin. La langue dans laquelle s'exprimaient les cousins américains d'Atata ne se distinguait en rien de celle des Esquimaux d'Ounazik, la seule différence étant qu'au lieu du russe, les écoliers apprenaient l'anglais. Maintenant, c'était une terre étrangère, à l'extérieur des frontières. Et la population, à en croire les affirmations du gouvernement soviétique, y était hostile au peuple soviétique. Cette hostilité tenait à la nature de classe de l'impérialisme américain, à la richesse de ceux qui faisaient travailler tous les ouvriers de la planète pour accroître leur fortune. L'impérialisme américain s'opposait à ce que la classe ouvrière prenne les affaires en main.

Atata regardait l'île désormais inaccessible. Il songeait à ses cousins dont la vie, en somme, ne différait guère de celle des Esquimaux soviétiques. Il n'y avait pas un seul capitaliste à Saint-Laurent, sinon peut-être Kounnoukaï, le patron de la boutique. Les enseignants américains ne se distinguaient en rien des Russes. Il est vrai que, du côté américain, Atata ne serait jamais devenu un capitaine de la CIA (ainsi s'appelait, lui avait-on dit, l'institution équivalant au ministère soviétique de la Sûreté d'Etat).

La piste d'atterrissage de Kytryn avait été aménagée de fraîche date sur un isthme plat qui conduisait à la presqu'île de Kytrytkyn. Dans un passé encore récent, ces terres étaient celles de l'aborigène Palaïke dont la yaranga se trouvait toujours à la pointe du cap. Atata avait commencé ses études avec son fils Yatkhor, à l'Institut des peuples du Grand Nord. Yatkhor était resté à Leningrad. Il avait trouvé la mort pendant la guerre.

L'avion entama sa descente du côté de la mer, au-dessus de la baie recouverte d'une épaisse banquise enneigée.

Il fut accueilli par les autorités locales : le président du comité exécutif Toukkaï, le secrétaire du parti Moukhine et des cadres administratifs qu'Atata ne connaissait pas. Toukkaï prodigua d'ardentes accolades à Tymnet, natif comme lui d'Ouelen et lointain parent.

— Nous n'avons pas la moindre nouvelle de Rinto, annonça d'emblée Toukkaï. Même les gens les mieux informés ne savent rien. Impossible de le localiser de près ou de loin.

— Ils ne savent rien, ou bien ne veulent rien dire ? coupa Atata.

— C'est plutôt qu'ils ne savent rien. Mais si quelqu'un savait, il ne parlerait pas.

— Il faut les interroger ! dit fermement Atata. Qu'on les convoque et qu'on les interroge !

— Je ne vois même pas qui convoquer, fit Toukkaï embarrassé.

— Donne-moi des noms, ne te gêne pas, dit Atata en sortant un carnet noir et un crayon. Allez ! parle, te dis-je.

— Je suis incapable de donner des noms ! rétorqua Toukkaï courroucé. Et puis ils sont tous d'Ouelen, pas de Kytryn.

— Si nous ne trouvons pas Rinto demain, nous prendrons l'avion pour Ouelen et procéderons aux interrogatoires sur place ! (Atata durcissait le ton, sentant que Toukkaï le craignait.) Départ demain matin !

Il fut décidé pour le moment de laisser les chiens et leurs mushers à Kytryn.

Le président du soviet refusait d'être du voyage, alléguant des affaires urgentes. Mais quand Atata déclara : "A l'heure actuelle il n'y a pas de tâche plus urgente en Tchoukotka que l'achèvement de la collectivisation", l'autre y consentit à son corps défendant. La honte de la Tchoukotka, vitupérait le capitaine du MGB, consistait dans les retards qu'elle accumulait, principalement dans l'organisation des kolkhozes.

Le rêve d'Atata, c'était que toute la population de sa Tchoukotka natale rattrape d'ici peu les Russes avec des kolkhozes aussi performants. Il imaginait son village d'Ounazik construit de maisons en bois à la place des yaranga. Les gens dormaient dans des lits hauts sur pied, se lavaient toutes les semaines aux bains, mangeaient avec des couteaux et des fourchettes au lieu d'y mettre les mains… Les habits aussi devaient changer. Bien sûr, on aurait du mal à remplacer la koukhlianka d'hiver en fourrure de renne : même les savants bolcheviques les plus doués n'avaient rien inventé de mieux. Papanine* et ses hommes, qui avaient hiverné presque un an au pôle Nord sur un pack dérivant, portaient des koukhlianka. Mais sous les koukhlianka, en revanche, on mettrait des chemises de tissu. En langue tchouktche, "chemise" se disait mytchykvyn, littéralement "piège à poux" : on repérait plus facilement les poux sur un tissu clair que dans une épaisse fourrure de renne. Certaines personnes du pays avaient adopté les caoutchoucs, qu'on pouvait chausser directement sur les torbaz pour les protéger de l'humidité. La vie nouvelle, décidément, avait encore des tas de choses à apporter ! Encore fallait-il y entrer d'un pied ferme, sans se retourner vers le passé. Comme ça faisait plaisir de voir l'Esquimau Goukhougue avec un accordéon à la place d'un tambourin en estomac de morse ! Et quand Maï Guirgol, un garçon d'Ouelen, faisait sonner des claquettes russes plutôt que d'exécuter une danse antique et sauvage au son d'un yarar, ça mettait du baume au cœur et ça rendait confiant dans la vie à venir ! Plus d'une fois Atata lui-même avait senti ses jambes gigoter sur la musique d'un piano à bretelles. Dès qu'il en aurait fini avec les derniers koulaks de la Tchoukotka, il ne manquerait pas de s'inscrire au club de danse de la maison de la culture d'Anadyr, animé par le Géorgien Mikhaïl Goulidze, médecin-chef du Territoire. Atata n'envisageait de bonheur familial qu'avec une femme tanguitan. Elle seule saurait rendre le foyer aussi douillet qu'une vraie maison russe. Au fond de son âme, il caressait le rêve d'épouser quelqu'un comme Anna Odintsova. Il était persuadé que le mariage de la jeune Russe avec le fils d'un éleveur de rennes à peine sorti de l'école n'avait rien de sérieux. Peut-être même se morfondait-elle déjà en pleine toundra et ne demandait-elle qu'à revenir dans le monde civilisé. Dans ce cas, Atata se présenterait à elle comme un libérateur à qui elle

* Voir note 2 page 65.

s'empresserait d'offrir son cœur et ses douceurs. Ils s'installeraient à Anadyr, dans l'immeuble vert à deux étages qui venait d'être construit près de la chaudière. Là étaient logés les plus hauts dirigeants du Territoire. Lui-même serait promu major : une grosse étoile cousue sur une épaulette à deux galons. Aucun enfant du pays n'avait encore mérité un grade aussi élevé. L'aviateur Tymnet avait peut-être fait la guerre, mais il n'était pas arrivé plus haut que lieutenant-chef. Obtenir une promotion en temps de paix, c'était une autre paire de manches !

L'avion mit le cap sur le nord-ouest. Après une heure de vol au-dessus de collines et de lacs enneigés et déserts, on piqua vers le sud. On fouilla des yeux les rives du lac Ionivèèm, mais rien. Pas la moindre trace de renne ni même de bête sauvage sur la neige vierge. Comme si toutes les créatures vivantes avaient voulu échapper à la poursuite de l'oiseau de fer.

Atata se retourna vers Toukkaï :

— Tu ne vois rien ?

Toukkaï hocha la tête : non.

— Et toi ? demanda Atata au pilote.

Tymnet regardait la terre à travers d'épaisses lunettes de soleil. Il fit d'abord mine de ne pas entendre, mais l'autre, tenace, lui hurla dans l'oreille.

— Je ne vois rien de spécial, cria-t-il.

A ce moment Toukkaï tapa du poing dans le dos d'Atata.

Le tchékiste se retourna. Toukkaï pointa le doigt vers le bas.

L'avion descendit. La neige apparut criblée de milliers d'empreintes de sabots de renne. La piste se déroulait le long de la vallée en direction du nord-ouest et s'enfilait dans une gorge étroite.

Atata fit signe à Tymnet de suivre la trace. Mais pour y arriver l'avion dut prendre de l'altitude. On ne distinguait presque plus le sillon dans la neige. L'essentiel était qu'Atata venait de tomber sur la trace de Rinto. Nul autre que lui ne pouvait nomadiser par ici. Le vieux avait choisi un bon endroit. Il se cachait dans les vallées les plus pentues du massif, conscient d'échapper ainsi au champ de vision des avions.

Atata fit signe à Tymnet de revenir à Kytryn.

De retour à l'aérodrome, il dit :

— Maintenant, nous savons où il se trouve. Il n'ira pas loin : les veaux viennent de naître et sont encore faibles... Il s'imagine à l'abri. A l'abri des avions, peut-être, mais il n'échappera pas à mes chiens !

Plusieurs jours s'écoulèrent en préparatifs d'une longue expédition. On fit venir tout un stock de kopalkhen du village voisin de Nouniamo, situé sur l'autre rive de la baie de Lavrenti. On acheta de la farine, du beurre, du lait concentré, du thé, du sucre. On réclama une fournée spéciale à la boulangerie.

Atata s'isola sur la banquise pour tester les armes. Essai probant. Il les graissa à l'aide d'un lubrifiant antigel.

On se mit en route un beau matin en direction du sud-ouest. Le soleil brillait avec la neige, les cimes bleutées paraissaient flotter au-dessus de l'horizon. Assis sur un traîneau grinçant et surchargé, Atata se voyait déjà faisant irruption dans le campement de Rinto. Le vieil éleveur lui demandait grâce. De grâce, pourtant, il n'y en aurait point. Ni non plus pour son fils cadet qui, bien que komsomol, s'était révélé un fieffé fils de koulak. Une preuve de plus, si besoin en était, que la conscience de classe pouvait être héréditaire. Le garçon avait fait sept années d'études dans une école soviétique. Il avait appris l'histoire édifiante de l'Union soviétique et du parti que le grand Staline conduisait de victoire en victoire. Il avait prêté serment en adhérant au mouvement des pionniers, puis au Komsomol. Encore heureux qu'il ne soit pas entré à l'institut pédagogique d'Anadyr. Allez diable savoir ce qu'il aurait enseigné aux enfants une fois devenu instituteur ! Quant à Roltyt, on pouvait le laisser dans le campement. Mais comme simple pâtre ! Sans lui accorder le droit de posséder ses propres rennes. Il goûterait ainsi à la condition des pauvres et des démunis.

Pour Anna Odintsova... D'un côté, elle avait franchement opté pour une politique de nuisance : au lieu de se conduire comme une komsomol soviétique normale, de faire de la propagande et de dénoncer ce koulak de Rinto, elle était devenue sa belle-fille ! Il fallait espérer que ce soit par amour pour l'ex-écolier Tanat, comme elle le lui avait affirmé à Ouelen. Mais peut-être avait-elle un autre but en tête ? Allez savoir avec ces tanguitan ! Qu'avait-elle besoin de se cloîtrer dans une yaranga en pleine toundra ? Elle aurait très bien pu faire son travail à Ouelen, à Anadyr, ou même emmener son mari à Leningrad, que diable ! Eh bien non, il avait fallu qu'elle vive dans la peau d'une vraie Tchaoutchouvanaou. Mais depuis le temps, se disait Atata, elle avait dû avoir son content de toundra. Il y avait gros à parier qu'elle rêvait d'un bon bain, d'enfiler du linge blanc, de se démêler les cheveux avec un peigne à poux bien serré. D'imaginer son corps frais lavé excitait Atata. Il classait les femmes en deux catégories : celles avec lesquelles on pouvait se réveiller le matin dans le même lit, et celles dont il valait mieux prendre congé la veille au soir. Il était prêt à ne jamais quitter Anna Odintsova. A lui faire la cour comme un vrai tanguitan. Comme dans les livres ou au cinéma. Evidemment, il n'y avait pas de fleurs en Tchoukotka les trois quarts de l'année, mais il pourrait se rattraper en été. On disait aussi que les femmes tanguitan aimaient bien les parfums. Les arrivages de parfumerie étaient fréquents. Mais on se les arrachait pour s'en soûler. Une fois, Atata avait rendu visite à un vieil ami, instituteur de Yanrakymnot. L'homme occupait à l'orée du village une maisonnette ensevelie sous la neige. Un tunnel conduisait à la porte d'entrée, dont les parois blanches recelaient toutes sortes de déchets. Principalement des bouteilles. Elles s'étageaient par couches : en bas, c'étaient des litres de vodka ordinaire achetés à une époque où l'alcool ne manquait pas dans le commerce ; venaient ensuite des bouteilles opaques de vin cuit ; plus haut, de mousseux, en forme d'obus ; plus haut encore, différents flacons de parfum et d'eau de toilette de tous les calibres. Et en surface, saupoudrées de neige fraîche, des boîtes-cadeaux de nécessaires à toilette pour enfants, dont il n'avait sorti que l'eau de Cologne, laissant intacts le dentifrice et la savonnette.

Sans doute Anna Odintsova n'était-elle pas coupable. Mais il ne coûtait rien de l'accuser de collaboration avec l'ennemi de classe. Tout dépendait du bon vouloir d'Atata. Il suffisait de le faire entendre à Odintsova pour qu'elle change de chanson.

A rêvasser le temps passait vite. Les traîneaux glissaient avec aisance sur une neige parfaite. Le jour durait. A peine le soleil effleurait-il les cimes crénelées des montagnes, à l'ouest, vers où filaient les chiens.

On s'arrêta pour la nuit au bord d'une rivière qui sommeillait encore sous une épaisse couche de neige et de glace. Les mushers eurent tôt fait de monter la tente et d'arracher des branches aux arbustes enneigés. Sur un feu crépitant, la bouilloire siffla vite et la viande ne fut pas longue à bouillir. On commença cependant par nourrir les chiens de kopalkhen, avant de s'en rassasier soi-même. Les tanguitan pouvaient dire tout ce qu'ils voulaient sur la mauvaise odeur du morse faisandé, il n'y avait rien de mieux que de découper en plein gel de fines lamelles d'une peau doublée de graisse et de chair un rien verdâtre. Ça picotait la langue. Ça fondait en emplissant peu à peu le ventre d'un sentiment de satiété grasse pour de longues heures à venir. Arrivait ensuite une couche de viande bouillie bien chaude, puis un thé fort, concentré. Après quoi l'on songeait avec commisération et pitié à ceux qui n'avaient pas goûté à la félicité d'un festin tranquille au bout d'une harassante journée de route en plein air, dans l'immensité pure de la toundra tchouktche. La conscience en paix, on pouvait alors s'effondrer de sommeil dans un koukoul de fourrure glissé, pour plus de chaleur, entre deux fidèles mushers. Atata disposait d'une confortable réserve d'alcool, mais il ne s'autorisait jamais, ni à lui ni à ses hommes, la moindre goutte au bivouac. Dans une yaranga, c'était autre chose. Si tout se passait comme prévu, on devait rattraper le troupeau et le campement de Rinto au soir du quatrième jour.

Quand naissent les veaux, le troupeau ne bouge plus.

Comme l'avait calculé Atata, les chiens marquèrent des signes d'excitation à la fin du quatrième jour. Bientôt les traîneaux s'enfilèrent sur une piste criblée de sabots et jonchée de crottes noirâtres.

A nouveau, il sentit s'éveiller en lui ses instincts de chasseur.

Enfant, il avait chassé l'ours blanc dans les glaces non loin du cap Kivak. Malgré son âge, on l'avait jugé assez mûr pour prendre part à une entreprise aussi périlleuse. En apercevant sur la banquise le pelage jaunâtre de la bête, il avait senti percer au fond de lui une sensation nouvelle, l'instinct de poursuite inhérent à tout véritable chasseur arctique.

Cette fois encore, en lançant les chiens sur la piste, il les houspilla avec des cris de rageuse impatience.

Les yaranga se dressaient à l'entrée d'une gorge étroite, à l'écart des chapeaux de neige en suspens. A la lumière des rayons ras du soleil, on voyait bien le camp, les traîneaux appuyés contre les tentures, les gens qui attendaient dehors en silence. De loin, on ne pouvait distinguer les hommes des femmes. Atata distribua les armes aux mushers. Ordre formel leur fut donné de ne pas tirer sans son commandement.

Il prit la tête de la caravane et fut le premier à s'approcher des yaranga. Il jugula ses chiens. Le camp était disposé de telle sorte qu'à son approche, on devait contourner une forte paroi rocheuse couronnée de neige. Que cet immense toit blanc se décroche et l'endroit se changerait à jamais en cimetière...

Cette fois, il discernait nettement deux femmes et un homme. Anna Odintsova était-elle bien là ? Oui ! Elle était même plus grande que Rinto, le chef du campement. Mais, en apparence, rien ne la distinguait d'une vraie Tchaoutchouvanaou.

Rinto salua de loin son visiteur.

— Amyn ettyk !

— Ii, répondit Atata en masquant un sourire triomphal. Comme tu le vois, je t'ai rattrapé.

— La chance est avec toi, commenta Rinto.

Atata conduisit son traîneau au pied de la yaranga et l'ancra dans de la neige ferme pour entraver les chiens. Maintenant il voyait bien Anna Odintsova. Il sentit son sang monter, ses joues s'enflammer, ses mains s'emplirent d'une tiède lourdeur. De sa moufle de renne, il extirpa une main poisseuse et brûlante qu'il tendit à Anna, lui réservant des salutations à la mode des tanguitan.

— Bonjour, Anna... (il marqua une hésitation) je ne connais pas votre patronyme...

— Nikolaïevna, lui souffla-t-elle sans pourtant répondre à sa main tendue. Amyn etti !

Rinto salua les deux autres mushers et leur montra où ranger les attelages. Il se conduisait comme il seyait à un chef accueillant des visiteurs. Les traditions de l'hospitalité exigeaient qu'on rende service à tous les voyageurs, c'était une règle de la toundra. Il s'inquiéta de la nourriture des chiens. Atata répondit qu'il n'en manquait pas, et annonça qu'il passerait la nuit sous la tente avec ses mushers.

— Je n'ai pas peur de toi, dit-il à Rinto, mais cela vaudra mieux pour moi comme pour toi.

— Tu sais que tu peux prendre place dans n'importe quelle yaranga, répondit Rinto avec des accents de gravité. Mais si tu préfères t'installer sous la tente, c'est comme tu veux. De toute façon, je pense que tu ne refuseras pas de festoyer chez moi ce soir.

En dépit d'une certaine crispation, les deux hommes manifestaient autant de retenue que possible, comme s'il ne se passait rien de spécial entre eux : on avait de la visite et c'était tout.

Anna préparait à manger, secondée par Vèlvounè et Katia. En regardant gigoter le petit Toutril, Atata rêvait d'avoir un bambin comme celui-ci avec Odintsova. A cette idée, curieusement, il eut l'humeur assombrie.

Poliment il demanda :

— Es-tu habituée à la yaranga ?

— Je n'ai pas eu besoin de m'y habituer, répondit Anna. J'y étais prête.

Atata resta songeur. Il n'avait pas la moindre envie de se disputer en ce moment. Mais comment une tanguitan, une komsomol qui avait grandi dans une ville aussi magnifique que Leningrad, berceau de la révolution, où la grandeur de la classe ouvrière et son sens du collectivisme se manifestaient à tous les coins de rue, comment une femme pareille pouvait-elle se métamorphoser en Tchaoutchouvanaou ?! A son comportement, à sa façon de s'exprimer, on voyait bien que c'était quelqu'un d'intelligent.

— Tu crois que ça m'amuse de travailler à la dékoulakisation ?

Elle eut un ricanement ironique :

— Je crois que oui. Ça te plaît de jouer les grands chefs, surtout devant des gens sans défense qui ont le dos au mur.

Oui, Anna Odintsova voyait clair ! Il valait mieux s'en méfier et ne pas lui faire trop de confidences en cherchant à l'attendrir.

Sur ces entrefaites, Rinto revint du troupeau avec sur le dos la carcasse d'un renne écorché.

— Pourquoi es-tu seul ?

— Mes fils ne peuvent pas laisser le troupeau. Les mères viennent à peine de mettre bas.

Atata fit apporter des vivres de ses propres réserves, du thé, du sucre. Il se donna même la peine d'aller à son traîneau pour tirer une bouteille d'alcool à un jerrycan. Il demanda de l'eau, y dilua l'alcool et commença par servir le chef. Rinto prit docilement la timbale et but une gorgée. Tout le monde l'imita, y compris Katia. Seule Anna refusa.

— Je sais, ricana Atata, les femmes tanguitan préfèrent le vin rouge bien sucré. Tu auras peut-être l'occasion d'en goûter bientôt...

La conversation prenait mal. Le tchottaguine se plongeait parfois dans un silence oppressant, troublé seulement par le crépitement des branches humides sur un feu âcre de fumée, et par les bruits de bouche d'Atata qui se régalait de viande fraîche. Pour un habitant du littoral, la viande de renne était un luxe et la meilleure offrande qu'on puisse faire aux Dieux pour solliciter leur clémence.

Atata paraissait déjà légèrement grisé.

— Voici venue la fin de ton règne dans la toundra, dit-il à Rinto. Tu vas bientôt devoir te séparer de tes rennes.

En dépit d'une copieuse lampée d'alcool avalée à la timbale, Rinto gardait la tête parfaitement claire. Seul son cœur cognait fort avec des élancements dans la poitrine.

— Que vont-ils devenir ? demanda-t-il en détachant chaque syllabe à grand-peine.

— Tes rennes feront partie du grand troupeau collectif du kolkhoze *L'Aube rouge*.

— Mais le kolkhoze d'Ouelen est spécialisé dans la chasse, rappela Rinto.

— Les consignes actuelles sont de monter des exploitations mixtes, expliqua Atata. En hiver les chasseurs n'ont pas grand-chose à faire. Eh bien, maintenant ils garderont les rennes.

— C'est un travail qu'ils n'ont jamais fait. Ils en sont bien incapables.

— Ils apprendront ! Moi non plus je ne savais rien faire. J'étais un Esquimau ignare. Et vois qui je suis devenu ! Un capitaine du MGB ! Bientôt major ! As-tu jamais entendu dire qu'un Esquimau ou un Tchouktche était devenu major ?

Ces derniers mots visaient plus Anna que Rinto.

Jusqu'ici silencieuse, elle demanda :

— Toi qui es un grand chef, peux-tu me dire à quoi bon s'en prendre à des gens qui n'ont rien fait de mal ?

— Comment ça ? s'indigna Atata en toute franchise. Ils ont cherché à fuir le pouvoir soviétique !

— Ils ont surtout cherché à sauver leur vie, leurs rennes. Ils voulaient vivre comme avant.

— Mais il existe un décret du Comité central du parti et du gouvernement soviétique ! Des instructions personnelles du grand Staline ! Les Soviétiques doivent vivre en application des lois nouvelles !

— Et s'ils n'en ont pas envie ?

— Je m'en fiche ! Qui n'est pas avec nous est contre nous ! C'est un slogan. Si le campement de Rinto n'est pas du côté du peuple soviétique, c'est qu'il est contre nous ! Il sera traité comme un ennemi du peuple !

— Vous allez l'arrêter ?

— Il est d'ores et déjà considéré comme prévenu.

— Et s'il ne se plie pas ?

— J'ai le droit d'utiliser les armes.

— Serais-tu capable de tuer sans scrupules ?

— Qui n'est pas avec nous est contre nous ! Je te l'ai déjà dit. Quand l'ennemi ne se rend pas, on l'extermine ! Je remplis une mission du parti, du gouvernement soviétique, de Staline en personne.

— Et une fois qu'il sera arrêté ?

— Il sera jugé et condamné soit au poteau, soit au camp. Mais beaucoup ne survivent pas jusqu'au camp, ni même jusqu'au jugement.

Il voulut parler d'Arento mais se ravisa. Sa mort était un échec plutôt qu'une victoire. Alors, se tournant vers Rinto :

— Je ne comprends pas : pourquoi s'entêter à refuser la vie nouvelle ? Le pouvoir soviétique et le camarade Staline en personne souhaitent que les Tchouktches et les Esquimaux vivent de la même manière que les autres peuples de notre pays. Qu'ils soient instruits, cultivés, qu'ils oublient à jamais leur passé ténébreux. Ton fils a été à l'école. Je sais même qu'il avait l'intention de continuer ses études. L'instituteur Lev Vassilievitch Belikov a travaillé dans ton campement. Tu passais pour quelqu'un d'avant-garde.

On parlait même de te faire élire président du kolkhoze de la toundra. J'étais contre, c'est vrai : tu es un koulak, un exploiteur, un élément étranger au monde du travail. Mais certains plaidaient pour toi. Surtout des gens comme Otke ou Toukkaï, natifs de ton pays. C'était moi qui avais raison : à la première occasion, tu as fichu le camp pour échapper au pouvoir soviétique. Je n'arrive pas à croire que tu ne veuilles pas le bien de ton peuple. Tiens-tu tellement à ce que tes enfants et tes petits-enfants continuent de vivre dans des yaranga insalubres, de faire confiance à des chamans roublards, de ne pas se laver, de ne savoir ni lire ni écrire ? Le pouvoir soviétique, pourtant, fait beaucoup pour nos peuples : moi, par exemple, je suis devenu capitaine du MGB. Tymnet, mon ami d'Ouelen, est aviateur. D'autres personnes originaires d'Ouelen, comme Otke ou Toukkaï, sont maintenant des grands chefs. Otke siège au Soviet suprême, il voit le grand Staline chaque année !

Rinto écoutait le verbiage d'Atata qui parlait de plus en plus fort. Impossible de discuter avec lui. Le passé ne comptait pas à ses yeux. Or, pour Rinto, renoncer au passé et à ses propres rennes revenait à renoncer à lui-même, à la vie. Seuls les suicidaires quittaient la vie de leur plein gré. Rinto ne voulait pas en être. Il aimait la vie, cette terre, les gens de sa famille et de son peuple. On ne pouvait le priver de cette terre que par la force.

Atata continuait :

— Ceux qui nous poussent en arrière doivent partir. C'est la mission du ministère de la Sûreté d'Etat dirigé par Lavrenti Pavlovitch Beria, fidèle compagnon du grand Staline et natif de la même république que lui. Ce travail s'effectue dans le pays entier. Il a été entrepris dès avant la guerre, mais la lutte contre le fascisme a retardé les choses. Des camps spéciaux ont été aménagés dans tout le pays pour les ennemis du peuple. Des koulaks sont en train d'y purger leur peine, qui viennent non seulement de Tchoukotka, mais de partout : Ukraine, Biélorussie, Kazakhstan,

Kirghizie, Géorgie, Estonie, Lettonie, de toutes les républiques…

Il paraissait bercé par son propre discours. Il fermait les yeux et parfois même se penchait d'un côté ou de l'autre.

Bientôt il se tut et ronfla. Ses fidèles mushers le soulevèrent et le conduisirent vers la tente dressée près de la yaranga.

Rinto sortit en faisant signe à Anna de le suivre.

— Qu'as-tu décidé ? lui demanda-t-elle.

— J'ai un plan.

Elle accompagna des yeux la silhouette de Rinto qui s'éloignait et revint sous la yaranga. De la tente montaient les ronflements d'Atata ivre mort et de ses mushers.

Personne n'était couché. Les femmes et les enfants de la yaranga voisine venaient d'entrer. Tous regardaient le feu sans piper. Katia fut la première à rompre le silence :

— Que va-t-on devenir ? Va-t-on vraiment finir au kolkhoze ?

— Si on est dociles comme des veaux, ça finira comme ça en effet, trancha Anna.

— Ils sont armés, rappela Katia.

— Ils ne sont que trois, dit Anna, et vois combien nous sommes !

— Nous aussi n'avons que trois hommes, intervint Vèlvounè.

— C'est une façon de compter. Avec Toutril, ça fait beaucoup plus. Et nous, les femmes, ne sommes pas plus faibles que certains hommes.

Quand Rinto eut atteint le troupeau, il fit part de sa décision à ses fils.

— Pas question de leur donner les rennes, dit-il fermement. Montez-les sur le plateau. En cas de problème, je suis d'accord pour me constituer prisonnier.

— Et s'ils t'emmènent, qui sera le chef du campement ? demanda Roltyt.

— Le chef du campement sera Anna, déclara Rinto. Je sais que ça ne plaît pas à tout le monde, mais il le faut. Elle connaît bien notre vie maintenant. Elle peut accomplir tous les rites. En ce qui concerne les rennes et le choix des pâtures, Roltyt fera bien l'affaire.

— Et si on se battait ? suggéra timidement Roltyt.

Dans leur petite tente, les pâtres avaient deux armes à feu : une vieille Winchester américaine et un fusil à plomb de calibre seize pour écarter les loups.

— Bien sûr qu'on peut les battre, répondit Rinto songeur. Mais il y a beau temps que les Tchouktches ne tirent plus sur les gens. Faire couler du sang d'homme, ce n'est plus pour nous. Et puis un jour, forcément, nous aurions à en répondre. La vengeance du pouvoir serait cruelle. N'oubliez pas qu'ils ont fait quatre ans de guerre…

Rinto s'approcha de chacun de ses fils et frotta sa joue contre la leur.

Immobiles, les deux hommes suivirent leur père des yeux jusqu'à ce que sa silhouette disparût derrière la paroi d'un rocher.

Minuit était passé depuis longtemps. Le soleil du printemps devait bientôt se montrer. Mais la neige gardait sa croûte de gel nocturne qui craquait sous les pieds.

Les visiteurs dormaient encore. Rinto se dit qu'ils cesseraient de ronfler à l'aube, au moment de se réveiller.

Le feu crépitait déjà dans la yaranga et la fumée s'échappait droit par la pointe du chapiteau.

Dans le silence de ce matin de printemps, sous un chapeau bleuté de neige en suspens, Rinto prit Anna par la manche de son kèrkèr et lui dit doucement :

— L'heure est venue de la plus grande épreuve. Je tenais d'abord à reconnaître les torts que j'ai devant toi. Je n'ai pas su te rendre la vie tranquille dans la toundra. Sans doute les jours de paix sont-ils révolus pour notre peuple… J'ai dit à mes fils ma décision de me sacrifier. Qu'on m'emmène, qu'on me juge, qu'on me fusille, pourvu qu'on ne vous touche pas. J'espère m'arranger avec Atata. C'est un enfant du pays, malgré tout, même s'il est d'une autre tribu. J'ai dit aussi à mes fils que tu me succéderais comme chef du campement. Ils auront assez de sagesse pour se soumettre à toi. Tu es quelqu'un de fort et d'intelligent, tu sauras te faire entendre.

— Je n'en suis pas sûre, répondit Anna abasourdie par de tels propos. Je suis une femme.

— La grand-mère Guivèvnèou aussi était une femme. Pourtant, elle nous a élevés, elle a sauvé le campement, préservé notre troupeau.

La toile de tente bougea. Gatle s'en extirpa en se frottant les yeux d'un revers de sa manche en peau de renne. Puis ce fut le tour du deuxième musher, Ipèk. Atata parut le dernier. Tous les trois s'alignèrent près de la tente et firent des clapotis dans la neige, accompagnés de tonitruantes détonations d'origine intestinale.

En renouant le cordon de son pantalon, Atata fit un signe du menton vers Rinto :

— On va causer pendant le thé. Il faut préparer la marche sur Ouelen.

Rinto, en apparence, ne semblait pas affecté le moins du monde par le cours des événements. Maintenant que sa décision était prise, il se sentait rassuré : il n'avait plus qu'à appliquer sa ligne de conduite.

Le thé du matin eut presque l'allure d'un repas de fête par l'abondance et la finesse des mets servis : prèrèm, os à moelle, macérations d'herbes et même quelques morceaux de sucre. Rinto se comportait en maître avenant devant un invité de marque. Tel n'était pas le cas d'Atata qui affichait une mine morose et renfrognée bien qu'il se fût débarbouillé avec des cristaux de neige bien durs. Il tenait de la bouche de Russes expérimentés, et notamment du secrétaire du parti Grozine, qu'on pouvait dissiper une gueule de bois par quelques petites gorgées d'alcool. Mais son dégoût était tel ce matin-là qu'il préférait prendre son mal en patience plutôt que de mettre ne fût-ce que le bout du nez dans de l'eau-de-gaieté.

Après avoir avalé une bonne gorgée de thé fort, il demanda à Rinto :

— Combien te faut-il de temps pour te mettre en route ?

— Je peux partir maintenant s'il le faut.

— Mais ta famille, ton troupeau ?

— J'ai décidé de faire la route seul avec toi. Ma famille restera. Vous pouvez faire tout ce que vous voulez de moi, mais je te demande de laisser les miens tranquilles.

Atata vrilla du regard le visage insondable de Rinto, en essayant de digérer ce qu'il venait d'entendre.

— Voilà donc ce que tu as décidé ?

Il y avait dans sa voix des accents de méchanceté.

— Oui, c'est ma décision, répondit tranquillement Rinto.

— As-tu réfléchi longtemps ?

— Toute la nuit.

— Tu as eu tort. Tu aurais dû dormir tranquillement. Parce que tu n'as aucun droit de prendre des décisions. Les décisions sont prises depuis longtemps par notre grand guide et maître Joseph Vissarionovitch Staline, par le Comité central du parti des bolcheviks et le gouvernement soviétique.

Atata haussait le ton à mesure qu'il parlait, de sorte qu'il finit sa phrase en hurlant.

Toutril se réveilla en pleurant.

— Assez crié, coupa soudain Anna. De quel droit élèves-tu la voix sous le toit d'un autre ? Et pourquoi te permets-tu de citer Staline ? T'aurait-il demandé en personne de te conduire ainsi avec les gens ?

Sonné, Atata se tut. Rinto profita de la trêve :

— Je me rends en mon âme et conscience. Emmène-moi comme otage où bon te plaira. Mais pourquoi aurais-tu besoin de mes fils, des femmes, des enfants ?

Atata avait recouvré ses esprits.

— Tu feras ce que je te dis... J'ai le droit de te fusiller sur place pour insoumission, m'entends-tu ? Nous partons tous pour Ouelen.

— Eh bien moi je reste, annonça Anna. Je suis en mission scientifique !

— En ce qui te concerne, articula lentement Atata, j'ai un mandat spécial de la Sûreté.

— Montre voir ! exigea Anna.

— C'est un ordre oral et secret.

Atata ne s'attendait pas à tant d'impertinence de sa part.

— Tu es issu de notre terre et d'un peuple qui nous est proche, commença Rinto d'un ton tranquille. Aucun grand dirigeant ne connaît notre vie mieux que toi. Aussi, tu dois comprendre que tu n'as aucune raison de nous traîner tous à Ouelen. Laisse les autres ici. Quand les veaux auront forci, ils prendront le chemin de la côte, comme le veut l'usage ancestral.

— Tu m'as déjà trompé une fois, dit Atata avec des accents railleurs. Passe encore que tu me trompes, mais tu as trompé le camarade Staline et le parti des bolcheviks en lutte pour la collectivisation totale. En tant que bolchevik, je n'accepterai pas d'être abusé une deuxième fois ! Si tu ne veux pas que le sang coule ou que l'un de vous dise au revoir à la vie avant l'heure, file au troupeau et ramène-le ici dare-dare avec tes fils. Les autres n'auront qu'à plier le camp pendant ce temps-là.

Rinto leva les yeux sur Anna. C'était le regard d'un renne condamné à être saigné et conscient de voir la lumière du soleil pour la dernière fois. Il comptait sur Anna.

— Eh bien soit, dit-elle à la surprise générale sur le ton de la conciliation. Nous allons marcher vers Ouelen. J'espère bien rencontrer là-bas de vrais responsables pour les convaincre que Rinto n'a rien d'un koulak.

— Et qu'il n'a rien d'un chaman non plus, ironisa Atata.

— Ce n'est pas à toi d'en juger ! lança Anna d'une voix sévère.

Il fallut moins de vingt-quatre heures pour démonter les yaranga, charger le bric-à-brac sur les traîneaux et atteler les rennes.

Atata observait les préparatifs en silence avec ses mushers. Au moment du départ, il lia les poings de Rinto et de Tanat et les jeta respectivement sur les traîneaux de Gatle et d'Ipèk. Puis il s'approcha d'Anna avec une corde, hésita et lâcha d'une voix rauque :

— Bon, d'accord. Je ne t'attacherai pas mais tu feras le voyage sur mon traîneau. Nous ouvrirons la marche, suivis de Gatle avec Rinto, puis d'Ipèk avec Tanat. Le reste de l'arguich sera derrière. Le troupeau suivra. Roltyt, ne traîne pas ! Si tu prends du retard, tu répondras de complicité et tu passeras le reste de tes jours dans une maison obscure.

Roltyt, terrorisé, opinait du chef.

Excités par l'odeur des rennes, les chiens sortaient de leurs gonds. Il fallut beaucoup d'efforts pour les calmer. Gatle suggéra de prendre un peu d'avance sur le reste de la caravane.

Enfin les dernières instructions furent données et la colonne s'ébranla.

Le premier traîneau, avec Atata et Anna, passa sous la voûte de neige de la paroi rocheuse. Le deuxième musher suivit avec Tanat. Vêtue d'un kèrkèr de fourrure, Anna se tenait assise le dos à la marche et regardait les femmes conduire les rennes de trait, attelés à de lourds traîneaux qui portaient les enfants et le matériel.

Elle crut entendre quelqu'un tirer. Ou peut-être fut-ce un claquement émis par le musher Gatle.

Il y eut d'abord un souffle, puis une violente rafale.

— Une avalanche ! s'écria Rinto.

Mais son cri fut couvert par un grondement grandissant. Un rideau blanc se leva comme un blizzard. Bientôt, tout ne fut plus qu'un nuage de neige qui éclipsa même la lumière du soleil. Le fracas des éléments étouffa les cris des hommes, les aboiements des chiens.

Katia marchait à la tête d'un traîneau de charge où se trouvait Toutril. L'onde de choc la renversa, mais la vague de neige ne fit que l'effleurer. Elle se releva, fouillant des yeux le tourbillon blanc qui ne laissait rien paraître. Beaucoup de temps s'écoula avant que les volutes de neige se couchent enfin.

Le silence tomba. Les femmes et les enfants, hébétés, regardaient autour d'eux : au lieu des attelages de chiens, il n'y avait plus devant eux que des amas de neige immobile d'où ne montait pas le moindre son. Personne.

Alors seulement, maintenant que les trombes blanches étaient retombées en saupoudrant traîneaux, rennes, enfants, chargements et femmes, Katia courut droit devant elle en criant. Elle s'enfonça jusqu'à hauteur de la poitrine. En vain cherchait-elle fébrilement à creuser avec ses pieds et ses mains nues : la neige était trop abondante, trop lourde, trop mouillée. Les autres femmes s'empressèrent de l'imiter. De temps en temps, elles s'interrompaient et tendaient l'oreille. Ne rencontrant qu'un blanc silence, elles reprenaient le travail sans se soucier de leurs doigts ensanglantés.

On déchargea des pelles en os de baleine montées sur des manches en bois et on continua de déneiger. Katia avait déjà creusé un terrier plus grand qu'elle. Vint alors Vèlvounè qui dit à voix basse :

— Ils sont morts étouffés maintenant.

— Mais il faut bien les sortir de là.

Il y eut soudain un gémissement. Il venait de l'autre côté du couloir d'avalanche. Les deux femmes s'y précipitèrent.

De la neige dépassait une tête grise, effrayante, la bouche grande ouverte avec aux coins des caillots de sang. C'était Anna. Quand elle fut dégagée, on la déposa sur la neige avec précaution. Elle était sans connaissance mais gémissait fortement.

— Là-bas ! Encore une tête ! s'exclama Katia.

C'était Atata. Il suffoquait, cherchait de l'air, de ses yeux exorbités coulaient des larmes troubles. Il fut extirpé à son tour et couché près d'Anna. On reprit les recherches avec un regain d'espoir.

Il fallut beaucoup de temps pour qu'on découvre le corps sans vie de Tanat, puis de son musher Ipèk. Quand on dégagea Rinto et Gatle, le soleil s'était déjà caché derrière l'horizon.

Anna Odintsova se leva et s'approcha d'Atata. De la pointe de sa botte, elle toucha la tête blême et légèrement saupoudrée de neige du blessé :

— Je pourrais t'achever d'une balle et te remettre au fond d'une congère, dit-elle. Mais j'espère que tu as compris maintenant. C'était un avertissement d'en haut.

— Je crois que j'ai la jambe cassée, geignit Atata.

Sa jambe, en effet, présentait une torsion anormale.

— Mais tu es vivant, dit-elle d'une voix lointaine et détachée.

Roltyt s'approcha, un rictus de colère et de chagrin imprimé sur le visage. Il avait une vieille Winchester à la main, qu'Anna remarqua au dernier moment. Elle eut à peine le temps d'en saisir le canon. Au même instant, elle sentit une brûlure à la cuisse droite, comme si on l'avait frottée avec un fil incandescent. Elle n'eut pas mal mais sentit sa fourrure se mouiller, puis vit la neige se maculer de sang et se percer d'un grand trou rouge. Roltyt s'écarta d'un bond en éructant des malédictions. Il hurlait comme un loup affamé qu'on aurait chassé du troupeau.

Atata regarda Anna. Elle entendit sa voix rauque :

— Merci… Tu m'as sauvé la vie.

Grimaçant de douleur, il détacha de sa ceinture son fourreau et son pistolet, et les lui tendit.

Il fallut deux jours pour déneiger la caravane et procéder aux funérailles. La blessure d'Anna se révéla superficielle : une entaille profonde dans l'épiderme. Elle accomplit en boitillant tous les rites exigés par la coutume, fit des offrandes et dit à Roltyt :

— Regagne le troupeau et rassemble les rennes.

14

Atata ne s'était toujours pas remis de sa jambe. Il marchait en boitillant, appuyé sur un bâton. Une fois revenu à lui, il avait demandé à Anna :

— Que vas-tu faire de moi ?

— Tu dois partir, avait-elle répondu. Mais d'abord tu dois promettre de ne plus faire la chasse à notre campement.

— Je ne peux pas le promettre.

— Pourquoi ?

— Parce que je suis un bolchevik. J'ai prêté serment au parti et au gouvernement soviétique. Et au grand Staline à travers eux. Un vrai bolchevik doit mourir plutôt que de trahir son parti.

— Il faut donc que tu te prépares à mourir, avait commenté Anna d'un ton tranquille.

Atata tressaillit :

— A mourir ?

— Oui.

— Et qui va me tuer ?

— Tu te tueras toi-même. Si le courage te manque, nous t'aiderons, de la même manière que tu as aidé mon mari et mon beau-père à mourir.

— Mais je n'y suis pour rien !

— Ton coup de feu a déclenché une avalanche. Tu es un garçon du pays. A ce titre tu dois savoir que ces choses-là arrivent et qu'il faut passer les zones à risque dans le silence le plus total.

Atata avait pu mesurer la perfidie des avalanches au fil de ses longues tribulations à travers les toundras tchouktches. Mais il n'en avait jamais été victime et n'y attachait guère d'importance. Qui aurait pu imaginer qu'un malheureux tir de Nagan déclenche la chute d'une telle masse de neige et enfouisse à jamais autant d'hommes et de chiens ? S'il s'était placé en milieu de caravane, comme à son habitude, il ne serait pas là, assis dans le tchottaguine, en train de parler avec Anna Odintsova, cette femme singulière qui exerçait sur lui une fascination magique.

Il dormait à part, dans le petit polog de la yaranga principale. La nuit, quand il se réveillait, il essayait d'entendre la respiration d'Anna et s'imaginait couché à ses côtés. Il n'était pas pressé de quitter le campement qui progressait lentement en direction du littoral arctique, vers ses vieilles estives, là même où devait se rendre Atata.

La neige avait fondu presque partout. On avait laissé loin derrière la vallée fatale. Parfois, il fallait attendre plusieurs jours la décrue d'une rivière grossie par les eaux du printemps avant que les rennes puissent la franchir à gué.

A plusieurs reprises un avion survola le campement, parfois si bas qu'il rasait la pointe de la yaranga. Atata agitait sa vieille chemise déchirée en criant :

— Tymnet ! Je suis là !

Craignant pour sa vie depuis sa dernière conversation avec Anna, il exigea son Nagan mais essuya un refus :

— Sans ton arme, tu ne menaceras personne.

— A ce que je vois, tu es devenue le chef du campement, railla Atata. La patronne d'un énorme troupeau de rennes, le plus important de la péninsule tchouktche. Partant de là, tu deviens automatiquement un ennemi de classe du peuple soviétique.

— Je ne suis pas devenue le chef par ma seule volonté, répondit tranquillement Anna. Ce sont les circonstances qui l'ont voulu. Et tel était aussi le vœu de Rinto.

— Quand a-t-il trouvé le temps de te le dire ? Il est mort soudainement.

— Il savait qu'il ne reviendrait pas. Aucun éleveur de rennes enlevé par le pouvoir soviétique n'est jamais revenu. Mais il comptait sur ta compassion et ta compréhension en tant qu'enfant du pays et pensait que tu te limiterais à son arrestation. Tout le monde sait cela parmi nous. Et surtout, Rinto a eu le temps de me transmettre son savoir de chaman.

Atata éclata de rire.

— Te voilà chamane par-dessus le marché ! Tu es donc une double ennemie de classe et tu dois être éliminée. Qui n'est pas avec nous est contre nous. Si l'ennemi ne se rend pas, on l'extermine.

— Essaie un peu et je te tuerai, coupa-t-elle tranquillement.

Atata comprit que ce n'étaient pas des paroles en l'air.

Un souffle glacial de mort émanait des paroles de cette femme. Cette peur bestiale, cette horreur qu'il avait éprouvée dernièrement sous l'avalanche aux portes du trépas se mêlaient bizarrement avec un désir charnel croissant comme si un énorme abcès rempli de pus brûlant grossissait en lui.

Atata s'empressa de couper court à une conversation aussi dangereuse.

Il passait ses journées à observer la vie du camp.

Parfois, pour s'occuper, il allait ramasser des branches d'arbres nains au bord des rivières et des lacs. Il essayait aussi de garder le troupeau en compagnie d'Anna qui, de temps à autre, remplaçait Roltyt.

L'été reprenait ses droits sur la toundra. Les restes de neige fondaient. On avait du mal à imaginer que toutes ces rives couvertes d'arbustes verdoyants, ces pentes sèches et colorées, ces prairies herbues au fond des vallées... que tout cela sortait à peine d'une épaisse couche de neige, rendue sonore par le gel. La vie grouillait au bord de l'eau et dans les fourrés de bouleaux polaires : d'innombrables volées d'oiseaux s'arrêtaient pour manger, beaucoup construisaient leurs nids, effrayant parfois le marcheur solitaire d'un brutal envol à son approche.

A Ounazik aussi, le village natal d'Atata, des nuées de canards sauvages survolaient le banc de galets en direction des îles polaires. C'était un incessant concert au-dessus de la mer. Il y en avait tant parfois qu'elles éclipsaient la lumière du soleil. De la mer montait le grognement des morses si semblable au brame des rennes, à quoi se mêlaient les cris des mouettes et le souffle régulier du ressac.

Il y avait longtemps qu'Atata n'avait ressenti une telle quiétude de l'âme. Il en arrivait parfois à se demander s'il ne devait pas s'installer dans le campement, prendre Anna Odintsova pour épouse et devenir un riche Tchaoutchou. Cette idée le faisait sourire : il savait pertinemment que le pouvoir soviétique finirait par lui mettre la main dessus et qu'il aurait à répondre de "restauration d'un vivier de koulaks" ; mais elle lui réchauffait le cœur et lui permettait de s'évader en rêve de la réalité. Il se voyait doyen du campement, mari de la grande chamane Anna Odintsova. Conformément à la coutume, il lui faudrait épouser aussi Katia et adopter Toutril, à moins qu'elle ne revienne au frère aîné du mort, Roltyt. Celui-ci, à coup sûr, ne répugnerait pas à prendre une jeune femme en deuxième épouse. Atata et Anna auraient des enfants, beaux et forts comme il en naissait d'habitude du métissage des habitants de souche avec les tanguitan. Certes, ces unions ne duraient pas : des hommes arrivaient sur de grands bateaux, puis repartaient un jour. Il était très rare qu'un tanguitan se marie avec une fille du pays pour y vivre. Il n'y avait que deux familles dans ce cas sur la péninsule tchouktche : celle du Norvégien Wool, privé de ses deux bras, et celle de feu l'Ingouche Dobriev, chercheur d'or alaskan malchanceux qui était venu tenter sa chance de ce côté-ci du détroit de Béring. Il avait épousé la jolie Tchoulkhlena, une Esquimaude de Naoukan, et avait laissé en mourant toute une progéniture de filles et de garçons beaux, forts, bien portants. Atata pensait qu'avec Anna, ses enfants ne seraient pas moins réussis.

D'habitude, il n'avait aucune peine à prendre les femmes qui le tentaient, même s'il était de passage dans un campement ou un village côtier. Il sentait bien que ça leur plaisait. Mais Anna ne semblait pas prêter attention à l'homme qu'il était. Si leurs regards se croisaient, il ne lisait dans ses yeux que haine et mépris. C'était insupportable.

— Tu ne reverras jamais ton pistolet ! trancha-t-elle d'un ton définitif. Je l'ai jeté dans un lac.

— Mais c'est une arme de service, je vais avoir des ennuis.

— C'est ton problème.

Atata se prenait parfois à admirer cette femme. Un sentiment de douce amertume s'emparait alors de son âme. Il l'épiait, la regardait marcher, parler, écorcher un renne, écharner une peau, tailler, coudre. Et dans le silence nocturne, quand le camp s'apaisait pour une courte nuit de lumière, il lui semblait entendre tinter la musique irréelle de sa voix, qui l'empêchait de dormir. Il aurait tant aimé qu'elle lui dise quelque chose de gentil, d'affectueux. Atata se sentait de plus en plus prisonnier de cet état qui le dépassait.

Il lui dit un jour dans un accès de témérité :

— Tu me plais beaucoup.

Anna ne releva pas.

— A dire vrai, tu es la femme dont j'ai rêvé toute ma vie.

Elle ricana et lâcha froidement :

— Tu ferais mieux de songer à quitter notre camp. Quelqu'un d'inactif comme toi est une charge pour les autres.

Evidemment, avec sa jambe malade, Atata n'était d'aucune utilité dans un campement d'élevage de rennes.

— Selon la coutume ancienne, on a le droit d'étrangler les gens inutiles, et personne n'y trouverait rien à redire.

Une femme comme elle, en effet, pouvait l'étrangler sans scrupules. Atata connaissait ce genre de pratique.

Un éleveur avait même été jugé, quelques années auparavant, pour avoir strangulé sa vieille mère impotente à sa demande, prétendait-il.

Mais Atata revenait à la charge :

— Parfois, je rêve de rester ici, de tirer un trait sur ma carrière de tchékiste, de t'épouser et de vivre avec toi dans la paix et la bonne entente. On élèverait nos enfants…

— Et ton kolkhoze, alors ?

— On deviendrait des éleveurs soviétiques, toi et moi, on construirait une vie nouvelle, on mettrait en œuvre la ligne du parti et du camarade Staline… Et tout serait comme avant !

— Tu es un bolchevik, un vrai de vrai, persifla Anna. Comment expliquerais-tu à tes camarades de parti que ta femme est une chamane ?

— Tu te dédiras, fit-il d'un ton hésitant.

— Tu sais parfaitement qu'on est chaman à vie.

— Mais tu n'es pas une vraie chamane… On t'a forcée.

— Non, je suis devenue chamane de mon plein gré, clama-t-elle. C'est tellement vrai que je peux même te tuer sans arme !

Anna elle-même ne s'attendait pas à parler ainsi. Mais c'était dit.

Atata désormais se mit à l'éviter. Il s'éloignait souvent du camp en dépit de son infirmité.

— Katia doit s'installer dans ma yaranga, c'est la tradition, dit Roltyt à Anna.

— Si elle n'est pas contre, je suis d'accord.

Selon l'ancienne coutume du lévirat, Anna elle-même devait trouver place dans le foyer de Roltyt, le doyen du camp. Mais il n'en dit rien pour cette fois. Sans doute avait-il décidé d'accéder par étapes au rang de mari trigame. En attendant, il n'était pas sûr d'être en droit de prendre une chamane pour épouse. La loi s'appliquait-elle à son cas ?

Quand Anna lui demanda si elle consentait à s'installer chez Roltyt, Katia répondit docilement :

— Que faire d'autre ? Je n'ai pas le choix. Toutril a besoin d'un père et j'ai encore besoin d'un homme.

Comme ces problèmes étaient simples à résoudre dans la toundra !

A mesure qu'on s'approchait d'Ouelen, le souffle de l'océan grandissait et les nuages de moustiques relâchaient leurs filets sur les hommes et les bêtes.

Par un beau jour d'été, Atata, équipé d'une petite réserve de vivres, poussa ses pas boiteux le long de l'immense lagune d'Ouelen. Deux jours de marche lui suffiraient, dans le pire des cas, pour arriver à destination. Le temps était clair et lumineux. Le soleil n'était pas plus tôt caché derrière l'horizon qu'il reparaissait déjà au-dessus de la toundra vallonnée pour entamer son long voyage à travers un ciel polaire sans nuages.

A l'heure des adieux, il dit à Anna :

— Je ne peux rien promettre... Je tiens seulement à te dire que tu as pris mon cœur. Ce sentiment n'est peut-être pas partagé, mais l'idée que tu existes sur terre, comme un petit soleil, cette idée à elle seule me tient chaud. Si je n'arrive pas à te conquérir, je trouverai une femme tanguitan qui te ressemble.

Elle l'écouta sans mot dire. Elle était persuadée qu'il reviendrait dès les premières neiges, mais ne pouvait se résoudre à l'empêcher de nuire. Le garder prisonnier au camp revenait à s'attirer un châtiment plus sévère encore de la part des autorités qui n'allaient pas manquer de rechercher l'expédition disparue. Le supprimer ? Elle ne s'en sentait pas le courage, bien que Rinto, de son vivant, lui ait assuré plus d'une fois qu'elle était mûre désormais pour une telle épreuve. Les aveux d'Atata la troublaient. Elle se réveillait la nuit en proie à une langueur douloureuse et douce dont Atata, qu'elle venait de voir en rêve, était la cause. La haine confinait à un sentiment de jouissance sourde qu'elle avait éprouvé l'autre fois, le soir où Rinto avait pénétré dans son corps.

Anna lui donna un couteau de chasse en cas de rencontre avec un gros carnassier. A cette saison, toutefois, ni les loups ni les rares ours bruns de la région ne manifestaient d'agressivité.

Pour les quelques mois d'été, on se fixa à l'emplacement habituel. Les grandes pierres rondes étaient restées en place, auxquelles on attachait les sangles du couvre-toit, le rètèm. De là, en traversant la lagune avec un canoë de peau, on pouvait atteindre Ouelen en une seule journée de route. Et les gens du pays savaient déjà que le campement de Rinto avait regagné son emplacement habituel dans les estives du plateau.

Les visiteurs ne se firent guère attendre. Vamtche arriva, parent de Rinto, et raconta les dernières nouvelles. A Ouelen, la vie allait tranquillement son train. Il y avait de nouveaux maîtres à l'école, pour qui une maison venait d'être construite près de sa yaranga.

— Le bruit court que tous les Tchouktches et nos voisins les Esquimaux vont déménager dans des maisons de bois et que les yaranga seront supprimées.

Anna voulait connaître la réaction des autorités au retour d'Atata estropié.

— Une mission d'enquête devait être envoyée de Kytryn, mais Atata l'a décommandée, disant que les choses étaient claires : un accident, une calamité dont personne n'était coupable.

— A-t-il l'intention de revenir ici dans notre campement ? demanda Anna.

— Il n'en a pas parlé, répondit Vamtche.

— Peut-être ont-ils décidé de nous laisser tranquilles ?

— Dans la région de Tchaoun, dit Vamtche, on ne touche plus à certains éleveurs. On les a rattachés au kolkhoze, et leur seul devoir est de livrer aux autorités une part des peaux et de la viande en période d'abattage. Pour le reste, ils vivent comme avant.

Anna l'écouta avec une attention particulière et lui fit même répéter certaines choses. Elle se sentit soulagée. Peut-être était-ce le signe que les autorités s'étaient ravisées et qu'elles renonçaient vraiment à éradiquer les élevages de rennes de la Tchoukotka ?

Vamtche était venu avec diverses provisions, principalement du sucre, du thé et de la farine, toutes ces bonnes choses qui avaient tant manqué aux enfants comme aux adultes du campement.

Katia fit des galettes et mit le thé à infuser. Ce soir-là Roltyt se trouvait de repos au camp. Une bouteille aidant – apportée par Vamtche –, il fut plus volubile et audacieux que d'habitude.

— J'ai toujours dit qu'il était stupide de chercher à fuir le pouvoir soviétique. Si on m'avait écouté, tout le monde serait vivant…

— Et je serais toujours dans la yaranga de mon mari, murmura Katia songeuse, et Toutril serait avec son père.

— Ton mari, maintenant, c'est moi ! Et Toutril est mon fils ! coupa Roltyt courroucé. Bientôt, Anna aussi deviendra ma femme. C'est la coutume.

— Et si elle refuse ? demanda Katia.

— Et alors ? s'emporta l'autre. Toi non plus tu ne brûlais guère de t'installer dans ma yaranga. Et pourtant tu couches avec moi ! Avec Anna, ce sera pareil.

La certitude qu'Anna deviendrait sa femme grandissait dans son esprit. Son état de chamane le troublait un peu. Mais il nourrissait le secret espoir qu'elle soit encore inaccomplie. Il avait vu la balle toucher la cuisse de la novice. Du sang avait jailli par la plaie ouverte. Or, les vrais chamans ne craignent pas les armes, ni même celles des tanguitan, les armes à feu. On ne peut les tuer qu'avec un javelot ayant fait l'objet d'une consécration spéciale. C'était donc qu'Anna Odintsova restait une femme ordinaire, une simple mortelle.

A la fin de l'automne, il faudrait migrer vers les pâtures hivernales. Là-bas, loin d'Ouelen, dans les vallées aux avalanches assassines, il pourrait avoir une conversation sérieuse avec cette femme, la destituer de sa place de chef et en faire son épouse pour de bon. Dommage qu'il n'ait pas eu le temps d'interroger son frère sur les particularités physiques de la vie intime avec une femme tanguitan : il craignait un peu ses futures relations avec elle.

Une fois assuré de l'absence de sa mère, Roltyt entra dans le tchottaguine de la yaranga désormais occupée par Vèlvounè et Anna. Roltyt sortit la valise en contreplaqué qui renfermait des livres et des cahiers noircis d'une fine écriture au crayon à papier. Sur de nombreuses pages figuraient des yaranga, des ustensiles et même un ciel de nuit avec les principales étoiles. Il y avait de gros livres en langues russe et anglaise, avec des reliures rigides couvertes d'un matériau spécial. Le maître Lev Vassilievitch Belikov avait inculqué à ses élèves un rapport de vénération aux textes imprimés. Aussi le cœur de Roltyt battait-il très fort jusque sous sa gorge. Il manquait d'air. De temps en temps il s'arrêtait, reprenait son souffle et tendait l'oreille aux bruits du dehors de crainte d'être surpris par sa mère. Quelle instruction hallucinante fallait-il avoir pour maîtriser l'écriture de deux langues différentes ! Anna lui avait dit un jour qu'elle avait fait d'abord dix ans d'études dans une école ordinaire, puis cinq ans à l'université et trois ans encore dans un établissement spécial dont il avait bien retenu le nom, l'*aspiranture*. Et tout cela dans la lointaine ville de Leningrad où le tsar avait régné jadis et où la révolution avait éclaté, conduite par deux hommes, Lénine et Staline. Le premier était mort depuis longtemps, avant la naissance de Roltyt, mais le deuxième vivait encore. Staline était non seulement l'héritier de Lénine, qui se trouvait maintenant conservé dans un mausolée au Kremlin de Moscou, mais aussi son continuateur qui avait surpassé son maître. Il avait battu les fascistes allemands, il était devenu plus encore que général et maréchal : généralissime, et les peuples du monde entier le considéraient avec vénération et espoir. Il voulait que Roltyt devienne kolkhozien et renonce à ses rennes en faveur des élevages collectifs. En son for intérieur, Roltyt se sentait prêt à livrer les rennes de son père, à ne plus les conduire jour et nuit dans le froid, la pluie et la tempête. Il y avait assez de monde au kolkhoze pour que chacun travaille dans la mesure de ses forces et de ses moyens.

Roltyt tira la valise à l'extérieur et la chargea sur une luge.

Les patins de bois glissaient mal sur l'herbe. Se mettre hors de portée du campement lui coûta beaucoup d'efforts.

Arrivé sur un sommet rocheux, il ramassa des branches d'arbustes et de la mousse pour allumer un grand feu, qui prit aussitôt malgré une pâleur apparente sous les rayons ardents du soleil. Roltyt ne tarda pas à sentir un souffle chaud sur son visage. Lentement, il posa un premier cahier sur le foyer. Il agissait avec une pointe de crainte, convaincu pourtant qu'il ne se passerait rien de spécial. Le papier brûlait d'une manière particulière. Le feu commença par les bords qui noircirent comme du charbon puis s'enroulèrent. Vint ensuite une flamme rougeâtre qui donnait beaucoup de fumée. L'odeur était âcre. Roltyt inhala une bouffée par mégarde et parvint à peine à réprimer sa toux. Néanmoins, la masse du papier se consumait mal. Il comprit alors qu'il devait déchirer les cahiers feuille à feuille. Il fit de même avec les livres. La vue des caractères d'imprimerie faisait peur : ils semblaient se contorsionner sous l'effet de la chaleur. Roltyt avait parfois l'impression qu'un bruit insolite montait du feu, comme si les voix inscrites dans les lettres gémissaient et parlaient entre elles pour se plaindre de leur sort malheureux. Il sentait alors une frayeur grandir en lui, se dépêchait, jetait des paquets de feuilles qu'il lui fallait ensuite triturer avec le bout d'un bâton carbonisé. Les livres en langue anglaise brûlaient particulièrement mal, surtout leurs reliures qui lui donnèrent du fil à retordre. Il dut rajouter du bois. Quand il prit le livre tchouktche *Tchavtchyvalymnyltè*, il hésita : mine de rien, cet ouvrage renfermait les contes et les légendes du peuple des éleveurs de rennes. Il connaissait même l'illustrateur, le Tchouktche d'Ouelen Vykvov qui était parti faire des études à Leningrad avant la guerre. Les rennes, les oiseaux, les animaux de la toundra y étaient bien dessinés.

Roltyt les crut même vivants : ils paraissaient vouloir bondir hors de leurs pages en feu.

Pour finir, il brisa la valise en mille morceaux.

Il attendit enfin que les cendres refroidissent et les dispersa aux quatre vents, ainsi que les pierres carbonisées, pour effacer les traces.

Il n'éprouva pourtant ni joie ni satisfaction, mais un fardeau au cœur et une peur larvée : qui pouvait augurer le comportement d'une femme tanguitan dans la toundra ? La seule décision qu'il arrêta au terme de mûres réflexions et après bien des doutes fut de ne pas reculer, de poursuivre la voie choisie. Il y pensait peut-être un peu tard, mais tel était bien le sens de l'enseignement légué par son père. Quand on a un but, on va jusqu'au bout. Ceci ne l'empêcha pas de ralentir le pas et de ressentir comme une faiblesse. Peut-être allait-il rester au camp ce soir et envoyer Katia prendre la relève d'Anna au troupeau ?

Le lendemain matin, Roltyt voulut éviter Anna mais elle marchait droit dans sa direction.

— Une idée m'est venue : et si tu allais faire des courses à Ouelen ? L'été avance et, apparemment, nous n'avons plus de visites.

— Je risque de me faire arrêter, dit-il en songeant qu'Anna n'avait pas encore constaté la disparition de sa valise. Parce que j'ai tiré sur Atata.

Anna réfléchit : il avait peut-être raison. Atata ne lui pardonnerait pas.

— C'est ennuyeux d'être privés de provisions pour l'hiver : thé, tabac, allumettes, farine, sucre, dit Anna songeuse. Nos pâturages d'hiver seront loin du littoral.

— Et si tu y allais toi-même ? demanda Roltyt.

— J'y ai déjà songé. Mais le risque d'arrestation est encore plus grand pour moi que pour toi. J'entends d'ici ce qu'Atata a pu dire sur mon compte.

— Attendons encore un peu, proposa Roltyt. Vamtche avait promis de revenir nous voir.

Etrangement, on ne voyait plus d'avion. En l'absence de toute visite, on se posait beaucoup de questions : quel sort avaient-ils bien pu réserver au campement ? peut-être avaient-ils vraiment décidé de le laisser vivre en paix ?...

Anna songeait de plus en plus à son avenir : que faire ? Il ne servait à rien de chercher à fuir les poursuites : si la décision était prise, on les rattraperait. Et si la politique avait changé ? C'était déjà arrivé peu avant la guerre, lorsque la dékoulakisation tous azimuts des paysans russes avait été interrompue sur directive personnelle de Staline. Peut-être que la même chose venait de se produire à l'égard des éleveurs de rennes tchouktches ?

Si tel était le cas, il fallait songer à coopérer avec les chasseurs d'animaux marins du littoral. Historiquement, les deux grandes composantes du peuple arctique ne pouvaient plus se passer l'une de l'autre. Les besoins étaient grands chez les éleveurs de rennes : peaux et sangles de lakhtak et de morse, graisse de phoque, mais aussi thé, sucre, farine, tabac... qu'on livrait maintenant en grandes quantités dans les villages côtiers. De leur côté, les Tchouktches du littoral ne pouvaient pas se passer des peaux de renne indispensables à leur tenue d'hiver. La viande de renne aussi jouait désormais un rôle substantiel dans leur nourriture et surtout dans l'alimentation des résidents russes qui faisaient la fine bouche devant la viande de morse et de phoque sous le prétexte qu'elle sentait le poisson, bien que les morses ne se nourrissent jamais de poisson.

Et si elle rédigeait une sorte de mémoire à l'attention des autorités du Territoire ? Elle ferait la démonstration qu'il était absurde de livrer la chasse aux éleveurs les plus expérimentés, les plus adroits, qui connaissaient la toundra à fond ; et qu'il valait mieux coopérer avec eux en gagnant leur confiance. D'autant que ces hommes-là n'étaient pas des exploiteurs, ils ne spoliaient personne, ne privaient pas les pauvres de leurs dernières miettes... Quant au chamanisme, toute mystique mise à part, il se présentait pour l'essentiel comme un puits inestimable de sciences positives, matérialistes, dont l'homme avait besoin pour vivre dans la toundra. Anna avait pu le constater par sa propre expérience. La négation violente et inconsidérée de l'expérience antérieure, c'était irraisonnable…

Telles étaient les pensées d'Anna, qui jetait dans le feu des branches d'arbustes qu'elle cassait de ses mains. Au-dessus de l'âtre pendait une bouilloire carbonisée.

Tout un pan du rètèm était levé à l'entrée. La fumée s'échappait par le conduit supérieur du chapiteau, mais aussi par en bas à travers l'ouverture. Une atmosphère de lumière et de bonne humeur régnait dans le tchottaguine. La fumée chassait les moustiques. Les rayons bas du soleil éclairaient le seuil de la yaranga.

Anna décida d'entamer sans plus tarder la rédaction de son appel aux autorités, et s'en fut chercher de quoi écrire. Elle s'étonna de ne pas trouver la valise à sa place habituelle. Rien non plus dans les débarras latéraux, où Vèlvounè aurait pu la ranger.

Sa belle-mère se trouvait dans la yaranga voisine, comme d'habitude. Mais elle n'avait pas vu la valise et ne l'avait pas touchée non plus. Anna fouina partout et fit même le tour du gîte pour inspecter le fouillis entassé sur les traîneaux.

L'avait-on oubliée à la halte précédente ?

Mais Anna se souvenait parfaitement de l'avoir ouverte de ses propres mains quelques jours auparavant, ici même, dans le polog.

Méthodiquement, elle fit encore un tour complet de la yaranga, puis sortit et s'assit sur une pierre rugueuse et réchauffée par une journée de soleil. Le silence enveloppait le camp, troublé par l'insolent bourdonnement des moustiques qui pourtant paraissait faire partie de ce silence, comme le gazouillement de la rivière.

Ce ne fut d'abord qu'un soupçon. Mais il se développa bientôt en certitude. Elle prit un bâton tordu de pasteur et se dirigea d'un pas décidé vers le troupeau en criant au passage à Vèlvounè où elle avait l'intention de se rendre.

Quel usage Roltyt pouvait bien faire d'une caisse de livres et de cahiers ? Bien sûr, il savait lire syllabe par syllabe et même écrire un peu, mais son niveau d'instruction n'allait pas plus loin que les premières pages de l'abécédaire tchouktche. Quel signal lançait-il à Anna ? Oui, elle savait, sentait et comprenait le désir de Roltyt de devenir le chef à part entière du campement. Pour un homme normal, mûr et physiquement fort, la tutelle d'une femme au-dessus de soi – d'une étrangère de surcroît – apparaissait insupportable. De cela, humainement, Anna était consciente. Peut-être même lui aurait-elle cédé n'eût été la volonté testamentaire de Rinto de lui confier à elle seule la charge du campement et la responsabilité de ses proches, des enfants. Bien sûr, il lui faudrait du temps pour asseoir vraiment son pouvoir et pour faire valoir ses droits, tout comme elle avait encore beaucoup à apprendre pour conforter son expérience de la vie.

En accomplissant les rites, en adressant ses incantations aux Dieux et aux Forces supérieures, Anna agissait moins par un sentiment de foi que de devoir. Mieux valait faire les choses comme elles se faisaient depuis la nuit des temps que d'avoir ensuite – on ne savait jamais – à regretter de n'avoir rien fait. Il lui semblait qu'une fois les commandements sacrés accomplis, son âme recouvrait la paix et le travail lui coûtait moins.

Dans le courant de l'été, le troupeau décrivait une sorte de grande rotation autour du camp. Ce faisant, il se rapprochait et s'éloignait au gré des pâtures. En cela Anna s'en remettait entièrement à Roltyt qui connaissait si bien les estives qu'il pouvait les parcourir les yeux fermés.

Ce jour-là les rennes ne pâturaient pas très loin. En marchant bien, on pouvait les atteindre en deux heures. La lumière du jour polaire durait encore assez longtemps.

Elle aperçut les rennes de loin, de la rive haute de la rivière aux Poissons. Mais un œil inhabitué aurait pu ne pas les voir tant ils se fondaient à la végétation de la toundra, épars, parmi quelques taches de neige résiduelle. Anna pressa le pas.

Roltyt avait remarqué que quelqu'un s'approchait. Il ne tarda pas à deviner de qui il s'agissait. Son premier réflexe fut une sensation de peur. Il se précipita même vers sa tente pour y prendre sa vieille Winchester. Il était prêt à la tuer, tout en sentant que ses mains ne sauraient suivre ses pensées. Qu'elle soit mortelle, il avait cependant pu s'en convaincre en voyant la balle perdue lui érafler la cuisse, avec toute une giclée de sang chaud qui avait fait fondre la neige en profondeur. Cela signifiait qu'Anna n'avait pas acquis l'invulnérabilité des vrais chamans.

La laissant s'approcher, il lui lança méchamment :

— Qu'est-ce que tu viens faire ici ?

— Qu'as-tu fait de ma caisse de livres et de cahiers ?

— Elle n'existe plus.

— Où l'as-tu cachée ? C'est la seule chose que je souhaite savoir. Tu porteras le reste sur ta conscience.

— Je te dis qu'elle n'existe plus.

— Et les papiers ?

— Les papiers non plus. Tout n'est plus que cendres.

— Tu as brûlé mes papiers ? Pourquoi ?

Roltyt découvrit soudain que cette femme était faible, comme toutes les femmes. Elle pleurait à chaudes larmes qu'elle essuyait à ses cils avec le coin de la manche de son kèrkèr de fourrure.

— Qu'est-ce que tu as fait ? Mais qu'est-ce que tu as fait ? gémissait-elle.

Elle n'éprouvait plus ni haine ni colère à l'égard de Roltyt. Elle sentit d'un coup ses liens se rompre avec son propre passé, son enfance, sa jeunesse au bord de la Neva, l'université, l'Institut d'ethnographie, la science, l'autre vie... Elle comprit que cette rupture venait de se produire à l'instant même, et non pas le jour où elle avait décidé de ne plus tenir son journal.

Une vague subite de pitié s'empara de Roltyt. Anna ressemblait à une fillette vexée qu'on lui ait pris son jouet préféré.

— Ne pleure pas, tenta-t-il de la consoler. Je suis sûr d'avoir bien fait : ces papiers te retenaient dans ta vie antérieure. Toi-même as dit plus d'une fois que tu étais devenue une vraie Tchaoutchouvanaou. La seule grande différence avec nous, c'était que tu écrivais. Maintenant, c'est fini. Et si tu te sens toujours aussi sûre d'être une vraie Tchaoutchouvanaou, tu vas t'installer dans ma yaranga et devenir mon épouse principale. Je mettrai les autres femmes dans l'autre yaranga, avec les vieilles. Nous jouirons l'un de l'autre.

Roltyt posa la Winchester par terre et se dirigea vers la femme en pleurs. A peine lui eut-il touché les cheveux qu'il sentit un coup brutal sur sa main. Anna s'écarta d'un bond comme un renne effarouché et brandit la Winchester. Elle actionna le percuteur et cria :

— N'approche pas ! Si tu fais un pas vers moi tu prends une balle !

Cette fois, Roltyt eut peur pour de bon. Il implora à genoux :

— Ne me tue pas ! Pitié ! Au nom de la mémoire de Rinto ! Ne me tue pas…

Secoué de sanglots, il rampa vers Anna.

— Pourquoi as-tu brûlé mes papiers ?

— Un trouble de la raison, pleurnicha Roltyt, je croyais bien faire, je voulais conjurer les fantômes du passé… J'avais vraiment l'intention de t'épouser. Mais si tu es contre, je n'insisterai pas… Pitié, ne fais pas de mes femmes des veuves, ni de mes enfants des orphelins…

Anna, bien sûr, était loin de l'idée d'éliminer Roltyt, mais il fallait lui donner une bonne leçon.

— Promets-moi de m'obéir sans un murmure à partir de maintenant !

— Je serai ton chien fidèle ! brama Roltyt. Je ferai tout ce que tu diras !

Anna s'éloigna du troupeau.

Elle foulait les mottes sans se soucier de son chemin. Elle ne reprit ses esprits qu'au bout de trois ou quatre kilomètres, découvrant dans ses mains la Winchester au lieu de son bâton de pasteur.

Que faire ? Comment vivre maintenant ?

Elle comprit soudain avec douleur que jamais elle n'oublierait ses origines ni ne deviendrait une authentique Tchaoutchouvanaou. La perte de sa valise, qui contenait tant de rêves, n'avait fait que lui rappeler l'inévitable continuité de la vie.

Que devait-elle décider quant à sa lettre aux autorités ?

Elle devait l'écrire quoi qu'il en coûte. Les choses étaient si claires, si simples... Cette obstination à dékoulakiser des éleveurs de rennes que rien n'autorisait à classer parmi les ennemis s'expliquait d'abord par la méconnaissance de leur mode de vie. Les décisions venaient de gens qui n'allaient jamais dans la toundra, qui ignoraient la vérité, qui portaient des jugements spéculatifs. Le plus triste était que les représentants aborigènes du pouvoir soviétique jouaient le jeu et n'osaient piper quand le pouvoir optait pour des choix erronés irréversibles. Ni Otke ni Toukkaï n'avaient opposé la moindre objection et Atata, cet exécutant de la ligne dure, faisait montre d'un rare entêtement : c'est le parti qui l'a dit, c'est le grand Staline qui l'a dit. Anna elle-même, à l'école d'abord et à l'université ensuite, avait subi tout ce matraquage sur l'infaillibilité du parti et la sagesse originelle de toute considération du grand Staline. Evidemment, si les professeurs de l'université de Leningrad, avec leurs palmes et leurs tempes grisonnantes, clamaient la sagesse originelle du parti et du grand Staline, il était difficile d'attendre des objections de la part des Tchouktches et des Esquimaux.

Anna marchait de plus en plus lentement. Cette lettre valait-elle la peine d'être écrite ? Admettons qu'elle se procure de quoi écrire et qu'elle fixe ses pensées sur le papier, qui en aurait connaissance ?

En premier lieu, Atata et le comité du Territoire du parti. Si, dans le meilleur des cas, ils faisaient suivre à Moscou, le papier aurait peu de chances de parvenir jusqu'à Staline. Et personne ne prêterait l'oreille à l'opinion d'une malheureuse candidate au doctorat : même les dirigeants aborigènes de la Tchoukotka applaudissaient à la politique du grand Staline ! Elle ne ferait qu'aggraver son cas. Elle se verrait étiquetée dans la catégorie des ennemis du peuple et des adversaires de la collectivisation générale. Et son initiative se retournerait contre elle-même. Finalement, Roltyt avait peut-être bien fait de brûler sa valise avec ses livres et ses cahiers, la sauvant par là même d'un geste inconsidéré.

Les yaranga étaient disposées de telle sorte qu'on ne les apercevait qu'au dernier moment. Anna se rappela le premier jour où elle avait vu le camp en compagnie de Tanat, son jeune mari. La tête pleine de quels plans grandioses ! Elle polémiquait en pensée et sur le papier avec des sommités comme Bogoraz-Tan, Boas, Mead, Taylor… Vraiment, elle avait réuni une matière sans pareille sur la vie des éleveurs de rennes tchouktches, en voyant les choses de l'intérieur et non pas à travers le lorgnon de ces grands ethnographes, sociologues et historiens. Elle savait maintenant comment créer et déclamer des incantations, comment célébrer les principaux rites inhérents à la vie des nomades de la toundra de la naissance à la mort. Elle savait tailler et coudre n'importe quel vêtement pour les hommes, les femmes et les enfants, traiter les peaux, corder les fils en tendons de renne, dresser la yaranga, atteler les rennes, préparer une carcasse, faire le boudin et le farci avec le contenu du rumen, la première cavité stomacale du renne. Elle pouvait passer sa vie entière dans ce campement… Il était trop tard pour rebrousser chemin. Elle venait de brûler avec sa valise. Bien sûr, elle pourrait reconstituer beaucoup de choses de mémoire, mais ce ne serait plus pareil… La science aimait bien formaliser : où étaient les notes de terrain ?

Où était son journal scientifique avec les dates précises, avec le descriptif géographique exact des lieux ?

Elle n'était pas vieille, pourtant. Une jeune femme, encore, pour ainsi dire. Par les nuits longues et torrides, quand elle se morfondait ruisselant de sueur sous un léger pyjik, elle ressentait souvent une langueur, une sorte d'abcès voluptueux qui allait grossissant, et que seule une caresse virile aurait pu crever. Elle se réveillait souvent haletante, le corps pressé par le poids d'un homme dont elle avait rêvé. Allait-elle se condamner à l'abstinence et à l'extinction progressive de ce désir ? Elle avait peu de chances de rencontrer dans la toundra quelqu'un d'autre que Roltyt… L'heure fatidique viendrait peut-être où sa seule consolation serait cet homme qui pour l'heure ne lui inspirait que dégoût. Avec Atata à sa place ou quelqu'un de semblable, ce serait autre chose…

Anna entra sans bruit dans le tchottaguine, ôta son kèrkèr et se glissa à l'intérieur du polog douillettement garni de peaux. Elle sombra dans un sommeil aussi sombre que la nuit qui venait de tomber.

Vamtche cette fois ne vint pas seul. Il apporta avec Koukil toute une cargaison de marchandises. Koukil travaillait au four à pain d'Ouelen. Il était venu échanger un plein sac de pain frais. Un parfum de mie emplit le tchottaguine et la gorge d'Anna se serra. Pendant le blocus de Leningrad, la moindre émanation du plus petit morceau de pain noir mouillé lui tournait la tête et la faisait saliver. Cette fois encore, inhalant cette odeur à pleine poitrine, elle se rappela les années de famine de sa jeunesse.

Koukil se jeta sur la viande de renne bouillie. Il sortit son couteau, nettoya une patte, la cassa soigneusement à l'aide de son manche d'os et se mit à en extraire la moelle rosée. Pour un habitant de la côte, il n'existait pas de mets plus succulent !

Vamtche ne se fit pas longtemps prier pour rapporter les nouvelles du pays et d'Ouelen. Dès que fut servi le thé du soir accompagné des galettes de farine fraîche, du sucre et du lait concentré pour les enfants, il parla. Dans le monde, il s'avérait que les impérialistes américains avaient complètement oublié l'époque révolue de leur ancienne alliance. D'après les conférenciers d'Anadyr et de Khabarovsk, ils préparaient maintenant la guerre contre l'Union soviétique.

— Les gardes-frontières nous interdisent de nous éloigner des côtes. Pour aller en mer, il faut signer tout un tas de papiers ! Le temps de faire les formalités, le gibier a fichu le camp et on rentre bredouilles. Tout le monde doit porter des laissez-passer, même les vieilles qui vont dans la toundra pour ramasser des baies, des herbes et des racines. On redoute les espions et les cosmopolites…

— Les quoi ? demanda Anna.

— Les cosmopolites, répondit Vamtche sans tiquer.

— Qu'est-ce que c'est ?

— D'après Nomynkaou, un conférencier tchouktche d'Anadyr, une nouvelle race de gens est en train de faire son apparition, qui adore tout ce qui vient de l'étranger. Ce sont les cosmopolites. C'est un peuple qui nuit beaucoup à l'Union soviétique. Certains d'entre nous ont rendu leurs vieilles Winchester pour ne pas avoir d'ennuis avec les autorités. Et Guèmaougue, lui, s'est séparé de son gramophone américain. De toute façon, il ne marchait plus depuis longtemps, avec un ressort de cassé. Les pays étrangers et en particulier l'Amérique ont repris à leur compte toutes les meilleures inventions des maîtres russes pour se donner de la valeur et pour nous rabaisser. Maintenant, tout s'arrange, surtout dans les écoles. Chez nous, il y a longtemps que nous n'avons plus rien d'origine étrangère.

— Et quelles nouvelles d'Atata ?

— On dit qu'il est sur le continent pour soigner sa jambe malade.

Vamtche ne pouvait rien dire d'autre, sinon que de nouveaux enseignants venaient d'arriver à l'école d'Ouelen et que Lev Vassilievitch Belikov était parti pour Leningrad où il s'occupait de travaux scientifiques.

On prit congé des visiteurs et on entama les préparatifs de l'hiver. On cousait de nouveaux habits, on réparait les rètèm, les polog, les traîneaux, les harnais. Roltyt affichait des airs d'obéissance, mais Anna le sentait bouillir d'une haine intérieure contenue. Elle marquait une certaine prudence à son égard tout en lui faisant comprendre qu'elle n'était pas dupe.

Une omoplate de renne fut déposée sur des braises blanches mourantes dans le tchottaguine enfumé. Elle noircit à vue d'œil et se nervura de fissures. Pardessus l'épaule d'Anna, Roltyt regardait l'os se carboniser en retenant son souffle.

Anna se sentit légèrement embarrassée : comment s'y retrouver dans l'enchevêtrement alambiqué des craquelures ? Et comment choisir le bon chemin ?

— Je vois ! Regarde ici, la fissure la plus large nous montre le nord-ouest, en direction de la baie Kolioutchinskaïa gouba. Vois-tu, Anna ?

— Je vois, lâcha-t-elle d'une voix étonnamment rauque avant de demander : Les pâtures sont-elles convenables ? Le fourrage est-il suffisant ?

— Nous n'y allons plus depuis plusieurs années, répondit Roltyt. J'espère que le lichen s'est reconstitué.

Roltyt avait-il vraiment repéré le bon chemin dans le lacis emberlificoté des fissures ou bien faisait-il marcher Anna ? Elle fixa du regard le visage de Roltyt, plein de franchise et de bonhomie, et se dit avec une pointe de contrariété qu'elle devait encore beaucoup, beaucoup travailler pour devenir un authentique éleveur de rennes.

— Nous allons migrer vers le nord-ouest ! dit-elle fermement.

15

Au cœur de l'hiver, quand le blizzard se calmait, le camp semblait sortir d'une longue dormance. On se montrait hors des yaranga, les enfants répandaient leurs voix joyeuses alentour et dévalaient les pentes enneigées sur de petites luges de rohart sculpté. Les femmes étendaient les polog sur la neige blanche et fraîche et passaient leurs journées à les battre avec des bois de renne. De temps en temps, elles y remettaient un peu de poudreuse propre.

Quand elles tiraient les polog sur un carré de neige vierge, il restait sur place des marques sales et des poils de renne, les traces du souffle nocturne des hommes.

Le polog d'Anna paraissait plus propre que les autres. Non qu'elle soit plus soigneuse, mais parce qu'elle dormait seule dans la yaranga du chef. Vèlvounè avait demandé à s'installer chez son fils, alléguant qu'il lui fallait aider les mères à s'occuper des enfants. Anna savait, pourtant, que la vraie raison était ailleurs : Vèlvounè se sentait mieux parmi les siens qu'avec sa belle-fille tanguitan qui devenait de moins en moins volubile et de plus en plus songeuse. Parfois, cependant, Anna se reprenait en main et rassemblait tout le monde dans sa yaranga. Elle contait alors l'une des légendes de l'épopée historique tchouktche *Elendi et ses fils*.

Une fois, à la fin d'une veillée, Roltyt dit :

— Et si on apprenait à lire et à écrire à nos enfants ? Tu pourrais t'en occuper, Anna, et toi aussi, Katia.

Personne ne s'attendait à pareille proposition.

— Est-ce que ce serait vraiment utile dans les conditions de la toundra ? demanda Katia dubitative.

— C'est peut-être inutile dans un campement, dit Roltyt, mais nos enfants auront forcément affaire avec les Tchouktches du littoral à l'avenir. Ils risquent d'accumuler du retard…

C'était une considération pleine de bon sens. Anna dit alors :

— Si j'avais des crayons et du papier, je commencerais dès demain à faire cours aux enfants.

Roltyt détourna les yeux d'un air coupable.

— Si Vamtche vient nous voir, nous lui demanderons de nous rapporter des fournitures scolaires.

— Est-ce qu'il y a toujours des maîtres dans la toundra comme avant ? s'enquit Vèlvounè. Je me souviens de l'époque où le maître Belikov vivait chez nous dans le campement. C'était le bon temps.

— Aujourd'hui, tous les enfants d'âge scolaire sont transférés de la toundra à l'internat, expliqua Anna.

— Les nôtres n'iront pas ! fit Toutynè effrayée. Ils mourraient d'ennui là-bas.

Quand le jour polaire apparut et que le soleil pointa à l'horizon, un avion survola le campement. Il frôla les yaranga et Anna sentit sur elle les yeux d'Atata. L'oiseau de fer fit le tour du lac aux Gros Poissons, recouvert d'un tapis lisse de neige, et disparut en direction de la baie de Lavrenti.

Il y eut plusieurs journées splendides, comme souvent pendant l'hiver quand le gel bat en retraite et que la nature est illuminée par un soleil éclatant à ras de terre, ainsi que par de blêmes aurores boréales. De plus, le camp avait été installé fort judicieusement au bord d'un lac cerné de pâtures, de sorte que les rennes se mouvaient d'une façon circulaire à portée des yaranga.

Anna remplaçait Roltyt dans le troupeau quand réapparut l'avion. Le craquement monotone de la neige sous les sabots des rennes fut troublé par un son insolite qui venait du nord-ouest. D'abord gros comme une mouche, l'appareil grandissait à mesure que son vrombissement s'accentuait. Maintenant, on le voyait distinctement. Il décrivit plusieurs cercles au-dessus de la surface lisse du lac, les patins rassemblés sous son ventre comme les pattes d'un oiseau. Apparemment, il cherchait à se poser. Il largua une boîte à fumée. Anna comprit qu'il s'agissait de déterminer le sens du vent.

Du haut d'un relief, elle le vit s'aligner sur la traînée de fumée dans le sens contraire au vent. Puis il disparut dans un nuage de neige, mais reparut aussitôt. Son hélice étincelait. Il s'approcha de la rive et cessa de vrombir. Ce fut le retour du silence.

Il y eut un aboiement lancinant. Une meute surgit du ventre ouvert de l'oiseau de fer. Puis un homme. Même de loin, Anna le reconnut aussitôt.

Atata sortit un traîneau et son chargement. Il cria quelque chose à l'aviateur resté dans le cockpit et mit son traîneau à l'écart. Là, il l'ancra dans la glace, revint à l'avion d'où il sortit deux autres attelages. Il marchait d'un pas sûr, sans la moindre séquelle de claudication. Sa fidélité à lui-même se traduisait même dans ce choix de voyager avec trois traîneaux, comme d'habitude. Bientôt apparurent les silhouettes de ses deux compagnons.

Anna cette fois n'éprouva qu'un sentiment de tristesse infinie. Ni peur, ni angoisse, ni envie de fuir. Tel était sans doute le sentiment d'un condamné à mort quand il a perdu tout espoir.

Une fois délesté de son chargement, l'avion regagna le milieu du lac, prit son élan et s'envola. En le regardant disparaître à l'horizon, Anna pensa qu'elle-même aurait peut-être à s'envoler à son tour dans un avenir proche. Pour quelle destination ? Elle l'ignorait.

Atata n'attendit pas qu'Anna soit relevée par Roltyt pour venir la voir au troupeau.

Il s'approcha d'elle lentement en masquant un sourire triomphal, puis lança de sa voix rauque :

— Bonjour, Anna Nikolaïevna ! Nous voilà de nouveau réunis ! Ça n'a pas l'air de te réjouir, à ce que je vois.

— Il n'y a rien de réjouissant. Voir un homme qui se parjure ne m'enchante guère.

— Je t'avais prévenue, dit Atata en levant le bras. (A sa ceinture pendait un étui de cuir tout neuf d'où dépassait la crosse d'un pistolet : c'était donc qu'on lui avait remis une nouvelle arme.) Je t'avais prévenue qu'en tant que communiste, je devais remplir ma mission jusqu'au bout. Mais, pour être franc, je suis très content de te voir. Tu es encore plus belle qu'avant. J'ai passé tout ce temps à soigner ma jambe et à préparer ma nouvelle expédition sans jamais cesser de penser à toi. J'ai dissuadé mes chefs d'engager des poursuites contre toi en mon absence. Tu peux ne pas me croire, mais je m'endormais le soir en pensant à toi ; le matin aussi, au réveil, ma première pensée était pour toi...

— Mais si je comprends bien, tu ne viens pas me voir pour me parler d'amour.

— En effet. La tâche prioritaire assignée par les autorités est d'éradiquer les derniers élevages privés dans la péninsule tchouktche afin de se mobiliser ensuite contre les koulaks des contrées les plus éloignées des secteurs de Tchaoun, des Toundras-Est et du haut Anadyr. Il y a encore du travail pour des années.

— Et si nous adhérons au kolkhoze de notre plein gré ?

— De quel plein gré veux-tu parler ? dit Atata avec des accents railleurs. Voilà trois ans que je fais la chasse à votre campement. J'y ai laissé mes meilleurs chiens, mes mushers... Vous êtes comme les fascistes allemands : vous devez capituler sans condition. Bon, assez parlé. Nous continuerons sous la yaranga. Toukkaï est venu avec moi.

Anna ne connaissait pas personnellement Toukkaï, le président du comité exécutif du district de la péninsule tchouktche. Mais elle avait bien connu son frère Mikhaïl Vykvov avant la guerre, étudiant de l'Institut des peuples du Grand Nord, à Leningrad, et artiste de talent.

Toukkaï examina l'étrangère en kèrkèr sans cacher sa curiosité.

— Une vraie Tchaoutchouvanaou ! s'exclama-t-il non sans admiration.

On saigna un renne dont on fit bouillir une pleine marmite de viande fraîche. C'était la loi de la toundra et les visiteurs se comportaient comme s'ils étaient porteurs de bonnes nouvelles. La petite table regorgeait de friandises : morceaux de sucre, boîtes ouvertes de lait concentré, tranches de pain blanc généreusement coupées. Du beurre exhibait sa masse jaune au fond d'une écuelle d'émail. Atata fit d'abord venir les enfants qui, après d'abondantes gâteries, reçurent chacun une tablette de chocolat. Puis le tour vint des adultes. Comme précédemment, il dilua lui-même de l'alcool pur dans de la neige fondue et fit la distribution. Tout le monde but à l'exception d'Anna.

— Vous ne buvez pas du tout ? questionna poliment Toukkaï.

— Je n'aime pas ce genre de boisson, répondit-elle.

— Les femmes tanguitan préfèrent le vin rouge sucré, commenta Atata, et Anna se rappela qu'il avait dit la même chose lors de son dernier passage.

On but et on mangea encore longtemps avant que chacun ne regagne sa yaranga dans le noir de la nuit d'hiver. Toukkaï et Atata restaient dormir dans la yaranga d'Anna Odintsova.

Atata se comportait comme s'il n'avait pas bu une seule goutte. Tel n'était pas le cas de Toukkaï qui se mit soudain à parler de son frère Mikhaïl Vykvov. Il pleura et se lamenta, maudissant les fascistes qui l'avaient tué à la guerre. Puis il entonna des chansons russes d'abord, tchouktches ensuite.

Atata invita Anna à sortir de la yaranga. Ils commencèrent par écouter sans dire un mot le pesant silence de la nuit. Elle fut la première à parler :

— Qu'est-ce que tu mijotes pour cette fois ?

— Je t'ai déjà dit souvent, répondit Atata d'un ton doux et patient, que je n'agis pas de mon propre chef, mais en application de la politique des nationalités de notre parti et de son dirigeant le grand Staline. En ce qui me concerne, je n'y trouve aucun plaisir.

— A te voir, on ne le dirait pas.

— Il ne faut pas juger les gens à leur aspect extérieur… Toi, par exemple, tu as l'air d'une Tchaoutchouvanaou mais au fond de toi, tu es encore une tanguitan. Quoi que tu dises, tu restes une jeune fille de Leningrad.

Anna songea que pour une fois, Atata n'avait pas tort : ces derniers temps, elle pensait de plus en plus à sa ville natale, à l'université, aux salles basses de l'Institut d'ethnographie situées au rez-de-chaussée du Cabinet des curiosités de Pierre le Grand.

— Pour ce qui est du campement, enchaîna Atata, il sera intégré au kolkhoze *L'Aube rouge*. C'est une décision du comité exécutif du Territoire. Roltyt sera nommé chef de brigade…

— C'est un fils de koulak, rappela Anna.

— Cela n'a plus d'importance maintenant. Staline a dit : Un fils ne répond pas de son père.

— Mais c'est moi que Rinto a désignée chef du campement, reprit-elle.

— S'agissant de toi, les choses sont un peu plus compliquées, soupira Atata après avoir marqué un silence. J'ai un mandat d'arrêt te concernant signé par le procureur du Territoire national des Tchouktches.

Anna ne s'y attendait pas le moins du monde. Elle en eut le souffle coupé. Il lui fallut du temps pour qu'elle trouve la force de demander :

— Le motif ?

— Tu vas tomber sous le coup de plusieurs chefs d'inculpation : propagande antisoviétique, conspiration contre le pouvoir soviétique, résistance armée aux instances du pouvoir soviétique… Chacune de ces accusations te vaudra une vingtaine d'années de camp.

Anna faisait tout pour tenir bon, mais ses jambes fléchissaient malgré elle.

— Tu sais pourtant que ce n'est pas vrai, dit-elle doucement. Je suis innocente.

— Dans ce genre d'affaire, il est presque impossible de prouver son innocence. La justice soviétique est implacable en la matière.

— Mais j'ai des témoins : les gens du campement, toi-même enfin…

— Personne n'ira convoquer des gens de la toundra au tribunal. Quant à moi…

— Tu connais la vérité !

— Nul ne connaît vraiment la vérité, coupa-t-il sèchement. Un prisonnier m'a déjà échappé une fois. Je veux parler d'Arento de Kantchalan. Il s'est pendu la nuit à la veille de notre départ pour Anadyr. J'étais pourtant censé le livrer sain et sauf aux autorités. Donc, que ça te plaise ou non, je ne vais pas te lâcher d'un pouce.

— Ne t'inquiète pas pour moi ! lança-t-elle avec hargne. Je n'ai pas l'intention de quitter la vie à si peu de frais.

Atata tenait des propos durs, mais elle espérait encore que ce soit en bonne partie pour l'intimider, pour lui montrer le pouvoir et la force d'un homme du ministère de la Sûreté d'Etat.

Le lendemain, Anna faisait ses adieux au campement.

Les femmes ne cachaient pas leurs larmes. Anna elle-même ne pouvait les contenir. Elle comprenait que ses chances de retour étaient quasi nulles. Il n'y aurait pas de miracle. Au mieux, elle pourrait revenir d'ici à une vingtaine d'années après avoir purgé sa peine. Mais le lui permettrait-on ? Non, sans doute. Et survivrait-elle à un temps de captivité aussi long ?

Atata eut la délicatesse de ne pas la talonner pendant les adieux.

Vèlvounè sortit du tréfonds de son kèrkèr une petite amulette taillée dans un bois très dur. Elle représentait une mystérieuse créature à quatre pattes, lisse et tiède, au bout d'un cordon en tendons de renne. Elle le mit en sautoir au cou nu d'Anna et le glissa dans la profonde échancrure de son kèrkèr.

Atata l'attendait patiemment près de son traîneau en donnant les dernières instructions aux autres.

Le dernier dont Anna prit congé fut Roltyt.

— Ton rêve est exaucé maintenant : te voilà chef du campement…

Roltyt comprit que c'était dit sans la moindre marque de moquerie.

— La vie serait meilleure en ta présence, dit-il prudemment.

— Bah ! lança-t-elle d'un ton alerte, les vrais Louoravètlan ont connu pire ; et pourtant, ils s'en sont toujours sortis. Surtout, préserve bien ce que les ancêtres t'ont légué, préserve les rennes, ton savoir-faire, n'oublie pas d'accomplir les rites et de faire des sacrifices aux Dieux, rends hommage à la mémoire de tes aïeux.

— Où sont tes bagages ? s'étonna Atata quand Anna eut posé sur le traîneau un unique petit sac de cuir.

— Tout est là.

— Et tes livres, tes cahiers de notes ? Tes papiers d'identité ?

— Tout a brûlé.

— Je n'ai pourtant jamais entendu parler d'incendie chez vous, dit-il d'un ton suspicieux. Puis, faisant venir Roltyt : Est-ce vrai que tous ses papiers ont brûlé ?

Roltyt, tête basse et regard fuyant :

— Oui, c'est vrai.

Les premières heures du voyage se passèrent dans le silence. Assise le dos à la marche, elle tenta jusqu'au bout de ne pas perdre les yaranga de vue. Elle comprit alors avec une netteté soudaine que désormais, si longue que soit sa vie à venir, elle ne serait jamais aussi heureuse que pendant ces quelques années passées dans la toundra.

A la première halte, Atata lui dit :

— La perte de tes papiers ne va pas arranger ton cas.

— Qu'est-ce que ça change maintenant ! soupira Anna en dépliant la tente.

Elle alluma le réchaud d'un geste habile et prépara le thé.

Une fois sous la tente, elle ne se glissa pas dans le koukoul mais préféra s'étendre dessus en s'emmitouflant dans son double kèrkèr d'hiver dans lequel on pouvait même dormir à la belle étoile, sur la neige.

Avant d'éteindre la bougie, Atata demanda :

— Comment allons-nous vivre, maintenant, Anna Nikolaïevna ?

— Tu es mieux placé pour répondre. Plus rien ne dépend de moi à présent.

Il se blottit au fond de son koukoul et dit d'un air entendu :

— Beaucoup de choses dépendent de toi... Et je peux t'aider.

— Comment ?

— Avec un conseil.

— Il m'en coûtera combien ?

Atata sentit qu'elle se moquait de lui dans le noir. Il ne répondit pas tout de suite.

— Je n'attends aucun paiement en retour... Je veux seulement que tu me traites en ami, pas en ennemi.

— Les amis n'arrêtent pas leurs amis.

— J'ai des ordres. Je suis obligé de les exécuter.

— Quel conseil voulais-tu me donner ?

— Tu dois tout nier en bloc pour ce qui concerne tes agissements antisoviétiques. Finalement, ce n'est pas plus mal que tes papiers aient tous brûlé.

— De toute façon, il n'y a jamais rien eu d'antisoviétique dans ma façon de faire, protesta Anna.

— Tu dois dire que tu ne t'occupais que de travaux scientifiques, et rien de plus. Ce que faisait Rinto et pour quelle raison, tu n'en savais rien.

— Ce que je sais, c'est qu'il n'aimait pas le pouvoir soviétique, qu'il ne voulait pas faire partie d'un kolkhoze mais vivre comme il avait toujours vécu sans rien changer. Je le comprenais et compatissais.

— Voilà justement ce que tu ne dois pas dire en interrogatoire.

— Ce n'est donc pas toi qui vas m'interroger ?

— Non, c'est le travail du juge d'instruction... Une fois de plus je te demande d'écouter mon conseil. Je ne suis pas sûr que ça marchera, mais tu as toutes les chances d'améliorer ton sort.

Puis, après un temps de silence :

— Il y a une autre solution. Si tu affirmes que tu étais retenue de force au campement, considère-toi comme sauvée.

— Ça non ! coupa-t-elle. Jamais ! Je ne trahis pas mes amis, moi !

— Personne n'en souffrira... Les gens qui te retenaient de force ont péri sous une avalanche.

— Si tu veux parler de Tanat et de Rinto, n'y compte pas.

— Dommage... Mais tu as encore le temps de réfléchir. Je te conduirai moi-même d'Ouelen à la baie de Lavrenti. De là, nous prendrons l'avion pour Anadyr.

"Ainsi se réalisera mon rêve d'enfant de voler en avion", songea-t-elle avec un mélange intérieur d'amertume et d'ironie.

Au brusque changement d'odeur de l'air environnant, Anna sentit qu'elle se rapprochait d'Ouelen. Le traîneau glissait sur la glace enneigée de la lagune. Au loin pointaient les deux mâts de l'émetteur radio, l'éolienne, les constructions en bois de la base polaire, de l'école, du magasin. De chaque cheminée s'échappait de la fumée dont les effluves portaient jusqu'à ses narines. Voilà ce que signifiaient plusieurs années passées dans l'atmosphère stérile de la toundra ! Son odorat avait acquis une telle acuité qu'elle captait les odeurs à plusieurs kilomètres à la ronde.

Atata dirigea son attelage vers le petit bâtiment du soviet rural au-dessus duquel claquait un drapeau rouge aux couleurs fortement passées. Mais avant de quitter la banquise de la lagune, il se retourna vers sa passagère et lui annonça d'une voix ferme :

— Pour éviter les malentendus, je te préviens d'une chose : étant mise en état d'arrestation, tu n'as pas le droit d'engager la conversation avec qui que ce soit. Pour toute question, il n'y a que moi qui compte. Et tu dois m'obéir sans sourciller.

Anna ne répondit rien. Elle songea seulement qu'il lui faudrait désormais s'habituer à son nouveau statut de prévenue.

Elle fut placée dans une pièce à part du soviet rural, meublée d'un lit à ressorts avec un maigre matelas de l'internat, mais percée de fenêtres ordinaires, sans barreaux.

La tête vide de toute pensée, l'air abruti, elle resta quelque temps assise sur le lit à regarder par la fenêtre les étendues enneigées de la lagune d'Ouelen. Puis elle inspecta la chambre des yeux, avisa dans un coin un lavabo surmonté d'un miroir minuscule avec, dessous, un seau d'assez grande contenance qui devait servir de toilettes. Elle se souvint d'avoir lu quelque part qu'on appelait ce seau paracha dans l'argot des prisonniers.

Refoulant le désir d'aller se regarder dans la glace, elle s'approcha de la fenêtre. La serrure cliqueta, et la porte s'ouvrit sur Atata.

— On a mis les bains à chauffer pour toi à la base polaire. Voilà pour toi du linge de femme que j'ai réussi à trouver au magasin.

— Je n'ai pas besoin d'aller aux bains, dit-elle, je suis une femme de la toundra…

— Désormais, tu es une prévenue, coupa brutalement Atata, et tu dois respecter les règles d'hygiène.

Ils se rendirent aux bains par le bord de la lagune sans rencontrer âme qui vive.

Anna ôta son kèrkèr dans un sas d'entrée fort exigu. Elle avisa une cruche sur un tabouret. Prise d'une soif subite, elle y porta les lèvres et reconnut soudain le goût depuis longtemps oublié du kvas.

Elle se lava longuement. Il y avait même un petit fouet de branches, apparemment tressé l'été avec des tiges vertes de bouleau nain. Après s'en être fustigée, elle sortit dans le petit sas, prit à la cruche quelques gorgées jouissives de kvas et replongea dans la pénombre surchauffée de l'étuve.

Quand elle se fut bien essuyée, elle eut du mal à enfiler des sous-vêtements dont elle avait perdu l'habitude. Bien que choisis à sa taille, ils la paralysaient, la privaient de la liberté de corps permise par l'ampleur d'un kèrkèr.

Une fois habillée, elle secoua avec précaution la porte extérieure, mais celle-ci était verrouillée.

“Une vraie prévenue, en effet”, pensa-t-elle en s'asseyant sur le banc dans l'attente de son convoyeur.

Ils revinrent par la même côte déserte de la lagune dans le crépuscule hivernal. On entendait des aboiements de chiens, des éclats de voix humaines et une sorte de grondement puissant. Le générateur, sans doute.

Avec sa table généreusement dressée d'une multitude de boîtes de conserve, de pièces de viande bouillie, de tranches de langue de renne et d'une bouteille de vin, la chambre avait perdu son aspect de cellule carcérale. Elle était éclairée par une puissante lampe à pétrole.

— Et maintenant, mangeons et parlons, dit Atata.

A regarder la table, elle se sentit soudain une faim de loup.

C'était un vin sucré, mais qui avait un goût de cire.

— Il n'y en a pas d'autre ici. Rien que de l'alcool, s'excusa Atata. Il te plaît ?

— A vrai dire, ça m'est égal, répondit-elle malgré le plaisir qu'elle prit à le boire après un long bain.

— Je te trouve de plus en plus belle, dit Atata en la dévisageant. Regarde-toi dans la glace.

— Je n'ai pas envie.

— J'ai beaucoup réfléchi, reprit Atata d'une voix lente et enrouée. Mon cœur est déchiré. Ça ne m'était jamais arrivé. Après toi, la vie n'aura plus de sens pour moi. Et toutes les femmes me paraîtront fausses.

— Tu ne peux pas t'empêcher de faire la cour à une prévenue ! persifla-t-elle.

— Tu peux rire, mais tu sais déjà tout... Nous pouvons nous sauver ensemble et vivre ensemble. Mais tu dois me faire confiance.

Assis sur un tabouret, le dos voûté au-dessus de la table, Atata affichait un air tourmenté. Même sa voix avait changé. Une pointe de compassion se fit jour dans le cœur d'Anna.

— Et ta fidélité au parti ? Ton devoir de tchékiste ?

— Je ne veux pas que tu m'en parles ! Tu es tout pour moi ! Je n'attends qu'un mot de toi !

— Que peux-tu faire ? Tu es prisonnier comme moi. Prisonnier du parti et du ministère de la Sûreté d'Etat.

Atata se leva et s'approcha de la fenêtre. Dehors s'installait le capuchon bleu d'un soir d'hiver. Il n'y avait ni étoiles, ni lune, ni aurore boréale.

— Chante-moi une chanson russe, entendit soudain Anna.

Curieusement, elle n'en fut pas étonnée.

— Eh bien soit. Je vais te chanter la chanson préférée de ma mère.

Elle toussota.

L'herbe a poussé sur les chemins
Où nous marchions main dans la main,
Partout l'herbe verte grandit
Sur les traces de mon chéri...

Quand Anna se tut, ils entendirent un chien hurler à l'orée du village, relayé par un autre, puis par un troisième, et bientôt tout Ouelen, par cette nuit bleu profond d'hiver et de neige, s'emplit d'un aboiement lugubre et lancinant.

Ils sortirent au point du jour et se dirigèrent vers le bord en feu de l'horizon, du côté du levant. A leur droite se dressaient les roches noires d'Ouelen ; à leur gauche s'étirait un champ de hummocks à perte de vue, jusqu'au Pôle et au-delà, vers l'archipel arctique du Canada.

Ils atteignirent Naoukan vers midi et descendirent chez Kèrguinaguine, chaman local et grand connaisseur des courants et du mouvement des glaces dans le détroit de Béring. Il y eut toute une messe basse, Atata le fit parler et boire jusqu'au soir où il déclara qu'il fallait se remettre en route.

Le ciel s'éclaircit dans la nuit. Anna vit alors sur sa gauche la masse sombre de la Grande-Ile Diomède.

Atata arrêta les chiens.

— Sais-tu ce que tu vois là-bas ?

Il montrait le cap d'une autre île qui faisait presque corps avec la première.

— C'est la Petite-Ile Diomède, Inalik en langue esquimaude. C'est une île américaine. Là-bas, on sera libres !

Assis derrière son bureau, le secrétaire du comité de district du parti regardait par la fenêtre les premiers feux du jour. Il avait mal à la tête et au foie. Sa bouche était pâteuse. Avec un bruit de langue, il chercha des yeux un verre qu'il savait devant lui et fit une ample gorgée d'alcool pur rallongé d'eau. Un rond mouillé s'était imprimé sur la feuille qu'il avait sous le nez.

Le poste des gardes-frontières de l'île Ratmanova (Grande-Ile Diomède) rapporte qu'aucune tentative de franchissement n'a été constatée durant la période considérée. La dernière personne qui ait vu le camarade Atata et la prévenue Odintsova est Kèrguinaguine, un habitant du village esquimau. Il affirme qu'en parlant, Atata s'est simplement fait préciser l'état du chemin en direction de la baie de Lavrenti.

A l'analyse du dossier et des dépositions, il y a lieu de supposer que le camarade Atata et la citoyenne Odintsova ont péri dans les glaces du détroit de Béring.

Toukkaï, président du comité exécutif du district de la péninsule tchouktche.

D'un pot en ivoire de morse, Grozine saisit un gros crayon rouge et nota à grands traits dans la marge : *Lu et approuvé !*

ÉPILOGUE

En février 1978, je me rendis dans la ville alaskanne de Fairbanks pour un cycle de conférences. Un soir, mon hôte Michael Krongauz, fameux spécialiste des Inuits, me dit avec un sourire complice :

— Je t'ai réservé un rendez-vous très intéressant.

... Noyée dans les congères, la maisonnette était reliée au monde par une piste assez bien déneigée.

Nous n'étions pas descendus de voiture que la porte s'ouvrit sur le perron. Une femme apparut. D'épais cheveux gris couronnaient son visage au teint mat éclairé par des yeux d'un bleu éclatant. "Des yeux de chienne", pensai-je, selon une expression si affectueuse en langue tchouktche bien qu'inconvenante pour un Blanc.

— Amyn etti ! me salua-t-elle en tchouktche avant de m'inviter à entrer.

Elle continua la conversation dans ma langue maternelle, ne s'arrêtant que rarement pour rappeler le souvenir d'un mot oublié. Elle parlait presque sans accent, d'une intonation un rien traînante à la manière des nomades de la toundra tchouktche.

Michael nous laissa seuls. Anna Odintsova et moi bavardâmes jusqu'à l'aube, passant du tchouktche au russe et inversement.

A l'heure des adieux je m'enhardis à lui demander :

— Et Atata ?

Anna Odintsova me répondit d'une voix détachée.

— Mort dans les glaces. Je suis arrivée seule.

D'emblée je me posai la question : comment se pouvait-il qu'Atata, un Esquimau, un homme fort, endurant, connaissant bien le mouvement des glaces dans le détroit de Béring, ait trouvé la mort, alors qu'elle, novice, ignorante de la dérivation des floes, avait réussi à survivre et à gagner la terre ferme ?

Mais à la vue de ses yeux couleur de ciel bleu, je compris qu'il valait mieux ne pas lui poser la question.

Saint-Pétersbourg. 9 janvier 1998.
9 heures du matin.

CARTE

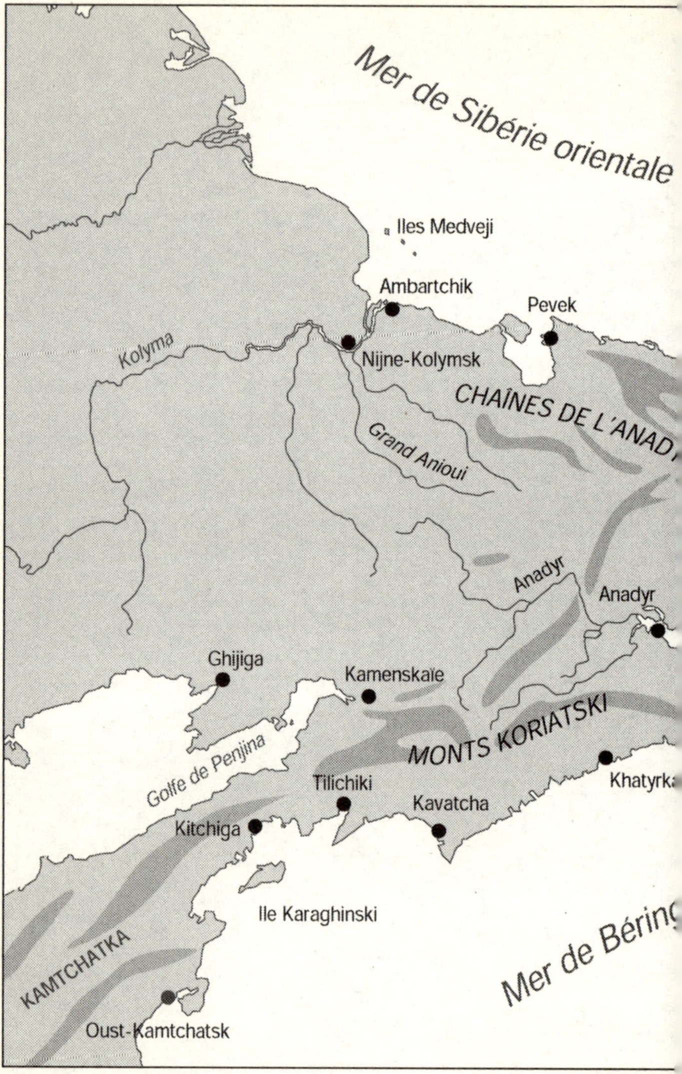
Mer de Sibérie orientale
Iles Medveji
Ambartchik
Pevek
Kolyma
Nijne-Kolymsk
CHAÎNES DE L'ANADY
Grand Anioui
Anadyr
Anadyr
Ghijiga
Kamenskaïe
MONTS KORIATSKI
Golfe de Penjina
Tilichiki
Khatyrka
Kavatcha
Kitchiga
Ile Karaghinski
Mer de Bérin
KAMTCHATKA
Oust-Kamtchatsk

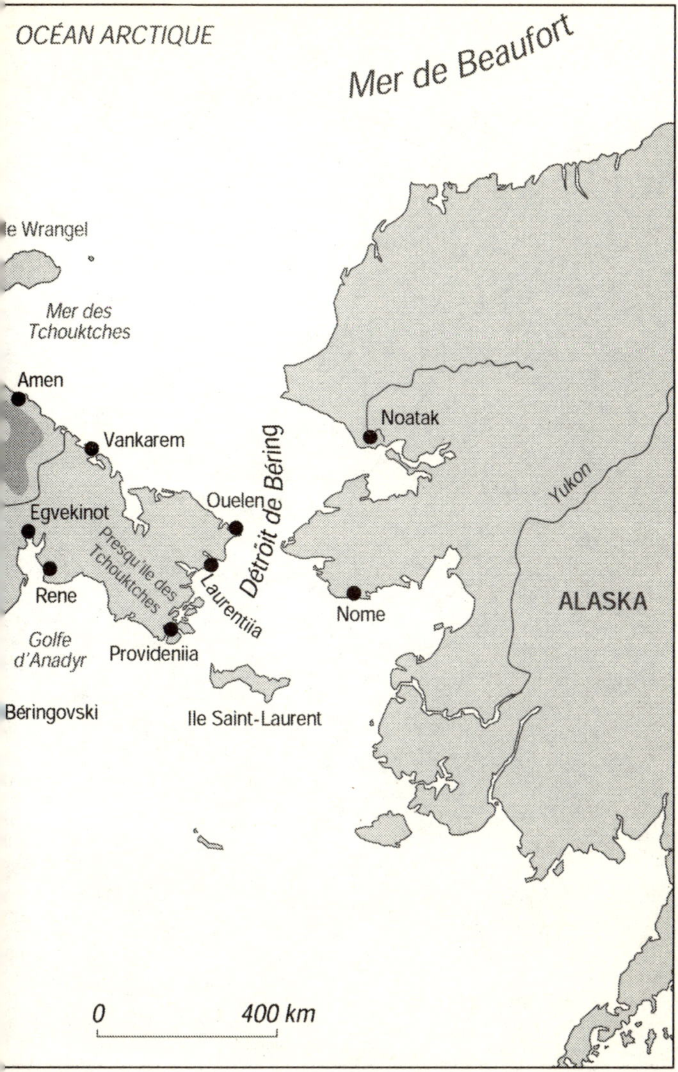
OCÉAN ARCTIQUE
Mer de Beaufort
le Wrangel
Mer des Tchouktches
Amen
Vankarem
Egvekinot
Presqu'île des Tchouktches
Ouelen
Détroit de Béring
Noatak
Yukon
Rene
Laurentiia
Nome
ALASKA
Golfe d'Anadyr
Provideniia
Béringovski
Ile Saint-Laurent
0
400 km

BABEL

Extrait du catalogue

435. HUBERT NYSSEN
Le Nom de l'arbre

436. ANTON TCHEKHOV
Ivanov

437. ANTON TCHEKHOV
Pièces en un acte
(à paraître)

438. GÉRARD DE CORTANZE
Les Vice-Rois

439. ALICE FERNEY
Grâce et dénuement

440. ANNE-MARIE GARAT
L'Insomniaque

441. FÉDOR DOSTOÏEVSKI
Humiliés et offensés

442. YÔKO OGAWA
L'Annulaire

443. MENYHÉRT LAKATOS
Couleur de fumée

444. ROGER PANNEQUIN
Ami si tu tombes

445. NICOLE VRAY
Monsieur Monod

446. MICHEL VINAVER
Ecritures dramatiques

447. JEAN-CLAUDE GRUMBERG
La nuit tous les chats sont gris

448. VASLAV NIJINSKI
Cahiers

449. PER OLOV ENQUIST
L'Extradition des Baltes

450. ODILE GODARD
La Cuisine d'amour

451. MARTINE BARTOLOMEI / JACQUES KERMOAL
La Mafia se met à table

452. AMADOU HAMPÂTÉ BÂ
Sur les traces d'Amkoullel l'enfant peul

453. HANS-PETER MARTIN / HARALD SCHUMANN
Le Piège de la mondialisation

454. JOSIANE BALASKO *et alii*
Le père Noël est une ordure

455. FÉDOR DOSTOÏEVSKI
Premières miniatures

456. FÉDOR DOSTOÏEVSKI
Dernières miniatures

457. CH'OE YUN
Là-bas, sans bruit, tombe un pétale

458. REINALDO ARENAS
Avant la nuit

459. W. G. SEBALD
Les Emigrants

460. PAUL AUSTER
Tombouctou

461. DON DELILLO
Libra

462. ANNE BRAGANCE
Clichy sur Pacifique

463. NAGUIB MAHFOUZ
Matin de roses

464. FÉDOR DOSTOÏEVSKI
Le Bourg de Stépantchikovo et sa population

465. RUSSELL BANKS
Pourfendeur de nuages

466. MARC de GOUVENAIN
Retour en Ethiopie

467. NICOLAS VANIER
Solitudes blanches

468. JEAN JOUBERT
L'Homme de sable

469. DANIEL DE BRUYCKER
Silex

470. NANCY HUSTON
Journal de la création

471. ALBERTO MANGUEL
Dictionnaire des lieux imaginaires

472. JOYCE CAROL OATES
Reflets en eau trouble

473. ANNIE LECLERC
Parole de femme

474. FÉDOR DOSTOÏEVSKI
Les Annales de Pétersbourg

475. JEAN-PAUL JODY
Parcours santé

476. EDUARD VON KEYSERLING
Versant sud

477. BAHIYYIH NAKHJAVANI
La Sacoche

478. THÉODORE MONOD
Maxence au désert

479. ÉRIC LEGASTELOIS
Adieu gadjo

480. PAUL LAFARGUE
La Légende de Victor Hugo

481. MACHIAVEL
Le Prince

482. EDUARD VON KEYSERLING
Eté brûlant

483. ANTON TCHEKHOV
Drame de chasse

484. GÖRAN TUNSTRÖM
Le Voleur de Bible

485. HERBJØRG WASSMO
Ciel cruel

486. LIEVE JORIS
Les Portes de Damas

487. DOMINIQUE LEGRAND
Décorum

488. COLLECTIF sous la direction de JEAN-MICHEL RIBES
Merci Bernard

489. INTERNATIONALE DE L'IMAGINAIRE N° 14
Eros & Hippos

490. STEFANO BENNI
Le Bar sous la mer

491. FRANCIS ZAMPONI
Le Don du sang

492. JAMAL MAHJOUB
Le Télescope de Rachid

493. FÉDOR DOSTOÏEVSKI
Les Pauvres Gens

494. GUILLAUME LE TOUZE
Dis-moi quelque chose

495. HEINRICH VON KLEIST
Théâtre complet

496. VIRGINIE LOU
Eloge de la lumière au temps des dinosaures

497. TASSADIT IMACHE
Presque un frère

498. NANCY HUSTON
Désirs et réalités

499. LUC SANTE
L'Effet des faits

500. YI MUNYŎL
Le Poète

501. PATRÍCIA MELO
Eloge du mensonge

502. JULIA VOZNESENSKAYA
Le Décaméron des femmes

503. ILAN DURAN COHEN
Le Fils de la sardine

504. AMINATA DRAMANE TRAORÉ
L'Etau

505. ASSIA DJEBAR
Oran, langue morte

506. V. KHOURY-GHATA
La Maestra

507. ANNA ENQUIST
Le Chef-d'œuvre

508. FÉDOR DOSTOÏEVSKI
Une sale histoire

509. ALAIN GUÉDÉ
Monsieur de Saint-George

510. SELMA LAGERLÖF
Le Banni

511. PER OLOV ENQUIST
Le Cinquième Hiver du magnétiseur

512. DON DELILLO
Mao II

513. MARIA IORDANIDOU
Loxandra

514. PLAUTE
La Marmite *suivi de* Pseudolus

515. NANCY HUSTON
Prodige

516. GÖRAN TUNSTRÖM
Le Buveur de lune

517. LYONEL TROUILLOT
Rue des Pas-Perdus

518. REINALDO ARENAS
Voyage à La Havane

519. JOE BRAINARD
I Remember

520. GERT HOFMANN
Notre philosophe

521. HARRY MULISCH
Deux femmes

522. NAGUIB MAHFOUZ
Le Mendiant

523. ANNE BRAGANCE
Changement de cavalière

524. ARTHUR SCHOPENHAUER
Essai sur les femmes

525. INTERNATIONALE DE L'IMAGINAIRE N° 15
Les Spectacles des autres

526. FÉDOR DOSTOÏEVSKI
Les Frères Karamazov (vol. I)

527. FÉDOR DOSTOÏEVSKI
Les Frères Karamazov (vol. II)

528. ANNE GUGLIELMETTI
Le Domaine

529. STEFANO BENNI
Bar 2000

530. ALAIN GRESH ET TARIQ RAMADAN
L'Islam en questions

531. YÔKO OGAWA
Hôtel Iris

532. WILLIAM KOTZWINKLE
Le Nageur dans la mer secrète

533. YASMINE CHAMI-KETTANI
Cérémonie

534. SÉBASTIEN LAPAQUE
Georges Bernanos encore une fois

535. HANAN EL-CHEIKH
Le Cimetière des rêves

536. ALAN DUFF
L'Ame des guerriers

537. JEAN-YVES LOUDE
Cap-Vert. Notes atlantiques

COÉDITION ACTES SUD – LEMÉAC

Ouvrage réalisé
par l'Atelier graphique Actes Sud.
Achevé d'imprimer
en mars 2011
par Normandie Roto Impression s.a.s.
61250 Lonrai
sur papier fabriqué à partir de bois provenant
de forêts gérées durablement (www.fsc.org)
pour le compte
d'ACTES SUD
Le Méjan
Place Nina-Berberova
13200 Arles.

N° d'éditeur : 4593
Dépôt légal
1re édition : mai 2002
N° impr. : 110882

(Imprimé en France)